CALDO DE POLLO PARA EL ALMA

Caldo de Pollo para el Alma

ÁNGELES
ENTRE NOSOTROS

Caldo de Pollo para el Alma

para el Alma

ÁNGELES
ENTRE NOSOTROS

101 historias de milagros,
fe y plegarias atendidas

Jack Canfield
Mark Victor Hansen
Amy Newmark

OCEANO

CALDO DE POLLO PARA EL ALMA. ÁNGELES ENTRE NOSOTROS
101 historias de milagros, fe y plegarias atendidas

Título original: CHICKEN SOUP FOR THE SOUL: ANGELS AMONG US:
  101 INSPIRATIONAL STORIES OF MIRACLES, FAITH, AND ANSWERED PRAYERS

Diseño de portada: Departamento de Arte de Océano
Imagen de portada: Shutterstock / MarinaP

Traducción: Pilar Carril

© 2012, Chicken Soup for the Soul Publishing, LLC
Todos los derechos reservados.

CSS, Caldo de Pollo Para el Alma, su logo y sellos son marcas
registradas de Chicken Soup for the Soul Publishing, LLC
www.chickensoup.com

El editor agradece a todas las editoriales y personas que autorizaron
a CHICKEN SOUP FOR THE SOUL/CALDO DE POLLO PARA EL ALMA
la reproducción de los textos citados.

D. R. © 2022, Editorial Océano de México, S.A. de C.V.
Guillermo Barroso 17-5, Col. Industrial Las Armas,
Tlalnepantla de Baz, 54080, Estado de México
info@oceano.com.mx

Tercera edición: 2022

ISBN: 978-607-557-528-5

Hecho en México / Printed in Mexico

Índice

4

Ángeles disfrazados

5

Fe en acción

6

Visitas angelicales

10

Protección angelical

Caldo de Pollo
para el Alma

1

CAPÍTULO

Ángeles entre nosotros

Intervención milagrosa

El guardián del barrio

Era verano y yo tenía doce años. Mi amiga y yo habíamos salido a dar una vuelta por el barrio. La tarde estaba cayendo, o ya había anochecido, porque era el mejor momento para estar afuera. Las calles estaban muy bien iluminadas, por lo que nunca nos sentíamos en peligro. Hacíamos lo que acostumbran las niñas de doce años: conversar, cantar, reírnos de todo y disfrutar de nuestra mutua compañía.

Esa noche en particular tuvimos la escalofriante sensación de que alguien nos observaba. Nos hallábamos más a menos a una cuadra de nuestra calle y como no queríamos dar la impresión de tener miedo, seguimos caminando a paso firme, pero sin correr.

Los ángeles nunca están demasiado lejos para oírte.

ANÓNIMO

—Llegaremos a nuestra calle en unos minutos —comenté.

—Sí, nuestros hermanos todavía están afuera en sus bicicletas —respondió mi amiga. Era nuestra forma de comunicar al posible acechador que estábamos más protegidas de lo que parecía.

La siguiente noche, los padres de mi amiga salieron y, en su ausencia, alguien trató de meterse a su casa por la ventana del baño. Sus dos hermanos mayores ahuyentaron al intruso.

Vi las luces de la patrulla cuando la policía llegó a la casa de mi amiga, que vivía más adelante, pero no me enteré de lo que había ocurrido sino hasta el día siguiente.

—¿Crees que fue la misma persona que nos estaba observando ayer? —pregunté.

—Estoy segura —susurró ella—. Alguien estaba vigilando y trató de entrar en cuanto vio salir el auto.

Ese hombre podía haber sido la misma persona que nos estuvo observando. De hecho, no teníamos pruebas de que alguien nos hubiera observado, era sólo un mal presentimiento. Pese a todo, temí que después intentara ir tras de mí.

Hablamos mucho al respecto durante la semana siguiente. Para unas niñas de doce años, era un suceso lleno de dramatismo. No teníamos miedo durante el día. Lo que temíamos era a las noches. Bueno, yo les temía. La casa de mi amiga estaba llena de gente a toda hora. Yo sólo tenía a mi mamá y dos hermanos menores. Mi papá estaba en Vietnam.

No teníamos un sistema central de aire acondicionado, sino sólo una unidad empotrada en una de las ventanas de la cocina. Por las noches, a menos que hiciera demasiado calor, la apagábamos y abríamos las ventanas. Empecé a mantener mis ventanas cerradas con seguro y las cortinas corridas. Además, me tapaba hasta la barbilla; una estrategia de seguridad ridícula, pero que todo niño entiende. Me quedaba acostada, sin poder dormir, imaginando que alguien nos observaba y aguardaba.

Cuando al fin lograba conciliar el sueño, despertaba varias veces por la noche, por lo general, empapada de sudor a causa de las ventanas cerradas, las mantas y el miedo. Recuerdo que recitaba una oración que aprendí desde que era muy pequeña: "Ángel de mi guarda, oh, mi dulce compañía, no me desampares ni de noche ni de día, porque si me desamparas, mi alma se perdería". No quería cerrar los ojos, pero la fatiga siempre me ganaba.

Una noche, mis hermanos, mi mamá y yo fuimos a visitar a una familia que vivía más adelante, en la misma calle. Disfrutamos de la cena y luego jugamos a las cartas un rato. Como no había dormido bien durante días, fui la primera en cansarme y decidí marcharme a casa.

Casi de inmediato noté que un automóvil me seguía por la calle. Había llegado a la esquina y el automóvil no pasó de largo. Avanzaba al mismo ritmo que yo. No quería volver porque me encontraría de frente con el auto, y no quería correr, al menos no todavía. Cuando llegué a la entrada de mi casa, estaba segura que el auto continuaría su camino. Me equivoqué. Me siguió por la entrada de autos y cuando llegué a la puerta principal de la casa, oí que una puerta del auto se abría y se cerraba detrás de mí.

En nuestro vecindario, las puertas de las casas rara vez se cerraban con llave, a menos que todo el mundo estuviera ya acostado. Habíamos salido y no cerramos la nuestra con llave. Todas las luces estaban apagadas. La casa, por dentro y por fuera, estaba totalmente a oscuras. Una parte de mí tenía miedo de entrar en la casa, pero sentía la urgencia de hacerlo lo más pronto posible.

En ese momento, nuestro vecino de junto, un Boina verde, llegó en su motocicleta y se estacionó en la entrada de su casa. Era imposible no notarlo, pues la motocicleta hacía mucho ruido. Se quitó la boina cuando bajó de la motocicleta y me saludó con la mano.

Supongo que su presencia ahuyentó al conductor que me había seguido. Oí que la puerta del auto se abrió y volvió a cerrar. Me volví a tiempo para ver que el auto se alejaba de mi entrada. Gracias a Dios, también vi al resto de mi familia que venía de regreso a casa. Esperé en el porche para que entráramos juntos.

—¿Quién estaba en la entrada de autos? —preguntó mi madre.

—No sé —respondí—, pero me siguió hasta aquí.

—No lo creo, cariño. ¿Por qué habrían de seguirte? —preguntó mi madre—. Tal vez sólo se equivocaron de casa.

Le conté toda la historia; le hablé de la sensación de que alguien nos observaba; de lo que pensaba sobre el intento de robo en la casa de mi amiga, y ahora esto. Fue evidente que mi madre pensó que estaba dejando volar demasiado mi imaginación.

—El señor M. llegó en su motocicleta y espantó al intruso —añadí.

Mi mamá me miró extrañada.

—Sabes bien que el señor M. está en Vietnam, con papá —advirtió. Sí, lo sabía, pero me sentí tan aliviada cuando lo vi llegar que lo olvidé por completo.

—Pues ya debe de haber vuelto —insistí—. Incluso me saludó con la mano.

—No, querida, no ha regresado.

No me convenció. Yo lo había visto. Tuvo que llevarme a la casa de junto para hablar con su esposa, la cual confirmó que el señor M. todavía estaba fuera del país.

Esa noche, después de rezar y repetir mentalmente la rima de mi ángel de la guarda, pensé en el señor M. Había estado ahí. Yo lo vi y oí su motocicleta, lo mismo que la persona que me siguió. De pronto, noté una luz al pie de la cama. Al principio pensé que se trataba de una ilusión óptica por el ángulo de la luz de la calle que se colaba por las cortinas. Me quedé muy quieta y la observé, meditabunda. Una sensación de calma se fue apoderando poco a poco de mí.

Entonces supe, con la misma certeza que sabía todo lo demás sobre este mundo, que un ángel me había visitado. Dios había enviado a ese mensajero para advertirme. Me estaba cuidando. Tal vez era ese ángel al que confundí con el señor M.

Todo mi miedo desapareció. Hice a un lado las cobijas, me levanté y abrí las ventanas para recibir la brisa suave y agradable. Volví a acostarme y miré al pie de la cama. La luz seguía ahí, una forma tenue y brillante. Dormí mejor de lo que había dormido en muchos días. No hubo ningún otro incidente que perturbara esos días despreocupados de verano.

~Debbie Acklin

2

Medicina para el camino

Oí la voz desesperada de papá al otro lado de la línea telefónica.

—¡Se me acabó mi medicina!

Desde que papá envejeció, trataba de recordarle que no dejara que se le acabaran sus medicamentos. Sin embargo, una vez más nos hallábamos en ese aprieto. Aparté la cortina de mi ventana y miré a la calle. Esa mañana había nevado desde muy temprano y mi automóvil estaba cubierto, por lo menos, de quince centímetros de polvo blanco. Respiré hondo y pensé un momento.

—No te preocupes, papá —lo tranquilicé—. Llamaré a la farmacia e iré a llevarte la medicina.

—Ten cuidado —advirtió él—. Me parece que el pavimento se está poniendo muy resbaladizo.

> La naturaleza es implacable. La naturaleza dice: "Voy a nevar. Si tienes puesto un bikini y no tienes zapatos de nieve, qué pena. Voy a nevar de todos modos".
>
> MAYA ANGELOU

No se estaba poniendo resbaladizo, ya lo estaba. Me quedé en la ventana un momento más, después de terminar la llamada y miré los autos que avanzaban a vuelta de rueda, pues los neumáticos apenas tenían tracción sobre el pavimento. No tenía muchas ganas de salir, aunque papá vivía a poco menos de dos kilómetros y medio, y la farmacia me quedaba de paso. Me vestí y abrigué de acuerdo con el tiempo y tomé las llaves del auto. Cuando bajaba por los escalones de la entrada, oí las sirenas de emergencia que ululaban en la avenida.

Un accidente. Arrojé las llaves del auto dentro de la casa y me arreglé la bufanda que llevaba al cuello para cubrirme mejor. Más valía ir a pie a cumplir con este encargo.

Cuando hacía buen tiempo, recorría a pie el trayecto con cierta frecuencia. Me gustaba el ejercicio y la oportunidad de relacionarme con algunos vecinos en el camino. Pero ese día, en esas condiciones, la idea no me entusiasmaba demasiado. Sin embargo, cuando llegué a la farmacia, di gracias por haberme decidido a caminar. Los autos tenían problemas para avanzar, dar marcha atrás y detenerse.

Levanté la mirada hacia el cielo gris al iniciar el último tramo del recorrido y recé en silencio dando gracias por estar a salvo y poder seguir adelante; muy pronto descubrí que en realidad estaba disfrutando de la situación. El aire frío era vigorizante y me di cuenta que estaba gozando de los paisajes y aromas de la nieve recién caída. A decir verdad, realmente no había disfrutado de una nevada como ésa desde que era niña.

Entonces, mientras estaba abstraída en mis pensamientos, sentí que una mano me sujetó con fuerza por el codo y me dio un tirón brusco. Caí dando traspiés en el jardín de un vecino y en ese momento vi que un auto se precipitaba sobre la acera. El vehículo se detuvo en el lugar exacto por donde yo iba caminando. Impresionada, me levanté, me sacudí la ropa y me volví para darle las gracias a la persona que me había librado del peligro. No obstante, no había nadie cerca de ahí, ni se veían otras huellas aparte de las mías en la nieve. Cuando reanudé mi camino, ofrecí en silencio otra oración de gratitud, esta vez por el ángel enviado para protegerme y mantenerme a salvo en la nieve.

~Monica A. Andermann

3

Una pluma blanca

Eran casi las diez de la mañana de un sábado. Después de haber cambiado a mi hija Holly, de ocho meses, decidí salir a comprar algo para el almuerzo. En ese entonces vivíamos en un pueblo muy pequeño y aunque las tiendas estaban a sólo diez minutos en auto, había que pasar por varias calles estrechas. Toda mi vida había vivido en ese pueblo y conocía el camino como la palma de la mano.

Aseguré a Holly en su asiento del auto y partimos a nuestro breve viaje, oyendo nuestro CD favorito de canciones infantiles. Llegamos a las tiendas, fuimos a la panadería y a la oficina de correos y luego volví a sentar a Holly en el asiento infantil, le puse el cinturón de seguridad y nos dispusimos a volver a casa.

> Los ángeles de la guarda vuelan tan alto que están fuera del alcance de nuestra vista, pero siempre velan por nosotros.
>
> JEAN PAUL RICHTER

Las callejuelas del pueblo no se diseñaron para vehículos pesados, no obstante, los conductores de camiones insistían en usarlos como atajo para llegar a la carretera principal. A través de los años había firmado muchas peticiones que otros vecinos del pueblo habían redactado, pero el ayuntamiento seguía permitiendo que transitaran por las calles estrechas. Por consiguiente, yo siempre tenía mucho cuidado cuando circulaba por esas callejuelas, en especial en una que tenía una curva muy cerrada en forma de S que era apenas más ancha que un automóvil. Si otro vehículo venía en dirección opuesta, uno de los dos tenía que retroceder algunos metros para ceder el paso al otro.

Cuando nos dirigíamos a casa y nos acercábamos a la curva en forma de S, pisé con suavidad el pedal del freno por si algún vehículo venía en sentido contrario. Al doblar la curva, vi un enorme camión rojo que se dirigía hacia nosotras. A la velocidad que iba, no había modo de que frenara a tiempo para detenerse y avanzaba directamente hacia nuestro auto.

De verdad creí que el camión iba chocar de frente con nosotras, por lo que en una fracción de segundo frené, me quité el cinturón de seguridad y me lancé sobre Holly. Quizá si yo absorbía el impacto, ella podría sobrevivir. Dicen que en instantes así la vida pasa como una película rápida frente a uno, pero no fue eso lo que me sucedió. Todo lo que me cruzó por la mente fue: "Bueno, llegó mi hora". Mi amado padre decía en vida: "Cuando una pluma blanca te toca en la frente, llegó tu hora de partir". Lo único que recuerdo haber pensado es: "Espero que no me duela mucho y ruego a Dios que mi bebé se salve".

En esos pocos segundos cerré los ojos y me preparé para lo que venía, mientras le decía a Holly cuánto la amaba. Oí el retumbo del camión que se acercaba a toda velocidad y traté de proteger a mi pequeña.

De repente, todo quedó en silencio. Todo estaba tan callado que pensé que ya había pasado el golpe, que estaba muerta y me estaban transportando al cielo o adondequiera que vayamos después de la muerte. No se oía ni el más mínimo ruido. Después de lo que me pareció una eternidad, abrí los ojos con cautela. Seguía tendida sobre Holly en mi automóvil y la calle estaba en total silencio. No había tránsito, ni camión que viniera hacia nosotros; no había nada. Fue como si una mano enorme hubiera levantado mi auto para quitarlo de en medio y lo hubiera vuelto a depositar en la calle. Miré por el espejo retrovisor y no vi señales del camión rojo. Simplemente se había esfumado como por arte de magia.

Temblorosa, conduje a casa. Durante todo el camino no me encontré con ningún otro vehículo. Cuando levanté a Holly del asiento del automóvil, descubrí una pequeña pluma blanca en su asiento.

Guardo la pluma en mi auto como recordatorio de que los ángeles nos estaban cuidando ese día, hace casi diez años, y todos los días les doy gracias porque nos protegen dondequiera que vamos.

~Deborah Durbin

4

Conductor divino

Hace trece años, a mediados de junio, hacía un tiempo maravilloso. Mi amiga Kristen y yo fuimos a la playa con otros dos amigos. Kristen, Karen, Eric y yo nos reunimos y apretujamos en mi nuevo Mazda Protégé rojo cereza. Me emocionaba mucho llevar mi nuevo auto a la playa. Con los cristales de las ventanas abajo, el equipo de playa en el maletero y el olor del protector solar flotando en el auto, tomamos la autopista hacia las playas de Rhode Island. Por el momento, ninguno de nosotros tenía obligaciones que cumplir, por lo que era el inicio de un relajante día de verano en nuestras despreocupadas y jóvenes vidas.

> Nunca conduzcas más rápido de lo que tu ángel de la guarda puede volar.
>
> ANÓNIMO

A medida que nos acercábamos a las playas, notamos un aumento del tránsito.

—¡Ay, no! ¡Olvidé que este fin de semana era la exhibición aérea! El camino va a estar espantoso —me lamenté.

Me refería a la exhibición aérea Quonset, presentada anualmente por la Guardia Nacional de Rhode Island. La exhibición es muy popular por las asombrosas acrobacias aéreas y actividades familiares que ofrece y atrae a una enorme multitud. Y todos usan la carretera libre para llegar ahí; la misma que todo el mundo toma para ir a las playas. Por lo tanto, ese fin de semana el tránsito estaba mucho más congestionado que de costumbre.

—Debí de haber tomado otra ruta —refunfuñé.

—Pero parece que los autos sólo están bloqueando la salida a la exhibición —señaló Kristen.

Cuando nos aproximamos a la salida que conducía a la exhibición aérea, a la derecha, nos dimos cuenta de que Kristen tenía razón. Pude mantener una velocidad razonablemente rápida porque el tránsito afectaba sólo esa salida. Sin quitar el pie del acelerador, seguí avanzando por el carril derecho.

Hasta que…

¿Qué hacía ese automóvil? Estaba detenido en la fila de vehículos que se dirigía hacia la salida, cuando de pronto empezó a salirse y se puso delante de mí. ¡No había forma de que ese conductor lograra acelerar lo suficiente! ¡Íbamos a chocar! Pisé con fuerza el freno. No pude detenerme a tiempo. ¡Íbamos a estrellarnos!

El olor a quemado de los frenos; todo se movía como en cámara lenta; el otro automóvil acercándose; alguien en mi auto gritó…

Viré para pasar al carril izquierdo, pero había un vehículo ahí. ¡Íbamos a golpearlo de pasada! Grité.

Estaba temblando. Nos hallábamos en el arcén. Me sentí confundida. Estábamos a salvo. No sufrimos el accidente. ¡Estábamos bien! En el auto todos guardamos silencio, un largo silencio. Todos teníamos que asimilar lo ocurrido.

El auto que causó todo el lío pasó despacio a un lado de nosotros; sus ocupantes nos miraron. No sé si la expresión de sus rostros era de disculpa, perplejidad, indiferencia o sólo de ignorancia de su error. No me importó. Estaba feliz de estar ahí sentada en silencio.

—¡Eres la mejor conductora que he visto! —exclamó Eric desde el asiento posterior.

Esto nos sacó de nuestro silencio y ensimismamiento. Kristen suspiró, aliviada.

—¡Pensé que hasta aquí llegábamos! —dijo.

—¡Es increíble lo que hizo esa gente! —interpuso Karen.

—¡Eres la mejor conductora que he visto en mi vida! —repitió Eric.

No pude decir ni media palabra. Tenía que pensar en cómo explicar lo que acaba de ocurrir: no era yo la que conducía.

Pisé el freno, pero después no hice nada más, excepto gritar. Cuando nuestro automóvil viró al carril izquierdo, no fui yo la que lo dirigió. El automóvil que estaba al lado de nosotros de alguna manera se quitó de en medio justo a tiempo para librarlo, pero no fui yo la que sincronizó la maniobra a la perfección. No fui yo la que de nuevo dirigió con calma el auto hacia el carril derecho cuando se despejó el camino y con calma se detuvo en el arcén. No fui yo. Alguien o algo habían intervenido.

Cuando al fin reanudamos el camino hacia la playa, todavía no encontraba las palabras para explicar qué había pasado. En cambio, disfruté del maravilloso día en la playa con mis amigos con un respeto renovado por la vida, pero sobre todo, me admiraba pensar quién o qué me había ayudado ese día.

A los que viajaron conmigo en el auto no les mencioné nada sobre la intervención divina, sino hasta muchas semanas después. No podía pensar en otra forma de decirlo, salvo que no había sido yo la que condujo el auto ese día.

Hasta la fecha hablo de este suceso con cualquiera que esté dispuesto a escuchar. Lo afirmo como un hecho. Podría jurar ante un tribunal que ésa es la verdad. No tengo ninguna duda. Un ser angélico nos salvó, a mis amigos y a mí, de un terrible accidente aquel día.

Siempre pienso en ese día. Pienso en él cada vez que me encuentro en presencia de algo bello, cuando me divierto o abrazo a mi esposo. Pienso más en ese día ahora, después de haber tenido a mis dos hermosos hijos. Cuando pienso en el ángel que me ayudó, encuentro con facilidad las palabras que debo susurrar: "Gracias. Gracias por siempre".

~Melissa G. Christensen

5

El niño de la piscina

Era un típico día del tórrido verano de Georgia, y como todos los niños del estado, yo quería ir a nadar. La piscina más cercana estaba en un complejo de departamentos a seis calles de distancia. Cuando volvía de la escuela pasaba por ahí todos los días de camino a casa. Aminoraba el paso al llegar al recinto cercado y oía con envidia las frescas zambullidas y los gritos de placer de los afortunados niños que vivían ahí.

"Si puedes creer, al que cree todo le es posible."

MARCOS 9:23

Lo más parecido que podría conseguir sería nuestra manguera verde del jardín enganchada en el aspersor. No era lo mismo.

Una tarde calurosa de viernes, cuando pasaba por la piscina, empecé a tramar un plan. Le di un tirón a mi hermana Joan y le propuse:

—Oye, ¿qué te parece si mañana nos ponemos los trajes de baño debajo de la ropa y le pedimos permiso a mamá para ir a la farmacia a comprar un helado? Podríamos pasar por la reja como todos los demás niños, nadar y jugar un rato en el agua, volver a ponernos los shorts y el sol nos secará el cabello de regreso a casa. ¿Quieres?

Joan tenía seis años. Me veía como la sabia hermana mayor y asintió entusiasmada. Si yo lo proponía era porque de seguro estaba bien y de alguna manera era casi como si mamá nos hubiera dado permiso. Por lo tanto, el plan estaba en marcha y al día siguiente por la tarde íbamos a ir a nadar.

El sábado por la tarde, tal como lo planeamos, preguntamos si podíamos ir a comprar helado. Cuando mamá nos dio permiso, corrimos a ponernos nuestros trajes de baño debajo de los shorts y nos dirigimos a la puerta. Entonces surgió el primer obstáculo para la realización de nuestro plan: mamá estaba en la puerta trasera con mi hermana de cuatro años.

—Andrea, ven por Renee y llévala a pasear con ustedes. Está llorando porque la van a dejar.

Iba a ser difícil lograr que Joan se quedara callada, pero Renee no comprendería jamás lo que debía decir y no tenía puesto el traje de baño. Volví por ella a regañadientes, la tomé de la mano y nos dirigimos de nuevo a la puerta.

En cuanto salimos y nadie podía oírnos, miré a Renee y le expliqué:

—Vamos a jugar a la piscina unos minutos y si prometes no decir nada, te dejaremos nadar también, ¿lo prometes? —Renee asintió, encantada de sentirse incluida entre las niñas grandes—. Puedes nadar en shorts. Así lo haces con el aspersor del jardín en casa.

Cuando llegamos a la piscina apareció el segundo obstáculo: la piscina estaba cerrada y la reja de la cerca estaba con candado. De nuevo, debí haberme detenido, pero había llegado muy lejos y la piscina me estaba llamando. Trepé por encima de la reja. Joan levantó a Renee y la empujó hacia mí.

Nos quitamos los shorts, los pusimos en un camastro cercano y con cuidado nos metimos al agua azul y fresca. Nos sentimos en la gloria.

Nos zambullimos y jugamos, pero tuve cuidado de no dejar que mis hermanas fueran más allá de la sección de la piscina que tenía noventa centímetros de profundidad. Luego de unos quince minutos, decidí que era hora de salir del agua y empezar a secarnos. Cuando me volví para recoger la ropa de todas, oí un ruidoso "splash". No vi a Renee por ninguna parte. Corrí con desesperación alrededor de la piscina y vi la coronilla de mi hermana justo por debajo del agua, ¡directamente abajo del trampolín de la parte de la piscina que tenía tres metros de profundidad!

Quisiera decir que mi valentía y preocupación por ella me hicieron saltar para salvarla, pero la verdad es que no podía volver a casa y decirle a mamá que me había llevado a su bebé y había dejado que se ahogara. Por eso, sin pensarlo, me lancé tras ella; no me cruzó por la mente el hecho que en ese momento ninguna de las dos podría salir porque ni ella ni yo sabíamos nadar.

Agitando los brazos debajo del agua, mi mano por fin entró en contacto con ella. La sujeté y la empujé a la superficie para que pudiera tomar aire. Por supuesto, mientras la empujaba hacia arriba con las dos manos, me hundí y tuve que aguantar la respiración.

Cuando sentí que me iban a explotar los pulmones, me esforcé por llegar a la superficie mientras ella volvía a hundirse. La sujeté con una mano, ya que estaba consciente de que si la soltaba se hundiría hasta el fondo y tal vez no podría volver a alcanzarla.

Cuando salí a la superficie a tomar aire, estiré el brazo para tocar el trampolín; mi única esperanza era sujetarme de algo estable para poder impulsarme y que ambas pudiéramos salir, pero por unos cuantos centímetros no lo alcancé. Apenas lograba mantener la cabeza a flote, lo que me resultaba todavía más difícil porque sólo tenía libre una mano. Me volví a sumergir y la empujé a la superficie para que respirara.

Recuerdo que pensé: "Dios mío, ayúdanos, nos vamos a ahogar". Cuando Renee volvió a hundirse, me di cuenta de que ya casi no tenía fuerza y que de seguro ésta sería mi última oportunidad para alcanzar el trampolín. Hice acopio de toda la fuerza que me quedaba para tratar de alcanzar el extremo del trampolín, pero no pude.

Cuando empecé a hundirme de nuevo con el brazo todavía estirado, que no había logrado hacer contacto, sentí de pronto que alguien me sujetaba de la muñeca. Sobresaltada, alcé la mirada y vi a un niño más o menos de mi misma edad.

No intercambiamos una sola palabra. No parecía alterado, ni presa del pánico. Estaba acostado tranquilamente sobre el trampolín inclinado hacia delante, y me sujetaba con fuerza de la muñeca con las dos manos. No trató de sacarnos. Tiró de mi mano los pocos centímetros que necesitaba para alcanzar el trampolín.

En cuanto sentí que me aferraba a algo sólido, logré impulsarme y llegar a la orilla de la piscina. Luché con todas mis fuerzas y por fin logramos salir; sin aflojar la mano de mi hermana, caímos aterrorizadas y exhaustas sobre el cemento tibio. De repente recordé al niño. Lo busqué, pero había desaparecido. Las tres lo habíamos visto; sin embargo, ninguna lo vio llegar o marcharse… ¡y la reja seguía cerrada!

Hoy en día, mi hermana y yo estamos vivas gracias a ese misterioso niño. Siempre pensé, y con mayor razón ahora que lo veo en retrospectiva, que la única explicación lógica fue la intervención divina.

~Andrea Peebles

6

Prueba fehaciente

El viernes 9 de febrero de 2011 un ángel me habló. No creía en los ángeles. Era un hombre pragmático de cincuenta y tres años, felizmente casado desde hacía treinta y dos. Tomaba decisiones con base en mis cinco sentidos.

Más o menos al mediodía, iba solo en mi Jeep, a noventa y cinco kilómetros por hora, en la autopista 56, una vía rápida de cuatro carriles. De repente, una voz masculina me gritó desde el asiento del pasajero: "¡DISMINUYE LA VELOCIDAD A CINCUENTA!". A pesar de que nadie más iba conmigo en el Jeep, miré a mi alrededor para ver quién había dicho eso. Sabía que la voz era real, pero de alguien o algo que no podía ver.

> Los ángeles son creaciones directas de Dios, cada uno de ellos es una pieza única del Maestro.
>
> EILEEN ELIAS FREEMAN, *The Angels' Little Instruction Book*

Traté de pensar qué debía hacer. ¿Cómo podía suceder eso? Mi sexto sentido intervino. La mente me decía: "Esto parece importante". Mi intuición me indicaba que hiciera lo que me decían. De inmediato, reduje la velocidad a cincuenta kilómetros por hora. A los pocos segundos, un automóvil pasó como bólido a mi lado y se detuvo ante un semáforo en verde que estaba a muchos metros de distancia delante de mí.

"¡Qué locura!", pensé. "¿Por qué se detiene ante un semáforo en verde?"

Entonces, para mi sorpresa, cuando me aproximaba a la luz verde, el automóvil viró y se pasó a mi carril.

Pisé con fuerza los frenos, pero el Jeep siguió deslizándose contra el costado del otro automóvil, salí disparado y caí encima del capó. Los dos vehículos quedaron destrozados. Estaba estremecido, pero ileso.

Cuando llegó la patrulla de caminos de California, le conté al oficial lo que había ocurrido.

—Señor —me dijo—, si hubiera ido a noventa y cinco, de seguro estaría muerto. Lo veo todo el tiempo.

En ese momento, todo cobró sentido. Me di cuenta de que la voz y mi disposición a seguir el mensaje me habían salvado la vida y también la del otro conductor. ¿De quién era esa voz y por qué me había hablado? ¿Qué les contaría a los demás? ¿Me tacharían de loco? ¿Debía guardármelo y no contárselo a nadie? ¿Había sido un encuentro con un ángel? Tenía que averiguar.

En los siguientes tres años consulté a profesionales de todo tipo que podían saber de quién era esa voz; sin embargo, no obtuve resultados tangibles. Entonces, una noche mientras mi esposa Carol y yo dormíamos, nos despertamos a la 1:30 de la mañana porque nuestra cama empezó a sacudirse con violencia de un lado a otro y todas las luces se prendían y apagaban. Esto duró casi un minuto.

Estábamos sobresaltados y muy asustados, pero no había nadie en la casa ni pudimos encontrar nada que explicara estos sucesos. Traté de volver a dormir; estaba con los ojos cerrados, pero aún despierto, cuando una luz brillante ocupó el centro de mi visión. La luz se convirtió al instante en la imagen de un ángel increíblemente grande y hermoso, que estaba de perfil.

Vi las enormes alas que se alzaban sobre la cabeza del ángel. Comprendí que sería imposible tratar de describir a otros el detalle intrincado del cuerpo, las alas y las plumas. En ese momento, el ángel volvió la cabeza y me miró de frente. La figura se transformó con rapidez en ese mismo ángel, pero a caballo y vestido de guerrero, con un escudo y una espada.

Desapareció tan pronto como había aparecido. Entendí que había tenido una "visión". Y fue tan inolvidable que ya no pude dormir el resto de la noche; me la pasé preguntándome quién sería, por qué había tenido esa visión... Tenía muchas preguntas.

A la mañana siguiente sentí el deseo vehemente de ir a una librería cercana a buscar libros sobre ángeles. Cuando llegué a la sección de metafísica, tomé el primer libro de ángeles que vi en el estante y lo abrí al azar en una página a la mitad del libro. Ahí estaba, tan claro como el agua. Era una ilustración de un ángel montado a caballo con un escudo y una espada. En el libro identificaban a este ángel como el Árcángel Miguel.

Me quedó claro que él me había guiado a esa librería a encontrar la respuesta que buscaba. Por fin obtuve la confirmación de quién era el ángel de mi visión.

Tres años después, en mayo de 2008, el proceso de confirmación continuó durante un viaje a Sedona, Arizona. Nos interesaban los laberintos, por ello, cuando encontramos uno en la iglesia episcopal de San Andrés, decidimos recorrerlo. Éste estaba pintado en la enorme superficie de concreto del estacionamiento, a imagen y semejanza del de Chartres, Francia. Mientras lo recorríamos, noté que las nubes se arremolinaban en el cielo. Alcé la mirada y, por increíble que parezca, el ángel se me volvió a aparecer en la forma de una nube: era la misma imagen a caballo con una espada. ¡No podíamos creer lo que veíamos! Carol y yo estábamos muy emocionados. Era fantástico. ¿Cómo podían hacer eso las nubes?

Por fortuna, llevaba conmigo mi cámara y me apresuré a tomar fotos del Arcángel Miguel en la nube antes de que desapareciera. ¡Ya tenía la prueba que quería!

En los años que siguieron a estos sucesos, he tenido más de doscientas visiones. Visiones de personas, animales y símbolos, pero jamás de otro ángel.

Sí, me salvó un ángel. De seguro se preguntarán qué significa todo esto. En los últimos once años todo cambió para mí. He descubierto el mundo de los ángeles y he sentido sus mensajes cariñosos que envían casi todos los días por medio de susurros al oído, ideas que cruzan de pronto por la mente, imágenes en las nubes, canciones y meditaciones. Todos podemos descubrir esos mensajes si meditamos constantemente y tenemos paciencia.

~Tom Lumbrazo

7

No se metan con nosotros

Al ver los rostros hostiles que rodeaban su automóvil, se dio cuenta de que había tomado una mala decisión. Mi hijo se había adentrado en una zona remota al lado de las vías del ferrocarril, donde sabía que, en ocasiones, hacían fiestas. Ya había ido ahí antes, por lo que pensó que quizá vería a algunos de sus amigos.

En efecto, había una fiesta, pero cuando se acercó, vio rostros desconocidos y hostiles. El único conocido que encontró ahí le dejó muy en claro que debía marcharse o sufrir las consecuencias. El alcohol y las drogas siempre son un peligro en cualquier situación, y mejor decidió marcharse.

Porque Él dijo,
fue hecho;
Él mandó,
y existió.

SALMOS 33:9

Mientras caminaba de regreso a su automóvil, oyó pisadas detrás de él. Un grupo de muchachos lo seguían.

Se encerró en el auto y se sintió algo mejor, pero el vehículo no arrancó. Los sujetos que lo habían seguido rodearon el auto y empezaron a provocarlo.

En ese preciso instante apareció de la nada una gran camioneta *pickup*. El vehículo se detuvo, pero el motor y las luces siguieron encendidas. Dos hombres enormes bajaron y la turba alcanzó a ver las dos escopetas que colgaban de un gancho dentro de la cabina de la camioneta. Los hombres estudiaron la situación y los muchachos que amenazaban a mi hijo retrocedieron a las sombras, sin quitarles la vista de encima.

Uno de los hombres montó guardia mientras el otro se inclinaba a hablar con mi hijo.

—¿Necesitas ayuda? —preguntó.

—Estoy tratando de arrancar mi auto.

—Vuelve a intentarlo —aconsejó el hombre.

Retrocedió un poco y observó mientras mi hijo giraba la llave una vez más. Luego de un momento, el motor encendió y rugió.

—Gracias, ya estoy bien.

—De acuerdo —repuso uno de los gigantones. Dio media vuelta y el otro hombre lo siguió.

No hicieron ningún comentario sobre la fiesta y no les dijeron a los chicos que se marcharan a casa; caminaron resueltos hacia su vehículo.

Mi hijo los vio subir y, en seguida, se concentró en cómo salir de ahí. Cuando el automóvil quedó de frente al camino, le sorprendió no ver ningún indicio de la camioneta. No había ni siquiera rastros de polvo. Había desaparecido. Aceleró para tratar de avistar el vehículo, pero todo fue en vano: se había esfumado.

Cuando mi hijo llegó asustado a la casa, me pidió que nos sentáramos a conversar. Sé que nuestros hijos no siempre nos dicen qué hacen, en especial si saben que no lo aprobaremos, pero él quiso contarme toda la historia de lo ocurrido esa noche inquietante.

Mientras lo escuchaba revelar los detalles, temblé nada más de pensar en la posibilidad de haber recibido una llamada del hospital, o de la morgue, a altas horas de la noche, en lugar de estar sentada a la mesa frente a mi hijo, sano y salvo, oyendo esta historia extraordinaria. Mi hijo habló del asombro que sintió cuando la camioneta apareció de pronto en aquel lugar tan remoto. No había ningún camino transitado que llevara a ese sitio. ¿De dónde habían salido esos hombres? ¿Por qué arrancó el auto de mi hijo después de que ellos llegaron? y ¿a dónde habían ido después de marcharse? No había caminos rurales que pudieran haber tomado; simplemente habían desaparecido.

A esos hombres no parecía preocuparles que hubiera una fiesta en la que chicos menores de edad bebían y se drogaban, sino que tenían un solo propósito: proteger a mi hijo.

Cuando mi hijo terminó de contarme lo sucedido, solté un enorme suspiro de alivio que había estado conteniendo y sonreí. Comprendí que esos hombres eran ángeles que Dios había enviado en respuesta a mis continuas oraciones para que protegiera a mis hijos. Si tenía alguna duda sobre el poder de la oración, ésta se disipó por completo esa noche.

Me di cuenta de que estaba punto de decir algo que haría que mi hijo me mirara con suspicacia, pero él necesitaba oírlo.

—Tengo que decirte que esos dos hombres eran ángeles.

—Sí, no tengo la menor duda —me sorprendió su respuesta—. Eran hombres gigantescos y la camioneta salió de la nada y desapareció una vez que estuve a salvo.

Nos quedamos sentados en silencio reverente ante la presencia omnisciente de Dios y dimos gracias por Sus ángeles temibles que llegaron en auxilio de mi hijo en una enorme camioneta.

~Diane Marie Shaw

8

Ángel en el mercado

—Voy a Highway Market. ¿Quieres venir?

Acepté con agrado la invitación, porque había pocas opciones recreativas a las que pudiéramos ir a pie desde el campus de nuestra universidad. Como éramos estudiantes no teníamos dinero, pero había que aprovechar las gangas que nos esperaban a menos de doscientos metros. En una ocasión volví a la residencia universitaria con una bolsa de cinco kilos de plátanos. ¡El kilo costaba unos centavos! No se me ocurrió que no podría comer tantos plátanos antes de que se pusieran marrones y terminé por regalarlos casi todos. A pesar de ello, mi amigo Michael y yo nos dirigimos a la tienda con ese tipo de tesoro en mente y unos pocos dólares que nos quemaban los bolsillos.

> ¡Qué hermoso puede ser un día en el que la bondad se manifiesta!
>
> GEORGE ELLISTON

El pequeño vestíbulo estaba especialmente abarrotado cuando entramos. Estaba lleno de gente que subía al siguiente nivel de la tienda. Optamos por subir por la rampa dispuesta entre las dos escaleras. Era una combinación de escalera mecánica y una de esas bandas transportadoras planas que se ven en los aeropuertos; a principios de la década de 1980, era algo muy adelantado para la época. Tenía vallas de acero inoxidable pulido, con pasamanos de goma dura y una banda revestida de caucho que lo llevaba a uno al siguiente piso.

En cuanto empezamos a avanzar, noté que había dos o tres niños jugando en la rampa. Llegaban hasta arriba y luego bajaban corriendo por las escaleras para volver a subir. Más de una vez bajaron corriendo en sentido contrario por la rampa, empujando a los clientes hasta llegar a la planta baja.

Estábamos por llegar al otro piso cuando uno de los niños, precisamente delante de nosotros, se resbaló y cayó. Llevaba puestos unos calcetines holgados y cuando patinó en la rejilla metálica de la banda, uno de los calcetines quedó prensado en el hueco donde la banda desaparecía en el suelo. De inmediato, los dientes del engranaje oculto atraparon el calcetín y el niño empezó a gritar.

Alguien oprimió en seguida el botón rojo en lo alto de la pendiente y apagó el mecanismo. Sin embargo, esto no contribuyó mucho a aliviar la presión en el tobillo del niño. En el momento en que nos agachamos para tratar de ayudar, un comprador, presa del pánico, empezó a dar tirones de la pierna del niño; esto sólo empeoró la situación y sus gritos se hicieron más fuertes. Tenía la pierna muy hinchada, enrojecida e inflamada.

Un joven que llevaba puesto el delantal de la tienda bloqueó la entrada de la rampa con una barrera de plástico para evitar que se amontonara la gente que trataba de acercarse a ver. Así, Michael y yo fuimos los únicos que quedamos en la rampa entre la barrera y el niño.

—¡Auxilio! —gritó alguien, de manera apremiante—. Necesitamos una navaja para liberarlo.

Yo siempre llevaba una de bolsillo y empecé a buscar en mis pantalones. Rara vez salía sin ella, pero en esa ocasión, cuando más la necesitábamos, la había dejado en la mesita de noche de mi habitación en la residencia universitaria.

Todavía conservo en la mente la imagen vívida de lo que ocurrió a continuación, a pesar de que esto sucedió hace más de treinta años. Michael y yo estábamos de pie, casi hombro con hombro. Habían bloqueado el extremo donde el niño estaba tirado. No obstante, una mujer apareció delante de nosotros en la rampa. No había pasado a nuestro lado y no había saltado las vallas, o por encima del niño, para llegar hasta donde se encontraba. Simplemente apareció de pronto delante de nosotros. Llevaba puesta un anorak, lo que me pareció extraño, porque no hacía mucho frío afuera.

La mujer se volvió de inmediato, miró a los ojos a Michael y ordenó:

—Michael, dame tu navaja.

Hasta ese instante, Mike no se había dado cuenta de que llevaba una. Introdujo la mano en el bolsillo y sacó una vieja navaja plegable. La abrió y se la entregó a la mujer.

Sin perder tiempo, ella se puso en cuclillas y cortó el calcetín para liberar al niño. En eso llegó la madre, abrazó al niño y lloraron juntos. Nos sentimos aliviados cuando vimos que la piel no estaba abierta y que la pierna empezaba a volver a su tamaño y color normal.

Michael y yo tardamos unos segundos en darnos cuenta de que la mujer que intervino de manera tan dramática en la situación había desaparecido. Una vez más, no pasó a nuestro lado y no había espacio para que pasara entre la madre arrodillada y el niño, los cuales seguían obstruyendo la salida. Estábamos estupefactos. ¿De dónde había salido? ¿Cómo sabía el nombre de Michael, por no hablar de la navaja, que sabía con toda certeza que él llevaba en el bolsillo y que ni siquiera él se había percatado de que estaba ahí?

En los siguientes años en la universidad, analizamos el incidente muchas veces; sin embargo, nunca pudimos darle una explicación racional. Ninguno de los dos podía describir siquiera el aspecto de la mujer, aparte de la chamarra. Mientras que tenía muy claros todos los demás detalles del suceso en la mente, el rostro de la mujer estaba desdibujado, borroso.

De vez en cuando surge el tema de los ángeles en los estudios bíblicos, o en los medios populares. Esto siempre me hace pensar en aquel día en el mercado en que todo parece indicar que fuimos testigos de la intervención directa de Dios en un momento de necesidad. Creo que ese día Michael y yo vimos un ángel.

~John P. Walker

9

Lo que sé de cierto

Fue una noche gélida, durante el invierno de 1982, cuando me encontré en una situación que pudo haber acabado con mi vida. Iba de regreso al pequeño poblado de Chester, donde había conseguido mi primer trabajo como maestra, después de haber pasado el fin de semana con mi prometido, Don, en Columbus, Ohio.

Mi Ford Gran Torino, modelo 1973, verde arveja, apodado "el Yate" por mis hermanos, no era el auto más confiable del mundo, y tenía fama de dejarme varada en los momentos más inoportunos. En estas circunstancias, viajar sola por la noche, en una zona rural, en pleno invierno, con una temperatura cercana a los veinte grados bajo cero, sin antes haber tomado en cuenta el frío provocado por el viento, no era lo más inteligente que había hecho. Sin embargo, hay muchas locuras que uno hace por amor.

> Por nada estéis afanosos, sino sean conocidas vuestras peticiones delante de Dios en toda oración y ruego, con acción de gracias.
>
> FILIPENSES 4:6

Estaba a unos ocho o dieciséis kilómetros de casa y viajaba en dirección sur por la Ruta 7 cuando el motor empezó a resoplar. Me detuve a la orilla del camino en el preciso instante en que el motor tosió por última vez y se quedó completamente muerto. Como ya había pasado por esta situación, aunque de día, estaba preparada, pero un poco asustada.

Traté de conservar la calma mientras sacaba de la guantera el raspador de hielo y una linterna, bajaba del automóvil, levantaba el capó y buscaba el carburador. Levanté la tapa e introduje el raspador de hielo en la abertura; una rutina que había seguido muchas veces.

Traté de arrancar el automóvil. Rr-rr-r-r. Bombeé gasolina y giré la llave, pero no tuve suerte. "Conserva la calma. Respira hondo", pensé, mientras veía pasar de largo los automóviles. "Vas a estar bien, vuelve a intentarlo." Seguí convenciéndome mentalmente con una voz que se oía mucho más segura de lo que en realidad me sentía.

Volví a bajar, reajusté el raspador de hielo con los dedos enguantados que empezaba a sentir entumecidos por el frío, subí de nuevo al auto e hice otro intento. Nada. Sentí que el pánico empezaba a apoderarse de mí.

Una vez más. Salté del automóvil, sintiéndome un poco ansiosa, y por la fuerza de la costumbre cerré la puerta al bajar. En un instante terrorífico, advertí que había dejado la llave puesta y las luces estaban encendidas. Por la mente me pasaron todas las horribles posibilidades que tenía ante mí:

1. Nadie se detendría a ayudarme, porque cualquiera temería que todo fuera una trampa para robarlo o atacarlo.
2. Me congelaría y amanecería muerta.
3. Otro vehículo me atropellaría.
4. Si hacía señas a otro conductor para que se detuviera, podría resultar un violador, asesino o secuestrador esperando una oportunidad.
5. La policía tardaría horas o días en pasar por ese tramo solitario del camino.

En los pocos segundos que imaginé todas estas situaciones, tomé una decisión, impulsiva, pero dadas las circunstancias no me quedaba más remedio. Hice señales, dubitativas, a los vehículos que venían hacia mí, sin saber qué riesgos podría estar corriendo.

Casi de inmediato, un automóvil se detuvo junto a mí. La ventanilla del lado del pasajero se abrió de forma parcial y vi a una mujer que viajaba con un hombre, el conductor, ambos de mediana edad.

—¿Necesita ayuda? —preguntaron—. ¿Quiere que la llevemos a algún lugar?

—Ay, sí, muchas gracias —respondí con voz que debe de haber dejado traslucir tanto alivio como miedo—. Mi auto se descompuso y no quiere arrancar. Tengo unos amigos, los Eichinger, en Tuppers Plains. Si pudieran llevarme a su casa, se lo agradecería mucho.

En el corto trayecto a casa de los Eichinger, charlamos un poco. El conductor me contó que era pastor de una pequeña iglesia de la zona y la pasajera era su esposa. Les expliqué quién era, de dónde venía y a dónde me dirigía. Cuando llegamos a casa de mis amigos, le agradecí a la pareja, de la manera más efusiva, su oportuna ayuda y me propuse enviarles una nota de agradecimiento por haber arriesgado su propia seguridad para salvaguardar la mía.

Poco después empecé a preguntar a los lugareños por la iglesia que mis salvadores habían mencionado, pero, para mi sorpresa, nadie había oído hablar de ella. Qué raro. Busqué en la guía telefónica en "iglesias". ¡Nada! No aparecía ninguna iglesia con ese nombre.

Bueno, tal vez la iglesia existía en realidad, pero era demasiado pequeña para aparecer en la guía telefónica, o tenía una congregación muy desperdigada de la que la mayor parte de los vecinos del lugar ni siquiera había oído hablar, pero para mí, no importaba. Ahora sabía de cierto lo que mi madre y las monjas de la escuela católica trataron de enseñarme durante mi niñez: hay ángeles que velan por mí. Y yo los había conocido de carne y hueso.

~Sherry A. Bentley

10

Manos en mis hombros

Era un niño de nueve años, común y corriente, que disfrutaba de sus vacaciones de verano. Mi familia y yo vivíamos en un pueblo pequeño llamado Lakewood. Iba caminando a la casa de mi amigo, que estaba a unas dos calles de mi casa, y pensé en mi abuela, la cual había muerto hace algunos años.

Mi abuela era menuda, de cabello canoso, con anteojos y sonrisa cálida y agradable. Tenía un espíritu gentil y siempre hablaba en tono tranquilo y apacible. Siempre me sentí amado, protegido y seguro cerca de ella. Vi a mi madre llorar por primera vez cuando mi abuela murió.

> Quien dijo que las tumbas son las huellas de los ángeles estaba en lo correcto.
>
> HENRY WADSWORTH LONGFELLOW

Mientras caminaba, de pronto cobré conciencia de todos los sonidos que me rodeaban: las personas que charlaban, los automóviles que pasaban y los pájaros que piaban. También percibí el aroma de las madreselvas en el aire; estaban en plena floración. Di vuelta hacia la calle donde vivía mi amigo. Cuando estaba muy cerca de la casa, sentí una extraña ráfaga de aire. No de lado a lado, sino desde la coronilla hasta la punta de los pies. Sentí como si alguien me dominara. Me detuve antes de llegar a la entrada de la casa de mi amigo. Tenía una sensación de calma y paz y de conciencia intensificada. No podía moverme ni oír nada a mi alrededor, pero lo veía todo. Sentí que alguien me cubría con sus alas. Entonces sentí que ese alguien me ponía las manos en los hombros y me hacía retroceder tres pasos.

Un momento después un automóvil salió en reversa de la cochera que tenía frente a mí. Estuve a un pelo de cruzarme en el camino del automóvil. Me di cuenta que el conductor no me habría visto si yo hubiera seguido caminando, y esto sucedió mucho antes que los automóviles tuvieran señales de advertencia para el conductor cuando daban marcha atrás. Cuando el automóvil salió a la calle y se alejó, sentí que aquellas manos me soltaban los hombros y una ráfaga de aire, esta vez de la punta de los pies a la coronilla. Pude moverme de nuevo con libertad. Di media vuelta para ver a la persona que me había salvado la vida, pero no vi a nadie.

Corrí a casa a contarle a mi madre lo que me había ocurrido. Cuando terminé de contarle toda la historia, suspiró con alivio porque no me habían lastimado. Mi madre me dijo que Dios había enviado a un ángel a salvarme la vida. Me abrazó y besó, y lloró lágrimas de alegría.

Toda mi vida he sentido la presencia de Dios. Creo que el ángel que vino a mí aquel día era mi abuela, a quien Dios envío a salvarme la vida. Nunca olvidaré los sentimientos de paz, alegría y amor que entrañó toda esa experiencia para mí.

~Reverendo Anthony D. Powell

Caldo de Pollo
para el Alma

2

CAPÍTULO

Ángeles entre nosotros

Mensajeros divinos

11

En las alas de una paloma

—Sígueme, pero en silencio —pidió mi madre cuando me despertó. Aún desorientada en aquellas primeras horas de la mañana, seguí a mamá a su habitación sin preguntar. Se detuvo frente a la ventana y señaló un seto que quedaba junto a la casa.

Mi madre era amante de la naturaleza. Descubría la belleza en la curva de una hoja, o en el brillo de una gota de lluvia sobre una brizna de pasto cuando el sol se ocultaba. Con frecuencia me llamaba para que mirara. Pero ¿despertarme para ver un arbusto? ¿En serio? Apenas estaba clareando el día. Carraspeé ruidosamente y me dispuse a volver a la comodidad de mi cama.

Mamá me sujetó del brazo.

—Mira —susurró—, una paloma —sí, ahí se había posado una paloma bella y regordeta de un blanco purísimo, como ninguna que hubiera visto antes. Era impresionante verla.

—¡Increíble! —exclamé—. ¡Qué maravilla!

—Esa paloma ha estado posada ahí, zureando, desde que empezó a amanecer. ¿No la oíste? —preguntó mamá.

A decir verdad, había oído sollozos que venían del dormitorio de mamá. De hecho, en las últimas semanas oía esos ruidos casi todas las

> Recuerden, los ángeles no sólo son los mensajeros de Dios, sino también el mensaje de Dios, testigos de la eternidad en el tiempo, de la presencia de lo divino entre lo ordinario. Cada momento del día está repleto de sus huellas.
>
> F. FORRESTER CHURCH

noches. Mi abuela Oma, anciana y enferma, había empeorado. En los últimos días, mi madre recibió la noticia de que habían vuelto a hospitalizar a Oma. A principios del verano, habían mandado llamar a mi madre al lado de Oma cuando sufrió otra crisis. Mamá había estado debatiéndose entre si debía ir a visitar de nuevo a su madre o esperar. El viaje era largo, veinticuatro horas de puerta a puerta, y yo sabía que desde hacía varios días mi madre trataba de decidirse. Quería estar al lado de su madre cuando hiciera la transición; no obstante, se cuestionaba si sería el momento adecuado. Muy en el fondo, esperaba que Oma lograra reponerse.

Mamá y yo contemplamos la paloma. Se quedó muy tranquila un largo rato, devolviéndonos la mirada con sus ojos redondos y negros. Después, en silencio, con calma, levantó el vuelo y se alejó. Mamá y yo entrecruzamos miradas, nos encogimos de hombros y, en silencio, nos dirigimos a la cocina para tomar una taza de té que nos aclarara la mente. Fui la primera en hablar mientras mamá servía el agua.

—Fue extraño.

—No —respondió—, fue un mensaje.

—¿Un mensaje? ¿Qué tipo de mensaje?

—Esa paloma vino a decirme que Oma se fue —respondió mi madre con voz templada.

—Ay, por favor. Estoy segura de que está bien —me apresuré a contestar—. Además, esas cosas no pasan.

—Ah, sí, por supuesto que pasan —porfió mi madre.

Parpadeé y bebí otro sorbo de té. Decidí que era demasiado temprano para entender todo eso. Una paloma era sólo eso, una paloma. Me quedé sentada un rato más y luego volví a mi habitación a tratar de dormir un poco más. Acababa de cerrar la puerta cuando oí sonar el teléfono. Me quedé paralizada cuando oí la noticia: esa mañana, Oma había fallecido en paz.

Nunca había creído en todo lo que nos decían en la escuela dominical sobre los ángeles, que los enviaban del cielo a cambiar situaciones, o a ofrecer consuelo. Para mí, la sola idea de una visita oportuna de una presencia de alas blancas me parecía un cuento de hadas muy conveniente y nada más. Es decir, hasta ese momento. Esa mañana, gracias a la visita de una paloma, fui testigo de la transformación del dolor de mi madre en una tranquila aceptación de lo inevitable. Y también sentí la misma paz dentro de mí. La lucha de Oma había concluido; se había marchado en paz como la paloma, como nosotras lo haremos cuando llegue el momento.

~Monica A. Andermann

12

¿Quién era ese hombre?

La temperatura en el centro de Toronto durante el mediodía del jueves 20 de noviembre de 1980 era de cuatro grados Celsius, hacía frío y estaba nevando mientras caminaba en dirección norte, por el lado este de Yonge Street, a las 11:55 de la mañana. ¿Por qué recuerdo esta información tan trivial de una fecha específica de hace más de tres décadas? En parte, porque mi vida cambió ese día, y lo recuerdo como si hubiera sido ayer.

Trabajaba como editor de una prestigiosa revista empresarial en una compañía internacional. Debí haberme sentido feliz con mi carrera profesional, pero era muy desdichado. Me sentía insatisfecho porque mi sueño era ser escritor independiente de tiempo completo y trabajar desde mi casa, pero no tenía el valor para escapar de la seguridad de mi empleo en una empresa. Contaba con el amor y el apoyo de Chris, mi esposa, quien era maestra, pero incluso eso no era suficiente para fortalecer mi resolución de perseguir la ambición de mi vida.

> Tenía una cara como una bendición.
>
> MIGUEL DE CERVANTES

Ese día de invierno decidí caminar la corta distancia entre el edificio de oficinas de King Street donde trabajaba, en el corazón de la capital financiera de Canadá, para disfrutar de la tranquila soledad de la misa del mediodía en la catedral católica de San Miguel, en la cercana Church Street.

Ese día frío y gris las aceras estaban abarrotadas de los compradores de mediodía y trabajadores que habían salido a comer. Además, había la cantidad acostumbrada de pordioseros apostados en las esquinas a lo largo de ese trecho de Yonge Street, conocida como "la calle más larga del mundo". Iba absorto en mis angustiosos pensamientos y muy cerca de Richmond Street un joven barbado, alto y delgado, me puso algo en la mano. Ni siquiera perdí el paso. No obstante, a pesar de mi prisa, noté que el hombre iba vestido casi con harapos y llevaba puesto un impermeable largo de color oscuro que parecía muy ligero para protegerlo del frío de noviembre. Nuestras miradas se cruzaron un momento fugaz y me sonrió. No me pidió dinero ni dijo nada, pero me entregó algo.

Olvidé de inmediato al extraño y pronto llegué a la catedral justo a tiempo para oír la misa. La iglesia, en el centro de Toronto, tenía siglo y medio de antigüedad y en el pasado había sido un oasis para mí. Durante la misa pedí a Dios que me iluminara y me diera fortaleza y valor para cambiar mi carrera profesional y realizar mi sueño de ser escritor independiente. No obstante, cuando la misa terminó, no me sentía más seguro de mi futuro que cuando llegué, cuarenta y cinco minutos antes.

Estaba en los escalones de la iglesia preparándome para volver a la oficina y busqué mis guantes en los bolsillos. Toqué con la mano derecha el pequeño cuadernillo que me había entregado el extraño. Por primera vez, me di cuenta de que era una "Biblia personal" en miniatura, de pasta roja y treinta y dos páginas, que apenas medía cinco por seis y medio centímetros. Abrí el librillo en la primera página y abrí desmesuradamente los ojos cuando leí en voz alta las palabras de Juan 14:27 que llenaban toda la página: "No se turbe vuestro corazón, ni tenga miedo". El versículo resonó en mis oídos como el tañido de una campana, y comprendí que era una llamada para mí.

Sin dudar un instante, bajé corriendo los escalones y volví sobre mis pasos sobre Yonge Street hasta Richmond, pero el hombre que me había dado el pequeño cuadernillo sagrado ya no estaba ahí.

Volví a mi oficina sintiendo que me habían quitado un enorme peso de encima. Reuní algunas pertenencias personales que tenía en el escritorio, recogí mi portafolio e informé a mi jefe que no regresaría. Se portó muy comprensivo. Estaba plenamente consciente de mi insatisfacción con el trabajo.

A la mañana siguiente hice una llamada imprevista a *The Toronto Star* y me comunicaron con Mike Dalton, un editor de ese periódico que ya falleció. Le dije que tenía una idea para un reportaje que podría interesarle. Le conté que me gustaría escribir un artículo para *The Star* titulado

"101 actividades gratis para el invierno". Me respondió que si lo escribía, me pagaría 175 dólares por el artículo y lo publicaría a principios del año nuevo. Cumplí mi palabra y él la suya: mi artículo apareció el domingo 11 de enero de 1981, en una página completa del periódico más grande del país.

¡Era un auténtico escritor independiente!

En la actualidad soy autor galardonado y varios cientos de mis artículos han aparecido en más de sesenta y cinco publicaciones de Canadá, Estados Unidos y Europa.

Trabajo en la oficina de mi casa desde hace más de treinta años y no he abandonado mi sueño.

Mientras escribo esta historia, miro la pequeña "Biblia personal" roja que siempre está en mi escritorio. Con frecuencia me pregunto admirado: "¿Quién era ese hombre en la esquina de las calles de Yonge y Richmond aquel profético día de 1980?".

~Dennis McCloskey

13

Un ángel de Tim Hortons

Nos sentíamos mareados. Acabábamos de reunirnos con el oncólogo en el hospital. Cáncer. Era definitivo. La operación era inminente. Nos parecía que teníamos mucho que asimilar, muchas preguntas y demasiadas incógnitas. Mi esposo y yo contemplamos lo que nos esperaba y decidimos que necesitábamos tiempo para comunicárselo a la familia. Tratamos con desesperación de comprender el plan divino. ¿Cómo podía Dios permitir que sucediera esto? ¿Cómo podía haberme enfermado de cáncer?

> Todos los ángeles de Dios vienen a nosotros disfrazados.
>
> JAMES RUSSELL LOWELL

—¿Por qué no vamos a comer? —propuso mi esposo—. ¿Quieres ir a un "Timmy"?

Accedí. Una cafetería Tim Hortons en la gran ciudad, donde nadie nos conocía me pareció un buen lugar. Podríamos comer algo, conversar y prepararnos para reunirnos con nuestra familia. Avanzamos por una calle con mucho tránsito y entramos en el primer establecimiento Tim Hortons que vimos.

Busqué una mesa vacía, mientras mi esposo iba por la orden. Había un lugar junto a una ventana. Cuando me dirigía a la mesa, vi a una mujer de cabello cano, de poco más de sesenta años, sentada en el rincón. Me sonrió y me saludó con un movimiento de cabeza. Le devolví el saludo.

Me senté y miré por la ventana. Pensé en mi diagnóstico de cáncer y la inminente operación. Las lágrimas se agolparon en mis ojos. Mi esposo llegó con la comida, se sentó y oró dando gracias.

Tan pronto como dijimos amén, la mujer se acercó y, con suavidad, me puso una mano en el hombro. La miré.

—Tengo algo que creo que usted necesita en este momento —anunció la extraña.

Sacó una hoja de papel verde del bolsillo de su abrigo. Sonrió y sentí una calidez peculiar.

En silencio, tomé el papel de la mano extendida que me lo ofrecía.

Tanto mi esposo como yo leímos el poema de cuatro líneas que estaba escrito en la hoja. Los ojos se nos humedecieron cuando leímos los últimos versos:

Pedí por tu felicidad
En todas las cosas grandes y pequeñas,
Pero sobre todo recé
Para que te concediera Su amoroso cuidado.

Me volví para darle las gracias por el momento increíblemente oportuno que había elegido. Quería agradecerle que hubiera percibido mi tristeza y por ser tan compasiva. Quería contarle de mi cáncer. Pero la mujer había desaparecido. Busqué entre el mar de rostros en el mostrador. Miré la puerta. No pude encontrarla en ninguna parte.

Ese día Dios trabajó de forma magnífica. Colocó a una perfecta extraña en nuestro camino para hacernos saber que todo saldría bien y consolarnos con Su amoroso cuidado. El amor de Dios nos bañó en ese momento y sentimos una paz gloriosa que trasciende toda comprensión.

—¿Un ángel? —pregunté a mi esposo con los ojos llenos de lágrimas.

—Un ángel de Tim Hortons —sonrió él y bebió un sorbo de su *doble-doble* [dos de azúcar y dos de crema].

~Glynis M. Belec

14

El camino correcto

En cuanto salió el sol durante otro día caluroso de verano, me levanté con mucha dificultad, luego de haber dormido mal, con la esperanza de salir y aliviar un poco el estrés que me agobiaba. No podía decidir qué hacer después del cierre de la empresa donde fui directora de mercadotecnia ocho años. Había disfrutado cada minuto de mi trabajo y me había entregado a él por completo. Ahora me sentía perdida.

Era indiscutible que tenía que trabajar, pero no sabía cómo proceder. ¿Debía trabajar para otro patrón, con dedicación total y absoluta, como en los puestos anteriores? ¿Debía fundar mi propia empresa? ¿Mis destrezas creativas y habilidad para escribir me distinguirían de la competencia como en el pasado? ¿Creerían en mí los clientes? ¿Tendría éxito en el aspecto financiero? Las dudas me acosaban.

> Cuando mi espíritu desmayaba dentro de mí, Tú me muestras el camino.
>
> SALMOS 142:3

En la humedad del sur de Georgia crucé de prisa el estacionamiento y me dirigí a la parte cubierta por frondosos árboles del sendero peatonal del parque del condado. El chirriar de las cigarras, el rumor de las hojas y el aroma de la tierra húmeda bombardeaban mis sentidos.

Por lo general, la majestuosidad de los sonidos, texturas, olores y la belleza de la naturaleza confortaban mi alma, pero ese día no.

Pasé corriendo junto a palmas de hojas puntiagudas, helechos delicados y parras silvestres en el sendero bañado por el sol. Las hojas de las magnolias brillaban bajo la luz del día. Un ave graznó y voló del suelo a una rama entre los árboles; apenas logré oírla por encima del persistente croar de las ranas arbóreas.

Los robles cubiertos de musgo se cerraban sobre mí. La cacofonía de los sonidos me crispó los nervios.

—Alto —grité—. Basta ya.

Me limpié el sudor de la frente con el dorso de la mano.

—¿Qué caso tiene?

Di media vuelta para regresar a mi automóvil. De pronto me sobresaltó el ruido de pisadas detrás de mí.

—¿Conoces el versículo de Pedro 5:7? —preguntó la voz de un extraño.

—No estoy segura —respondí y miré por encima del hombro a un hombre alto y esbelto.

Me sonrió.

—"Depositad en Él todas vuestras angustias, pues Él cuida de vosotros" —recitó.

Le respondí con una sonrisa, pero sentí que un escalofrío me recorría la espalda. ¿De dónde había salido ese hombre?

Seguimos caminando y me habló del amor de Dios.

—Dios tiene planes para nosotros —advirtió—, pero a veces nos asustamos y no lo escuchamos.

Pensé en mi intuición, la cual me decía que debía fundar una empresa propia y en cómo dudaba en hacerlo a causa del temor.

—Él está contigo a cada paso —me aseguró—. Sigue adelante y él te guiará por el camino correcto. Dios te escucha cuando pides ayuda.

Cuando me levanté había rezado para pedir Su ayuda. ¿Acaso ese hombre era una señal de que Dios había escuchado mi ruego?

Durante nuestra caminata, citó las escrituras y me habló de la importancia de emplear nuestros talentos para cumplir los designios de Dios.

—A todos nos ha dado dones —me recordó—. Algunos grandes, otros pequeños. Pase lo que pase, glorificamos a Dios cuando los usamos para extender Su reino.

Nos orillamos a la derecha para dejar pasar a algunos corredores.

—A Dios le interesa la pasión que sentimos por los dones que nos ha dado —dijo con sincera convicción.

—¿Eres predicador? —pregunté.

—No; voy donde Dios me guía.

Rezó por mí y luego desapareció por una abertura entre los árboles.

Por primera vez en mucho tiempo, me sentí revitalizada. Fundar mi propia empresa me permitiría aprovechar mis dones y seguir a Dios. La emoción me embargó. Puse un pie delante del otro y solté un enorme suspiro de alivio, confiada en que iba por el camino correcto.

~Debra Ayers Brown

15

Fascinada por una estrella

Hace años, un grupo de amigas y yo decidimos recorrer los transitados viaductos de Los Ángeles para visitar el Observatorio del Parque Griffith, situado en la ladera sur del Monte Hollywood. Habíamos oído decir que desde ahí la vista de la ciudad era espectacular y que la propia estructura del observatorio, al estilo *art déco* de la década de 1930, era asombrosa. Las paredes gruesas de concreto, fueron construidas poco después del terremoto de Long Beach de 1933; desde entonces han sobrevivido a muchos temblores y siguen en pie y fuertes hasta la fecha.

Planeábamos disfrutar de toda la belleza primaveral que ofrecía la zona, con mañanas frescas y tardes soleadas y cálidas. Durante esos pocos meses, el cielo gris del invierno se convierte en un recuerdo lejano y el calor abrasador del verano es todavía un nebuloso sueño. Las flores se abren y la vida es buena.

Llegamos a media mañana y pasamos un rato admirando el Monumento a los Astrónomos, erigido en honor de los sabios que dedicaron su vida a aumentar nuestra comprensión acerca de las estrellas y los planetas. Leímos la lista de nombres, algunos conocidos de nuestros días escolares, la mayoría nuevos para nosotras.

> Que Dios te conceda siempre […] un rayo de sol que te caliente, un rayo de luna que te cautive, un ángel protector para que nada te lastime. Risa para alegrarte. Amigos fieles cerca de ti. Y siempre que reces, el Cielo para escucharte.
>
> BENDICIÓN IRLANDESA

Mientras oía la charla despreocupada de mis amigas, me sentí como una impostora, como si mi sonrisa fuera una delgada máscara.

En las últimas semanas mi salud me había estado preocupando cada vez más. En ocasiones, un dolor leve irradiaba de mi cuello, nada insoportable, pero suficiente para preocuparme. Como enfermera diplomada, reconocí los síntomas. El corazón me estaba fallando.

La idea de ir a ver al médico para confirmar mis sospechas me paralizaba de terror.

Ese día fue peor. Se me erizaron los vellos de la parte posterior del cuello. Alguien me estaba observando; lo percibía. Titubeé. Había mucha gente en el observatorio; quizá estaba reaccionando de manera exagerada al bullicio. Escudriñé los rostros, pero no vi a nadie que conociera.

Entonces lo descubrí: era un sujeto de aspecto común, que me miraba fijamente. Tenía más o menos treinta y cinco años, llevaba puestos unos pantalones vaqueros y una camisa de tejido fino. Se veía como la fotografía que bien podría ilustrar la definición de "anodino" en un diccionario. El cabello castaño y el rostro de ese hombre quedarían muy bien a la derecha del artículo.

Nos detuvimos a inspeccionar la rotonda central, y nos asomamos por un medio muro para ver la oscilación de la bola de bronce de casi ciento diez kilos de peso del Péndulo de Foucault, en perpetuo movimiento. El techo nos encantó: tenía un mural enorme que representaba a Atlas, los cuatro vientos y otras características esenciales de la mitología celestial. Sentí un leve empujón y me hice a un lado. Ahí estaba otra vez, el hombre del observatorio.

Asintió con la cabeza, en un movimiento calculado, y volví a sentir que un escalofrío me recorría la espalda.

Tenía algo que no podía precisar. El aire a su alrededor daba la impresión de moverse, casi como las ondas de calor en la playa. Un resplandor. ¿Quizá un aura? No sé. No conocía nada de ese tipo de cosas.

Asentí a mi vez y esbocé una sonrisa de complicidad.

No me devolvió la sonrisa, ni siquiera parpadeó. Simplemente me miró.

En la tienda de regalos, algunas de nosotras compramos un pequeño recuerdo para un ser querido, o una tarjeta postal que nos recordara ese día especial. Yo elegí un par de aretes, destellantes y relucientes, para mi hija.

Él se quedó cerca de la puerta, observándome.

Cuando llegó la hora de comer descubrimos el Café al final del Universo. Una chica de nuestro grupo se preguntó en voz alta si el nombre del establecimiento aludía a un lugar o a una época futura.

Soltamos una carcajada y empezamos a aventurar ideas, mientras compartíamos una probada de esto, o un sorbo de lo otro. Por el rabillo del ojo vi la camisa, los pantalones vaqueros. No volví la cabeza. No quería comprobar que estaba ahí.

Nuestro grupo asistió al espectáculo de luz láser, una función en la que se combinaban música y rayos de colores brillantes que formaban constelaciones y formas abstractas. Fue muy impresionante, pero cuando terminó, noté que la mirada del extraño seguía clavada en mí. Me alejé con rapidez.

—Mira, junto a la puerta. Ahí está otra vez —le hice una señal a mi amiga para que mirara a hurtadillas en dirección del hombre.

—¿Dónde? —entrecerró los ojos para tratar de ver mejor; lo tenía directamente frente a ella—. No lo veo, tal vez se marchó.

—Ahí está —repuse un tanto frustrada—, no se ha movido ni un ápice. Casi me está sonriendo. Por favor, no me salgas con que lo estoy imaginando —el temor se apoderó de mí. ¿Me estaría acechando? Deseché el pensamiento, resuelta a pasar un buen rato con mis compañeras y a relajarme con la suave caricia del sol.

Cuando nuestra excursión estaba a punto de terminar, miré a la izquierda, hacia la pared del edificio, desprovista de todo tipo de rejas o puertas. El hombre estaba apoyado en la pared, mirándome. Esta vez lo miré yo también, determinada a demostrar un valor que no sentía. Ocultas en mis bolsillos, las manos me temblaban.

Su rostro se iluminó con una sonrisa serena y compasión profunda, mientras le sostuve la mirada durante lo que me parecieron minutos, pero que quizá sólo fueron unos segundos. Entonces, no sé cómo explicarlo, fue como si pudiéramos conversar de mente a mente.

—Todo va a estar bien.

Sentí una calidez intensa de cabeza a pies, como si me envolvieran en un abrazo espiritual de dentro hacia fuera.

—Tienes mucho trabajo que hacer.

Respiré hondo y mantuve el contacto visual mientras escuchaba.

Él siguió sonriendo con la mirada.

—Te estaré observando.

Asentí con la cabeza, despacio y con suavidad. Comprendí. Y me sentí segura.

Una amiga me tiró del brazo y me llevó hacia otro monumento. Volví la cabeza para ver al hombre, pero había desaparecido. Una vez más escudriñé el edificio buscando los espacios por los que pudo haber salido. No había nada.

Moví la cabeza. Estaba segura de haberlo visto. Y él me había visto. No tenía ninguna duda de que era real. Todavía sentía su calidez.

De camino a casa, tenía la mente rebosante de preguntas sobre el hombre y el mensaje que, de alguna manera, había recibido. La razón contradecía la intuición. Era sólo un sujeto común y corriente. ¿O no?

En los meses siguientes, superé mis temores y visité al médico. Me hicieron tres cateterismos cardiacos y una exitosa operación de triple *bypass*. Me sometí a todo esto con la plena certeza de que iba a estar bien.

Han transcurrido años desde ese día, pero la paz que me proyectó ha permanecido conmigo. Dios me envió consuelo en la forma que lo necesitaba, de una manera que yo pudiera entender y aceptar, un hombre de aspecto ordinario. Él me dio el valor y la confianza para ocuparme de mis problemas de salud.

Mi ángel.

A pesar de que no puedo verlo, sé que me observa y me cuida. Sé que las cosas van a salir bien.

¿Que cómo puedo estar tan segura?

Porque todavía tengo trabajo que hacer. Él me lo dijo.

~Nancy Zeider

16

La temeraria y el ángel

El ladrillo me producía una extraña sensación en la mano. Los bordes irregulares y el peso extra no se sentían en absoluto como las pelotas de softball que había lanzado muchas veces. Pero estaba enojada, mucho más de lo que jamás había estado. Tenía la cara enrojecida, el corazón me latía con violencia, las lágrimas me escurrían por las mejillas, y lo único que podía pensar era en lanzar el ladrillo con todas mis fuerzas contra la ventana de la sala de mi casero.

Varios arbustos altos ocultaban mi presencia y me impedían ver bien la ventana, situada a un costado de la casa. Además, había llegado temprano del trabajo y aún no había muchas personas en casa. Miré a mi alrededor, por si acaso. Todo despejado. Entonces acomodé el ladrillo en mi mano como si fuera una pelota de softball y eché el brazo hacia atrás. Cuando estaba a punto de aplicar toda la fuerza que tenía para lanzar ese ladrillo contra la ventana de mi casero, oí la voz de un hombre. Salté y me di vuelta de inmediato.

> Los ángeles no son meras formas de inteligencia extraterrestre. Son forma de inteligencia extracósmica.
>
> MORTIMER J. ADLER

—¿Qué haces? —preguntó él. La voz se oía tranquila, pero suficientemente fuerte para llamar mi atención.

Me volví y a unos tres metros de mí estaba un hombre rechoncho, de rostro suave y sonrosado, cuyo cabello canoso empezaba a ralear. Vestía un traje de poliéster gris, camisa blanca y corbata a rayas de color burdeos y amarillo. Me pregunté si sería un vendedor. También me pregunté de dónde había salido. Mi plan de venganza se arruinó; bajé el ladrillo.

—¿Qué estás haciendo? —volvió a preguntar con voz serena—. ¿Te encuentras bien?

Me las arreglé para contarle mi historia entre lágrimas y sollozos.

—Mi casero me alquiló el departamento del jardín —señalé mi pequeño departamento atrás de la casa—. Él vive ahí —continué, al tiempo que señalaba a la derecha con la mirada, hacia la ventana que planeaba hacer añicos—. Bueno, ahí vivía —proseguí—, hasta que se enamoró de una mujer y se mudó a Tuscaloosa. Y ni siquiera me avisó.

—¿Sentías algo por él? —inquirió el hombre.

—¡No! Se mudó y mandó cortar todos los servicios públicos. Hace cinco días que no tengo agua caliente.

—¿Tienes su nuevo teléfono?

Este hombre era muy preguntón, lo que debía haberme irritado aún más, pero por alguna razón empezaba a sentirme menos enojada. Todavía tenía el ladrillo en la mano.

—Sí, le he estado llamando varias veces al día desde hace tiempo. Dice que está enamorado y que ha estado tan ocupado con todo que no ha tenido tiempo de llamar a las empresas para que me reinstalen los servicios —moví la cabeza. Alguien que era veinte años mayor que yo debería ser más prudente—. ¿Y qué voy a hacer con el nuevo casero? —pregunté al hombre—. Me va a aumentar la renta, o quizá sea de los que hacen fiestas ruidosas y alocadas, o a lo mejor es violento y hace todo tipo de cosas horribles.

El hombre del traje gris no se movió de dónde estaba. Pensé que tal vez le tenía miedo a una loca veinteañera, armada de un ladrillo y furiosa.

—Por lo que me dices, no esperas demasiado de tu nuevo casero —comentó el hombre.

—Es cierto —respondí y asentí con la cabeza.

—Deberías ser más indulgente y tener más esperanza, en especial cuando se trata de juzgar a otras personas. Imagina cómo actuarías si llegara el hombre de tus sueños y te enamoraras de él perdidamente.

Reí.

—Bueno, no estoy muy segura de que eso vaya a ocurrir muy pronto, pero creo si eso sucediera, tal vez yo también me volvería olvidadiza.

—¿Te sentirías mejor si rompieras la ventana de tu casero? —preguntó.

Miré el césped y vi una fila de hormigas que pasaban junto a mis tenis. De pronto me sentí avergonzada. Yo era más inteligente y amable que la chica que se hallaba ante él.

—No —respondí—. Seguiría enojada, pero también me sentiría culpable.

—Me da mucho gusto que no hayas roto la ventana. La próxima vez que hables con él, presta mucha atención a lo que te dice y trata de ponerte en su lugar. No importa si tiene razón o no, perdónalo —aconsejó—. Ah, una última cosa —añadió—, acuérdate de perdonarte a ti misma. Todos tenemos un mal día, o una mala semana —miró el ladrillo que tenía en la mano y sonrió.

—Tiene razón —admití y caminé a la orilla de la casa a poner el ladrillo donde lo había encontrado—. Gracias por escucharme —continué.

Di media vuelta esperando oír alguna versión de "de nada", pero el hombre regordete había desaparecido. No lo oí irse. Caminé hacia el frente de la casa donde no vi a nadie, ni ningún automóvil, excepto el mío. Se había marchado de prisa, y empecé a preguntarme quién o qué era en realidad ese hombre.

Las pocas personas a las que les he contado esto dicen que debió ser un ángel. De hecho, no hay ninguna otra explicación, salvo que se hubiera marchado muy de prisa en su auto, pero en ese caso lo habría oído. Desde luego, no había salido a correr en un traje de poliéster una tarde calurosa de septiembre en Alabama. No parecía, en absoluto, que se tratara de un deportista. Tampoco era vendedor. Si lo fuera, habría llevado publicaciones o muestras consigo. El hombre que salvó la ventana de mi casero y, sobre todo, mi dignidad y conciencia, debe de haber sido un ángel.

Me visitó un ángel en el cuerpo de un hombre gordo que llevaba puesto un traje de poliéster gris. Siempre estaré agradecida con él y con Dios por habérmelo enviado. Si hubiera hecho añicos la ventana de mi casero, tal vez nadie me habría sorprendido, pero hubiera llevado a cuestas la carga de mis actos, mucho más pesada que cualquier ladrillo, toda la vida.

Perdonar a otros y a mí misma ha sido una de las lecciones más valiosas que he aprendido en la vida. Claro, es una lección que constantemente tengo que repasar, pero la paz que siento después de perdonar vale la pena. Y si alguna vez me vuelve a visitar un hombre anodino que parezca vendedor y resulte muy sabio, le prestaré toda mi atención. Me encantaría pasar otro rato hablando con un ángel.

~Dana J. Barnett

17

El mensajero silvestre

No recuerdo por qué fui a abrir la puerta. Debió ser durante un fin de semana, porque estaba en casa durante el día y no en el trabajo. Sé que fue a principios de septiembre de 1995, y el verano estaba cediendo el paso, al fin, al aire fresco del otoño. Quizá salí a recoger la correspondencia u oí algo cerca de la casa y fui a ver de qué se trataba.

> Si los ángeles rara vez se aparecen, es porque la mayoría de las veces confundimos el medio con el mensaje.
>
> EILEEN ELIAS FREEMAN
> *The Angels' Little Instruction Book*

No me acuerdo. Sin embargo, recuerdo vívidamente que cuando abrí la puerta me llevé la sorpresa de mi vida. Ahí, en el barandal de la terraza, a casi un metro de mí, estaba un pequeño búho de ojos enormes. Entrecruzamos miradas, y en los siguientes cinco o seis segundos ambos nos quedamos inmóviles como estatuas. Entonces, muy rápido, el pequeño búho giró sobre el barandal, abrió las alas y levantó el vuelo.

No salí de la casa. Estaba tan asombrada que entré de nuevo y me senté. No podía creer lo que acababa de suceder. Primero que nada, ésa es la única vez que he visto a un búho por ahí, y vivo en esta casa desde hace veintiséis años. Tengo gatos a los que les gusta observar a los pájaros por las ventanas, por lo que pongo atención a los numerosos tipos de aves que frecuentan esta zona densamente poblada. Por esa razón estaba perpleja, mejor dicho, pasmada, de que en pleno día un ave tan poco común se posara en el barandal frente a la puerta de mi casa.

Les conté a varias personas de este encuentro, no sólo porque era algo fuera de lo común, sino porque la sensación que me produjo me duró dos días. Era muy parecida a la que causan esos sueños que son tan fuertes, tan impresionantes que uno se queda pensando en ellos todo el día.

Poco después de esta experiencia, algunos amigos, familiares y yo fuimos de vacaciones a Canyonlands National Park, en Utah. Había olvidado el incidente del búho. Nuestro viaje a una reserva natural fue maravilloso, pero no sucedió nada extraordinario. Llegamos a casa la primera semana de octubre y el día 6 de ese mismo mes, mi padre murió de manera repentina. Precisamente ese día, mi padre fue al remolque a guardar algunos objetos para acampar que habíamos llevado al viaje. Su muerte fue un golpe muy duro para todos nosotros. Varias semanas después, empecé a retomar algunas de mis rutinas acostumbradas, una de las cuales es leer.

Saqué varios libros de la biblioteca; mi hermana me había recomendado uno sobre los indios norteamericanos, un tema que nos interesaba a las dos y sobre el cual nos gustaba aprender. Aunque no recuerdo qué libro era, me invadió la misma sensación y memoria visual que tuve durante mi encuentro con el búho. El libro hablaba de que las aves, en especial los búhos, eran mensajeros y, a menudo, nos avisaban que alguien cercano a nosotros estaba próximo a cruzar al más allá. Sentí como si alguien me hubiera echado encima algo frío, la piel se me erizó y mentalmente volví a ver directo a los ojos a aquel búho.

Esto duró sólo un segundo o dos, pero entonces entendí por qué me había visitado el búho. Poco después hablé con mi hermana. Le conté que creía que el búho era un mensajero que había ido a avisarme que un ser querido estaba a punto de abandonar este mundo. Es muy probable que ambas hubiéramos leído algo sobre la creencia de los indios norteamericanos respecto a que las aves y los animales podían ser mensajeros, como los ángeles, que nos traen información cuando la necesitamos, pero ninguna de las dos los habíamos relacionado hasta que algunas semanas después leí al respecto.

Me consoló y me sentí afortunada de que en alguna parte, alguien hubiera mandado un hermoso búho a verme, de acuerdo con la tradición de un gran pueblo. Además, gracias a Dios me habían llevado también a leer cierto libro para que pudiera entenderlo. Esto demuestra que quienquiera que sincronice estas cosas sabía que yo iba a necesitar ayuda para relacionar y comprender todo.

~Cindy V. Rodberg

18

De todas las formas y tamaños

Fui testigo de cómo la fuerza de mi padre se extinguió ante mis propios ojos. Papá vivía en una residencia para enfermos terminales, porque la enfermedad de Alzheimer no había cejado en su ataque implacable contra su cerebro. Al cabo de más de cinco años de efectos debilitantes, la progresión de la enfermedad logró robarle el deseo de comer y tomar agua. Sin esos elementos vitales, mis hermanos y yo sabíamos que los momentos que nos quedaban con papá estaban contados. Su cuerpo de casi uno noventa metros de estatura pesaba menos de sesenta y cuatro kilos.

> El ver a un ser humano morir en paz nos recuerda una estrella fugaz; una entre un millón de luces en un vasto firmamento que se ilumina un instante y en seguida se apaga para siempre en la noche interminable.
>
> ELISABETH KÜBLER-ROSS

Ese día de marzo, salí de la habitación de mi padre alrededor de las diez de la noche y me marché a casa; estaba exhausta. Iba a cumplir cuarenta y nueve años dentro de tres días, pero no había motivo alguno para celebrar. Lo único que pude pensar durante el trayecto fue en lo afortunada que había sido en tener a mi padre cuarenta y nueve años.

Me acosté y, de inmediato, me quedé profundamente dormida. Más o menos a la una de la mañana me despertó un ruido proveniente de la cocina. El ruido me inquietó y me levanté a investigar. Tomé el bate de beisbol que tenía junto a la puerta de mi dormitorio y con cautela me dirigí a la cocina. Sin embargo, no encontré nada fuera de lo común, sólo mi gata que jugaba con una bolsa de plástico. Por lo general, a esas horas ya estaba dormida al pie de mi cama, por lo que me pregunté por qué estaría despierta. Revisé todas las puertas y ventanas y llegué a la conclusión de que estaba dejando correr mi imaginación porque estaba muy cansada y era evidente que la gata era la que había hecho ese ruido.

Volví a la cama, pero no pude volver a conciliar el sueño. Las palabras del doctor advirtiéndonos que el fin estaba muy cerca, me daban vueltas en la cabeza, por lo que decidí volver a la residencia de enfermos terminales y pasar el resto de la noche en la habitación de mi papá.

Llegué alrededor de las dos y media de la mañana; entré de puntillas en la habitación y lo encontré sentado en la cama, con la espalda muy erguida. Al verme sonrió y traté de contener las lágrimas, pues no me había reconocido en más de dos años. No obstante, me pareció que había un destello de reconocimiento cuando me acerqué a la cama y él trató de tomarme de la mano; sus ojos azules brillaron. Sentí un nudo en la garganta.

—¿Cómo estás, papá? —pregunté, aunque no esperaba que me respondiera, pues no había pronunciado una palabra inteligible en más de un año.

Su sonrisa se hizo más grande cuando me hizo una señal para que me sentara en la silla, al lado de su cama; otra hazaña de su cerebro, destruido por las placas de células muertas, que me tomó desprevenida por completo. Me senté y él, sin soltarme la mano, señaló el techo con la otra mano, como instándome a mirar. Hice lo que me pidió, pero no vi nada. Siguió señalando.

—¿Qué ves? —pregunté.

—Mamá —respondió. Señaló de nuevo hacia arriba y quería que yo también la viera.

Me impresionó y sorprendió oír la claridad de su voz en esa respuesta de una sola palabra, pues todas las expresiones habían estado encerradas dentro de su cabeza desde hacía mucho tiempo, a consecuencia de la terrible enfermedad de Alzheimer.

No veía nada en el techo, pero cómo me hubiera gustado poder ver algo, porque era evidente que él estaba viendo el rostro de su madre, la cual murió en un accidente cuando papá tenía apenas seis años. En ese accidente también murió su padre.

Creo que un velo muy tenue nos separa del cielo, y en ese momento se descorrió. Vio a su madre tal como la recordaba en aquella mañana de noviembre de 1923, cuando le dijo adiós con la mano desde la ventanilla del automóvil. Menos de dos horas más tarde, él y sus hermanos quedaron huérfanos, después de que un tren del Ferrocarril del Sur se estrellara en el costado del vehículo en el que viajaban, en Pelzer, Carolina del Sur.

Papá pasó otra hora señalando el techo, sonriendo y haciendo movimientos con la cabeza para invitarme a levantar la vista. Me entristeció pensar que no podía compartir con él la maravilla que tenía ante él cuando levantaba la mirada, pero me encantó participar en su disfrute del momento. Me sorprendió la energía que desplegó, a pesar de que no volvió a decir otra palabra. Me di cuenta de que estaba reviviendo una época feliz de su vida, quizá cuando era un niño despreocupado que corría descalzo por las praderas, o que cazaba sapos en el estanque de la vieja granja. Eso fue antes de que el mundo de ese pequeño de seis años se viniera abajo, y él junto con sus hermanos tuvieran que aprender a valerse por sí mismos y depender unos de otros para lograr sobrevivir.

Pronto el cansancio lo venció; sin dejar de apretarme la mano se recostó en su almohada y cerró los ojos. No volvió a abrirlos. Le estreché la mano hasta después que salió el sol y recordé cuando compartimos días más felices. El doctor de turno dijo que había caído en coma. Mientras veía que el pecho de mi padre se levantaba y caía, y su respiración se hacía cada vez más penosa, le susurré al oído que podía irse tranquilo si estaba preparado. Exhaló su último aliento alrededor de las cuatro de la tarde. Lo sepultamos tres días después, en mi cumpleaños.

Aunque estos sucesos tuvieron lugar hace trece años, esa noche es un recuerdo precioso que sigue fresco en mi mente. Algo que me llama la atención es que esa noche estaba exhausta y, sin embargo, la gata, que por lo regular duerme conmigo, me despertó de un sueño profundo con esa bolsa de plástico. Si eso no hubiera ocurrido, no habría podido compartir con él esos últimos y maravillosos momentos de la vida de mi padre.

Creo firmemente que los ángeles tienen muchas facetas y son de todas las formas y tamaños. No siempre se nos presentan envueltos en neblina, luciendo alas y halos, y no siempre explican con toda claridad su misión. A veces tenemos que observar, escuchar y mostrarnos abiertos para recibir sus mensajes. Creo que esa noche mi gata recibió la encomienda de ser el ángel de papá y me llamó a su habitación.

Gracias a esos últimos momentos especiales, sé que papá se encuentra en un lugar protegido y lleno de amor donde no tiene síntomas de Alzheimer. También tengo la certeza en el corazón de que se reunió con "Mamá", y ese simple pensamiento me da motivos para sonreír.

~Carol Huff

19

Palabras de aliento

—La vi, le hablé. Le puse anticongelante a su auto, ¡por Dios santo! —puede haber sido, en efecto, que nuestro pastor se haya encontrado con ella aquel día. El pastor B, como le decimos desde hace años, es uno de los hombres más realistas y formales de todo Saint Louis. Si él nos dice algo, lo creemos; por eso tuvimos que creer que su "historia del ángel" era cierta.

Él, su esposa y sus dos hijas venían de un largo viaje de regreso al este para pasar la Navidad. Habían dejado la carretera interestatal para llenar el tanque de gasolina y la familia había ido a la tienda de conveniencia a comprar algunos refrigerios, mientras el pastor B se quedaba bajo la nevada, ocupándose del automóvil. Cuando fue al frente a limpiar el parabrisas, vio un auto viejo en la siguiente bomba de servicio, el cual tenía el capó levantado. Al percatarse que se trataba de una anciana, se acercó para preguntarle si necesitaba ayuda. Ella le dijo que estaba tratando de encontrar el depósito del líquido limpiador del parabrisas. Por supuesto, el pastor B tenía una provisión en su automóvil y en un dos por tres resolvió el problema.

> Creo que somos libres dentro de ciertos límites, y aun así hay una mano invisible, un ángel que de alguna manera, como un propulsor oculto, nos guía.
>
> RABINDRANATH TAGORE

Esta anciana de cabello blanco no tenía manera de saber que nuestro pastor estaba pasando por una época difícil y que debía tomar una decisión importante. Muchas veces nos había comentado que tenía que rezar repetidamente para recibir con claridad el "visto bueno, o no" de Dios. Como era un hombre sensato y con gran discernimiento, jamás tomaba decisiones precipitadas y temerarias sobre nada, mucho menos sobre nuestro posible programa de expansión, de un millón de dólares, para llegar a los miles de necesitados de la comunidad.

Cerró el capó del automóvil de la anciana y se dirigió al suyo a guardar el recipiente medio vacío de líquido limpiador de parabrisas. Nevaba cada vez más fuerte y él estaba totalmente desprevenido para lo que ocurrió después. Con la fuerza de un hombre, la anciana lo hizo girar, lo sujetó de los hombros y lo acercó a ella hasta que quedaron cara a cara. Con ojos gris acero, lo miró hasta traspasar su alma y le advirtió despacio y en forma sencilla:

—Prepárate para lo que Dios tiene dispuesto para ti.

El pastor B quizá lo tomó como una "señal" y respondió:

—¿Podría esperar aquí un instante mientras voy por mi esposa para que ella pueda oírla también? —se dio la vuelta y echó a correr hacia la tienda a buscar a su esposa e hijas, pero en ese momento ellas salían del establecimiento.

—¡Niñas, vengan aquí! Quiero que oigan lo que esta señora…

En una fracción de segundo, se volvió para señalar a la dulce ancianita a la que acababa de ayudar, pero al mismo tiempo oyó a su familia:

—¿Cuál señora? Papá, ¿te sientes bien?

No sólo no había nadie, tampoco estaba el automóvil, ni se veían huellas de neumáticos en la nieve recién caída que condujeran a la autopista. No había ningún otro automóvil. El pastor B, que seguía con el recipiente medio vacío de líquido limpiador de parabrisas, corrió a ver si había manchas en el lugar donde lo vertió en el automóvil de la anciana y se afanó en buscar señales de huellas de neumáticos. Nada. El pastor B dijo que siempre había creído que reconocería a un ángel en cuanto lo viera. Ya no estaba seguro de lo que había visto. Sin embargo, estaba muy seguro de lo que había oído; y le dio gracias a Dios, en ese mismo instante y lugar, a pesar de que su familia se preguntaba si se le había congelado el cerebro.

Varios meses después, cuando la expansión estaba a punto de concluir, más de dos mil miembros de todas las edades, razas y orígenes se reunieron en dos servicios dominicales matutinos. Nosotros también hemos aprendido a vivir con la gran expectación de que los ángeles pueden aparecerse en cualquier momento, en cualquier lugar y en la forma menos esperada.

~Dra. Debra Peppers

20

El misionero

En lo alto de la meseta que domina el desierto del Sahara, en Nigeria, se encuentra situada la ciudad de Jos. Durante la estación seca es una planicie árida y abrasadora, propensa a violentas tormentas de polvo y sequías despiadadas. Para un muchacho proveniente del clima húmedo y frío del noroeste del Pacífico de Estados Unidos, no podía ser más diferente de su hogar.

Llegué en enero al aeropuerto internacional de Lagos, sufriendo de una infección sinusal grave y aturdido por la falta de sueño. Mi primera aventura —verme obligado a salir del aeropuerto antes que mi anfitrión se presentara— por fortuna fue breve y terminó felizmente cuando me descubrieron deambulando en el vestíbulo de un hotel cercano.

> La oración es el medio principal para abrirse al poder y el amor de Dios que ya está ahí, en la profundidad de la realidad.
>
> OBISPO JAMES ALBERT PIKE

En los tres meses que pasaron desde entonces, descubrí lo que significaba estar solo en la misión. Las excursiones evangelistas anteriores a México y Europa habían sido en grupos de diez a veinte de mis mejores amigos, una especie de vacaciones de ministerio. Desde luego, trabajábamos duro, pero al final de cada día nos esperaba la camaradería de los amigos. En el desierto, me hallaba rodeado de extraños. El trabajo como tutor era difícil, mucho más que el trabajo físico de desbrozar terrenos y construir viviendas. Pasaba los días caminando en la cuerda floja entre los profesores con los que trabajaba, que deseaban mi ayuda para mantener la disciplina, y los padres de los niños a los que les daba clase y con los que vivía, que estaban seguros de que los problemas eran culpa de los profesores.

Esto, combinado con una intensa nostalgia y un terrible ataque de malaria, me había dejado abatido y estaba convencido de que me había fallado a mí mismo, a mi Iglesia y a mi Dios.

Un sábado me levanté temprano, esperaba evitar el calor del día. Tomé una botella de agua y mi Biblia de bolsillo, caminé hacia las afueras de la ciudad y comencé a seguir una larga vía férrea oxidada por el desierto. Caminé una hora o dos, tarareando una canción de culto y buscando un lugar propicio para detenerme y leer. Una vez más, solo con mis pensamientos, comencé a cuestionar todo el viaje. ¿Qué iba a lograr? ¿A quién ayudaba? ¿Cómo iba a explicar esto a la congregación de creyentes que me había enviado, con su dinero y sus oraciones, a marcar una diferencia a un lugar que estaba a medio mundo de distancia?

La temperatura empezó a subir y me detuve a beber un sorbo de agua de mi botella. A lo lejos, en medio de las arenas yermas de la meseta, divisé un pequeño punto entre las ondas de calor. Desde donde me encontraba, se veía como una persona, alguien que caminaba hacia mí, siguiendo las mismas huellas, de vuelta a la ciudad.

Pronto lo distinguí con claridad: era un hombre, moreno y esbelto, que llevaba un atado de astillas de leña sobre los hombros; vestía pantalones vaqueros descoloridos y una andrajosa camisa de vestir blanca. Caminaba hacia mí arrastrando los pies, a los que protegía del suelo candente del desierto con unas sandalias delgadas y desgastadas por la intemperie. Mi primera reacción fue de temor, tanto así se había debilitado mi fe. A medida que el hombre se acercaba, me di cuenta de que era un anciano, tenía por lo menos setenta años, aunque su vida de privación y el ambiente hostil lo hacían verse mucho mayor desde el punto de vista de mi privilegiado país.

Cuando llegó hasta mí, levantó una mano como saludo y de repente sonreí y lo saludé también. Cuando vio mi sonrisa, el desconocido soltó un monólogo largo y fluido en su lengua materna, que yo desconocía por completo. Sus dientes anchos y blancos brillaban bajo el sol del desierto, mientras se señalaba a sí mismo y después al desierto tras él. Negué con la cabeza, sin dejar de sonreír y eché mano de las pocas palabras que conocía en yoruba para explicarle que no hablaba su idioma. Sonrió de oreja a oreja y continuó charlando alegremente. Saqué mi botella de agua, desenrosqué la tapa de plástico y se la ofrecí al extraño, cuya sonrisa se hizo aún más amplia cuando la tomó y bebió.

Luego, tirando de un cordón de cuero que colgaba del cuello y le caía por la espalda, recuperó un maltratado odre de agua y me lo ofreció. Quité el tapón de madera y bebí el agua caliente y polvosa, percibiendo el sabor de la piel curtida de la bolsa mientras bebía.

Nos miramos el uno al otro un momento, sin conseguir hacernos entender. Entonces el viejo introdujo la mano en el bolsillo de su camisa desgastada y sacó un pedazo de papel, el cual me tendió. Apretó el papel en mi mano, al tiempo que me daba un golpecito en el pecho y apuntaba al cielo. Entonces, se tocó la frente con los dedos y continuó su viaje hacia la ciudad. Me quedé ahí un momento, sintiendo el sol que me quemaba la espalda a través de la camisa y el sudor que me escurría por la cara.

Abrí la mano y encontré un diagrama pequeño, muy doblado, escrito en inglés, que exponía el plan de salvación. La página mostraba, en imágenes sencillas, el pecado del hombre, Cristo en la cruz, y el puente que tendió para cerrar la brecha entre Dios y nosotros. Conocía bien el diagrama, lo había repartido cientos de veces en otros países lejanos. Miré el diagrama polvoriento, desgastado por el viento, y sentí que las lágrimas me saltaban de los ojos. Eso era precisamente. Eso era lo que había olvidado.

En todas las reuniones, planes de clases, desacuerdos y temor, me había olvidado de lo que me había hecho abordar el avión, con el brazo magullado y dolorido por la serie de vacunas que me habían puesto, y me había llevado a ese lugar remoto y desconocido. Había olvidado por qué dejé a mi familia y amigos, mi hogar y sustento. Estaba todo dispuesto ahí, otra vez, en el trozo de papel.

Este hombre, este misionero, que conocí por casualidad en las vías del ferrocarril en el desierto, entendía lo que yo había olvidado, ¡que el mensaje es lo más importante! Buscar la oportunidad de compartir el plan de salvación, sin consideración de raza, posición, o incluso idioma, era lo que de verdad importaba. Me di vuelta para darle las gracias, ver si podía ayudarlo con su carga de astillas, pero había desaparecido. En la vasta extensión vacía del desierto que había entre mí y las orillas de la ciudad, no había nada más que las polvorientas vías del tren y la arena blanca que el viento levantaba. Volví a Jos esa tarde con un nuevo sentido de propósito. Tal vez no lograría lo que me mandaron a hacer, incluso podía fracasar lamentablemente en ello, pero iba a aprovechar todas las oportunidades para compartir el mensaje a través de mis palabras y mis acciones.

Al recordar los meses que pasé en Nigeria, pienso en todo lo que aprendí: lo que es la verdadera pobreza, lo que es la verdadera perseverancia y lo que puede lograr, y cómo nuestro Dios, en su infinito amor y sabiduría, aprovecha cualquier oportunidad, supera cualquier obstáculo, para recordarnos lo sencillo que es su llamado. El misionero que cambió mi vida lo hizo sólo con una sonrisa y un pedazo de papel arrugado.

~Perry P. Perkins

Caldo de Pollo
para el Alma

3

CAPÍTULO

Ángeles entre nosotros

Oraciones respondidas

21

Red

Tomé mi chamarra forrada, entré al garaje y me puse mis botas de caucho. La perra vieja me miró como diciendo: "¿De veras tengo que salir contigo? Hace un frío espantoso".

Le di una palmadita. "De acuerdo, chica, te libraste por esta vez." Me dirigí a los corrales. Caminé con dificultad. Las anteriores huellas que habían dejado mis botas en el lodo se estaban llenando de nieve y empezaban a congelarse. Moví la cabeza con incredulidad. Era mayo.

Temprano, Red había dado señales de estar a punto de parir. Nuestro pequeño ganado era dócil y fácil de controlar, salvo por la vieja Red. Sin importar lo que hiciéramos por ella, nunca era amistosa.

Al acercarme al corral, noté que Red no estaba afuera. Hice sonar la cadena de la reja antes de entrar para no sobresaltarla. Llegué a la puerta del pequeño cobertizo donde las vacas daban a luz y hablé mientras mis ojos se adaptaban a la tenue luz del interior.

> Las oraciones de un hombre bueno ascienden desde la mazmorra más oscura hasta las alturas celestiales y descienden con bendiciones.
>
> JOANNA BAILLIE

—¿Cómo estás? —pregunté cuando distinguí su forma casi al fondo del cobertizo—. ¡Ah! —exclamé—, ya lo tuviste. ¿Está todo bien? —no entré. No quería verme atrapada en el cobertizo con una vaca recién parida. Me moví para tratar de ver mejor y entonces alcancé a percibir de reojo un veloz movimiento de Red. ¡Zas! Me sentí lanzada contra la puerta. Cuando mis pies tocaron el suelo, giré para alejarme. ¡Cataplum! Sentí un fuerte golpe por detrás y salí volando, agitando los brazos. Golpeé con un brazo mis anteojos nuevos. Éstos salieron disparados. Con desesperación traté de atraparlos mientras caía al suelo. No lo logré y al caer los aplasté con alguna parte del pecho.

Despacio, me levanté sobre las manos y las rodillas. ¡Paf! El golpe me tumbó de nuevo. Estaba conmocionada. Pensé que si no me acercaba al becerro recién nacido, Red me dejaría en paz. Pero no, ¡estaba enfurecida! Cada vez que trataba de levantarme, me propinaba otro golpe desde atrás. Me convertí en una especie de arado, ya que me empujó por todo el corral y abrió surcos conmigo en la nieve, el fango y el estiércol. Finalmente se detuvo y me dejó entremetida entre el cobertizo y el abrevadero.

Red me puso una pata delantera en la espalda y piafó con la otra. Ahora era su trampolín humano. Me llevé la mano enguantada a la nuca para protegerme. Cada vez que levantaba la cabeza, Red la golpeaba con la suya. "¡Alto, por favor, basta ya! ¡Auxilio!", grité. Ojalá hubiera ido conmigo la perra. Podría haber distraído a la vaca el tiempo suficiente para levantarme. Pensé en mi familia. ¿Me encontrarían ahí pisoteada hasta morir? Sentí el aliento caliente de Red atrás de la cabeza y oí sus gruñidos iracundos mientras luchaba por destruirme. "¡Qué manera de morir!", pensé, "¡boca abajo tirada en el estiércol!"

De pronto alcé la cabeza y advertí que no había recurrido al único que podía ayudarme. "¡Señor, ayúdame!", grité. Una vez más sentí el cabezazo que me hundió la cara en el estiércol.

De repente, Red se detuvo, giró y corrió al otro extremo del corral. Levanté la cabeza y la miré con fijeza. Los ojos flamígeros estaban centrados no en mí, sino en algo que estaba por encima de mí. Le seguí la mirada. No vi nada, pero sin duda, ella lo veía.

Me levanté muy despacio, sin despegar la vista de la vaca, pero también pendiente de lo que estaba mirando. Estaba inmóvil y parecía hipnotizada. Di dos pasos. Se quedó rígida. El temor se reflejaba en sus ojos brillantes. ¿Me dejaría salir? Avancé dando traspiés hacia la cerca. Red no se movió. Me lanzó una rápida mirada cuando me moví, pero de nuevo miró fijamente por encima de mí.

Sentí que alguien invisible a cada lado me sostenía de los brazos y me ayudaba a seguir adelante. Recuerdo vagamente que llegué a la cerca. Doblada de dolor y sujetándome los costados, me volví hacia la casa; entonces me detuve y vi el almiar. Tal vez debí descansar un poco. Pero algo, o alguien, me apremió a seguir avanzando. Caminé arrastrando los pies hacia la casa, apoyada en los ayudantes que me sostenían. Instintivamente comprendí que Dios había enviado a sus ángeles a cuidar de mí. No tenía miedo.

Cuando entré en la casa, los ángeles me soltaron. Crucé la cocina tambaleándome y llegué hasta el teléfono. El dolor me abrasaba las costillas y el pecho. Mi respiración era rápida y dificultosa. ¿Cuánto daño interno me había causado?

En el hospital, el personal y los curiosos se quedaron viendo mi ropa saturada de estiércol.

—Luché con una vaca y ella ganó —le expliqué a la enfermera.

Me trasladaron de inmediato al departamento de radiología.

—En seguida regreso —anunció el técnico después de completar la serie de radiografías. Al regresar me dijo—: De acuerdo, ahora vamos a hacer otros estudios —un ultrasonido era lo que seguía en la agenda—. Su médico vendrá en un momento —afirmó cuando volvimos a la sala de urgencias. Su actitud distante me hizo pensar que algo andaba mal.

El doctor entró. Me dijo que tenía tres costillas rotas y quizá algunas fisuras. El esternón estaba intacto, pero estaba muy magullada por el frente y por detrás, y tenía varias cortaduras en la nuca donde las pezuñas de la vaca me habían golpeado. Al parecer, no había daño espinal. Si no hubiera girado el cuerpo poco antes de que la vaca me atacara, un golpe directo en el esternón habría sido mortal. De seguro que mi chamarra gruesa y la tierra húmeda y suave me habían salvado de sufrir daños más graves.

—Aunque todo parece indicar que los órganos internos se encuentran bien, nos preocupa un posible daño, en especial en el bazo. La mantendremos en observación toda la noche. Si el bazo está dañado, es posible que tengamos que operarla de inmediato —advirtió el médico.

Recé. No tenía tiempo para que me operaran. Era la época de la siembra de primavera. Los doctores y las enfermeras estuvieron al pendiente de mí toda la noche. Una y otra vez recreé el ataque en mi mente. ¿La intervención divina era producto de mi imaginación? No, el miedo en los ojos de Red cuando tenía la vista clavada en la aparición fue tan real como el dolor que yo sentía. No, no habría podido salir de ahí y llegar a la casa sin ayuda. Los ángeles me habían rescatado. Sentí su roce. Todo saldría bien.

Por la mañana mi esposo llegó con mis anteojos retorcidos y me dio la noticia de que tanto la madre como el becerro estaban bien. Me dieron de alta.

Las costillas y los moretones tardaron en sanar. Yo tardé más en armarme de valor para volver a caminar entre el ganado, pero un verano lleno de sabrosos filetes y hamburguesas, por cortesía de Red, ayudaron a acelerar el proceso de curación. Incluso, deshidratamos una parte de ella y se la mandamos a nuestros amigos de Siberia. "Siberia, qué lugar tan apropiado para ella", pensé.

Con frecuencia muchos granjeros mueren debido a los ataques de vacas furiosas porque no hay escape, nadie que intervenga. ¡Alabado sea el Señor por su divina intercesión! Gracias a Dios por enviar a sus ángeles a rescatarme. "¿No son todos los ángeles espíritus dedicados al servicio divino, enviados para ayudar a los que han de heredar la salvación?" (Hebreos 1:14).

~Irene R. Bastian

22

Una mano de arriba

Toda mi vida he creído en los ángeles. Desde que oí hablar de ellos por primera vez cuando era pequeño, creí que existían seres que Dios enviaba a ayudar a las personas en momentos de necesidad. Creía que había personas a quienes los ángeles habían salvado, las habían sacado de un incendio, las habían guiado en el desierto o, sencillamente, las habían consolado en momentos de pérdida o necesidad. Pero nunca pensé que un ángel vendría a mí y literalmente me echaría una mano cuando más lo necesitaba.

> Por cada montaña hay un milagro.
>
> ROBERT H. SCHULLER

Fui alpinista en mi juventud. Me encantan las actividades al aire libre, las caminatas por terrenos inexplorados, acampar y disfrutar de la belleza que nos ofrece la naturaleza. Sobre todo, me encantaba estar en lo alto, tan alto como para contemplar el paisaje que Dios creó y admirar la belleza y la maravilla que es este mundo.

Empecé a escalar cuando estaba en la universidad; un amigo mío que era alpinista se ofreció a enseñarme. Al principio, me resbalaba y tropezaba más de lo que conseguía asirme con firmeza a la ladera de la montaña que estaba tratando de escalar. Pero con el tiempo llegué a comprender la textura de cada roca y tuve la paciencia y la fuerza necesarias para pasar el día escalando la cara de una montaña. Llegué a sentir la maravilla de ser pequeño en un lugar tan grandioso como las montañas que exploré.

Cambié de escalada con cuerdas a escalada libre, donde sólo es uno y la roca desnuda. Me tomó más tiempo aprender, pero al fin pude abrirme paso, poco a poco, por las laderas de muchas de las montañas favoritas de la comunidad alpinista. Era joven, fuerte, aventurero y pensé que no había montaña que no pudiera conquistar.

Y así fue que cometí una tontería. Decidí escalar por mi cuenta la pared de una roca muy difícil, que muchos escaladores de clase mundial habían considerado muy traicionera para alcanzar la cumbre. Peor aún, no le conté a nadie a dónde iba. Claro, conocían la parte general de la montaña a la que me dirigía, pero no que yo pensaba hacer algo tan estúpido y peligroso como lo que me había propuesto como meta.

Y allí estaba yo, a más de noventa metros de altura en la cara de la montaña elegida, colgando de una esquina de una roca que sobresalía sobre el paisaje, cuando me di cuenta de que ya no me quedaba fuerza. Sentía las piernas agotadas. Los dedos y manos estaban acalambrados y los brazos me temblaban. Estaba a punto de caer.

Empecé a rezar. Al principio recé para que Dios me diera la suficiente fortaleza para llegar a un lugar donde pudiera descansar y recuperarme, pero pronto me di cuenta de que no habría tiempo para eso. Los dedos empezaban a deslizarse de la roca. Miré hacia abajo y vi la tierra muy lejos debajo de mí y, por primera vez en mi vida, pensé que iba a morir.

Mis oraciones se convirtieron en algo más angustioso. Oré a Dios y le pedí que me salvara. Le dije que sabía que iba a caer y recé para que Él me rescatara. Entonces sucedió. Mis dedos perdieron su asidero en la roca y sentí caer mi cuerpo cansado. Rocé con las piernas la cara de la montaña, pero estaba demasiado débil como para hacer cualquier cosa. Cerré los ojos y esperé el impacto.

De pronto sentí que dos manos me sujetaban de la cintura. Sentí que me apretaban con suavidad. Me estaban levantando. No lo podía creer, pero me estaban levantando a un lugar más alto de donde había estado colgando. En ese momento escuché un susurro en mi oído y una ráfaga de aire cálido y apacible me acarició. La voz dijo: "No tengas miedo. Te tengo en mis brazos".

No tuve tiempo para hacer preguntas. Levanté la mirada y vi una cornisa por encima de mí y me sentí transportado a ella. El apretón alrededor de mi cintura se hizo más fuerte, y de repente sentí que la fuerza volvía a mis brazos y piernas. Estiré los brazos, me sujeté de un afloramiento y puse los pies en la cornisa. Las manos suaves que me habían estado sosteniendo me soltaron y me dejaron sano y salvo sobre la roca.

Entonces miré hacia el precipicio para ver quién o qué me había salvado, pero no había nadie ahí. Oí de nuevo el murmullo de una corriente de aire caliente que sopló a través de mí. En ese momento comprendí que Dios había respondido a mis oraciones. Había mandado a un ángel a salvarme de la caída y a dejarme a salvo en la montaña. Me salvó de mi propio orgullo tonto.

Tan pronto como volví a sentirme fuerte, bajé de la montaña. Volví a escalar después de eso, pero nunca volví a hacer tonterías. Siempre estaré agradecido por la segunda oportunidad que recibí en esa montaña y por los brazos amorosos del ángel que me echó una mano cuando más lo necesitaba.

~John P. Buentello

23

Mi niñera soñada

Acababa de convertirme en madre divorciada; tenía dos niños pequeños. Recuerdo la bruma que me envolvía en esos días, ese nuevo título que había adquirido, la tristeza, la rabia, la sensación de estar perdida y no saber qué hacer. Una terapeuta que había estado viendo me sugirió que fuera a la universidad para mejorar mis destrezas, ya que no había trabajado fuera de casa en seis años. Ella pensó que sería una buena experiencia para mí no sólo estudiar algo que me gustara, sino que también me ayudara a recuperarme emocionalmente del divorcio. La idea me pareció absurda.

No obstante, de todos modos empecé el proceso. En mayo de ese año, pasé por todos los trámites de admisión, exámenes y reuniones con el funcionario de ayuda financiera, pensando, muy en el fondo, que esto no iba a prosperar nunca, ni me importaba. Siempre he querido aprender, por lo que no tenía miedo de que me rechazaran. En cambio, tenía miedo de cómo iba a organizarme: asistir a la universidad de tiempo completo, trabajar tiempo parcial por las tardes y, los fines de semana, criar a dos niños pequeños que habían sido todo mi mundo durante seis años. Una guardería estaba fuera de discusión, porque mis hijos estaban acostumbrados a recibir atención personalizada en el hogar, y no quería que eso cambiara,

> Presta atención a tus sueños: los ángeles de Dios a menudo nos hablan directamente al corazón cuando dormimos.
>
> EILEEN ELIAS FREEMAN
> *The Angels' Little Instruction Book*

en especial en esa época. El mundo que había conocido por años había desaparecido.

"¿A quién estoy engañando?", pensé. "Acabo de destrozar sus vidas, y la mía; entonces, ¿qué importa si voy a la universidad o no?"

Creía que todos los años que mis hijos habían pasado en casa, amados entrañablemente y atendidos por sus padres, poco a poco se irían por el desagüe. Estaba segura de que acabarían como estadísticas en un estudio de caso reciente sobre hijos de padres divorciados que, por falta de atención, acaban por convertirse en delincuentes juveniles y luego en criminales adultos que pasan el resto de su vida en la cárcel. ¿Qué me hacía pensar que podía terminar la universidad en una época de tal agitación? No recuerdo haberme sentido nunca tan deprimida.

Pasé los exámenes de preadmisión, e incluso fui a las reuniones de ayuda financiera donde ofrecían becas a estudiantes no tradicionales, que es un eufemismo para referirse a los alumnos "mayores" que iban a la universidad por primera vez. ¡Vaya si era intimidante! La idea de asistir a la universidad con un montón de chicos de dieciocho años recién salidos de la preparatoria, y yo, una mujer mayor, divorciada, con dos hijos. Me moría de miedo.

Además, no podía encontrar a alguien que cuidara a mis hijos. Sabía que sin importar cómo se acomodaran las piezas preuniversitarias para mí, no iría a ninguna parte si no conseguía atención adecuada para mis hijos. Pasé por todo el proceso sólo por diversión, sabiendo de sobra que nada de eso se iba a concretar.

Estaba desesperada por encontrar algo que cambiara mï vida; nada parecido al divorcio, por supuesto. Comencé a rezar. Había ido a la iglesia toda mi vida, pero mi fe se basaba en el ritual y la tradición, me conducía como autómata y mi vida era muy cómoda creyendo que mi fe era sólida, que estaba haciendo todo lo correcto. Pero ese verano comencé a rezar mucho. Le pedí a Dios, que si era Su voluntad, me abriera de par en par todas las puertas, que todas las piezas cayeran en su lugar y me mostrara con claridad que iba por el buen camino. Ah, y que me buscara a la niñera ideal.

Las semanas transcurrieron y todo lo relacionado con la universidad salió bien, excepto el asunto de la niñera. Simplemente no encontraba a nadie. Había llamado a todo el mundo que conocía, busqué en todos los centros infantiles de la zona y nada.

Una noche, después de rezar y llorar hasta quedarme dormida una vez más, tuve un sueño. Estaba en una enorme tienda departamental con mis hijos, los dos se quejaban y lloraban, mientras yo intentaba salir con ellos de la tienda, empujando un carrito de compras que estaba tan pesado que apenas podía moverlo.

Puse el carro a un lado para sentarme un momento con mis hijos en un lugar donde los compradores iban y venían. De repente, una mujer mayor se acercó y se sentó a mi lado. Noté un broche de algún tipo en su blusa. Me miró a los ojos y preguntó:

—¿Sabe qué necesitan esos niños?.

La miré a mi vez, demasiado cansada para discutir, o decir mucho en realidad, excepto

—¿Qué?

—Necesitan un caramelo de mantequilla —procedió a sacar dos de su bolso y entregó uno a mi hijo y el otro a mi hija. De inmediato se sentaron en su regazo y dejaron de llorar, comieron las golosinas y descansaron la cabeza sobre los hombros de la mujer. Se veían muy tranquilos con ella.

Me sorprendió. Entonces ella me preguntó:

—¿Puede llevarme a casa? Soy viuda y no conduzco.

Accedí a llevarla a casa. Me dijo dónde vivía, y cuando llegamos noté que había durmientes viejos de la vía del ferrocarril que bordeaban la entrada y los escalones que subían a su puerta. Estacioné el auto y le pregunté si quería que la ayudara a entrar.

—No, estoy bien. Lleve a esos nenes (que se habían dormido en el asiento trasero) a casa y descanse un poco. Voy a cuidar de usted y sus hijos.

De repente, desapareció.

Cuando desperté a la mañana siguiente, sentí una sensación de paz y serenidad. Me quedé acostada un rato, disfrutando de esa nueva sensación.

Pasaron los meses y el verano llegó a su fin. Las clases en la universidad empezaban en dos semanas y todavía no tenía a nadie que cuidara a mis hijos. Me acordé de la oración.

"Dios mío, no sé si me escuchas, pero recuerdo ese sueño de hace unos meses y estoy tratando de ser paciente y confiar en ese ángel que vino a mí. Sé que estás ocupado con cosas mucho más importantes, pero faltan sólo dos semanas para que empiecen las clases en la universidad y necesito saber de ti."

Una semana antes de que comenzaran las clases, una amiga me dio el número de una mujer mayor que era niñera. Era una viuda que vivía en la ciudad.

Le llamé, y después de que charlamos un poco, me preguntó si podía ir a su casa a recogerla porque quería conocer a mis hijos.

"Verá, yo no conduzco, soy viuda." Me dio indicaciones para llegar a su casa. ¿Era posible?

Me estacioné frente a una entrada bordeada de durmientes y escalones que conducían a una puerta. La piel se me erizó. La puerta se abrió, y ahí estaba ella, me dio un abrazo y me dijo:

—Encantada de conocerla. Estoy impaciente por conocer a sus hijos.

De camino a casa, noté que la mujer llevaba puesto un broche de ángel en el bolsillo de la blusa.

~Patricia Beaumont

24

Los ángeles me guardan

Jubilarnos e irnos a vivir al norte, en el bosque, a la orilla de un lago, era algo con lo que mi esposo y yo soñamos durante años. Por eso, cuando supimos, en octubre de 1995, que un centro turístico estaba vendiendo sus cabañas como condominios, aprovechamos la oportunidad para alquilar una con opción de compra. Una semana después de que nos mudamos a Lake George, en Rhinelander, Wisconsin, a más de trescientos kilómetros de nuestra familia y amigos, mi esposo murió de un ataque al corazón.

> Los ángeles son los administradores y repartidores de la benevolencia divina hacia nosotros; velan por nuestra seguridad, se encargan de defendernos, dirigen nuestras acciones y constantemente se preocupan por nosotros para que no nos pase nada malo.
>
> JOHN CALVIN

La noche siguiente al funeral de mi esposo, sentada entre docenas de cajas sin desempacar, la realidad se hizo evidente. Estaba completamente sola. Luego de cuarenta años de tener con quien hablar, alguien que me abrazaba y me daba las buenas noches, ahora estaba sola.

¿Cómo podría sobrevivir a la soledad? Peor aún, desde que tenía ocho años le tenía miedo a la oscuridad. Me pregunté cómo podría pasar las noches. Corrí por toda la casa cerrando puertas y ventanas. Incluso atranqué las puertas con sillas debajo de las perillas. Cerré todas las cortinas y prendí todas las luces. Coloqué una linterna al lado de mi cama (en caso de que se fuera la luz, pensé) y el cuchillo de caza de mi esposo debajo de la almohada.

A pesar de todo, no podía dormir. Después de muchas noches de insomnio, finalmente llamé al doctor. Las pastillas que me prescribió para dormir me hacían sentir atontada todo el día. No obstante, necesitaba dormir. Además de la falta de sueño, se me vinieron encima la soledad y la inseguridad por ser la única residente del lugar durante una de las peores tormentas invernales que haya azotado el condado de Oneida, en más de cincuenta años.

Entonces, una tarde de enero, luego de tres meses de sufrimiento, todo cambió. Estaba sentada en el sillón reclinable de la sala viendo la televisión, cenando un plato precocinado y pensando en que eso no era vida, cuando inhalé un grano de elote. Empecé a toser y asfixiarme, salté del sillón reclinable y fui a darme golpes en la espalda con el marco saliente de una puerta con la esperanza de desatascar el grano de elote en la tráquea. No funcionó. Para colmo, durante el ataque de tos y asfixia, la vejiga se aflojó y tuve que correr al baño.

Mientras estaba sentada en el inodoro, seguí tosiendo y asfixiándome durante lo que me pareció una eternidad. Pese a todo, aun con la tos, no podía pasar el grano de elote que tenía atorado en la tráquea. Entré en pánico cuando empecé a sentirme mareada.

¿Así iba a morir, asfixiada por un grano de elote? Había estado deprimida por no tener vida desde la muerte de mi esposo, pero la posibilidad de morir sola me obligó a rezar.

"Dios mío", recé en silencio, mientras las lágrimas escurrían a raudales por las mejillas, "no quiero morir. Tengo una vida y la valoro. Si puedes ayudarme, por favor te ruego que lo hagas ahora."

No bien había terminado de rezar cuando sentí un golpe contundente en la espalda, entre los omóplatos, que desatascó el grano de elote que obstruía la tráquea y lo hizo salir disparado por la boca hacia el piso de la ducha.

Sobresaltada, me volví a medias para mirar detrás de mí, como si alguien pudiera estar ahí, lo cual era imposible porque tenía la espalda apoyada en el inodoro y éste se hallaba pegado a la pared. Sin embargo, no hay duda de que sentí un golpe fuerte (que casi me tiró del inodoro) en la parte superior de la espalda.

En ese preciso momento recordé un versículo de la Biblia que Peggy mi hermana mayor, me recitaba de niña para calmar mis temores: "Pues escrito está, a Sus ángeles te encomendará para que te guarden".

Mientras reflexionaba en este versículo me sentí verdaderamente agradecida por estar viva y dije en voz alta: "Gracias, Dios mío, por mandar a uno de tus ángeles a salvarme".

Más tarde, cuando me preparaba para acostarme, se me ocurrió que ya no debía tener miedo a la oscuridad ni a estar sola. Después de todo, si un ángel no me había dejado morir asfixiada con un grano de elote, razoné, tampoco iba a permitir que me pasara nada malo.

Sintiéndome a salvo y segura por primera vez en meses, guardé el cuchillo de caza en su estuche en la repisa del clóset. A partir de esa noche pude dormir bien, sin necesidad de tomar el somnífero, y en total oscuridad. Había conquistado mi miedo a la oscuridad y a la soledad, todo porque Dios me encomendó a un ángel para que me guardara.

~Sylvia Bright-Green

25

Conducir en hielo

En 1973 tenía veinte años, vivía en Kansas City y tenía dos trabajos con los que me mantenía mientras estudiaba en la universidad. Un año antes me había visto obligada a darme de baja del Stephens College en Columbia, Missouri, debido a la falta de recursos. Cuando me llegó una invitación para asistir a una fiesta en el pueblo universitario donde viví, me apresuré a aprovechar la oportunidad de reconectarme con Columbia.

Era noviembre y me puse en camino después de cumplir mi turno de trabajo de los viernes, aproximadamente a las 8 u 8:30 de la noche; eran dos horas de viaje. El plan era pasar la noche en un hotel de Columbia, darme una vuelta por el pueblo a la mañana siguiente y asistir a la fiesta el sábado por la noche.

> Confía en el Señor de todo corazón, y no en tu inteligencia.
>
> PROVERBIOS 3:5

Mi Corvair convertible 1963 no cerraba herméticamente, por lo que tuve que prender la calefacción para protegerme del frío que hacía afuera. Por irónico que parezca, también tuve que bajar los cristales de las ventanillas para que entrara aire fresco porque el olor de las emanaciones de gasolina invadió el interior del automóvil en cuanto prendí la calefacción.

Ese día había nevado más temprano, pero los caminos estaban despejados y no tenía que conducir en circunstancias fuera de lo común. Puse el radio a todo volumen, e iba cantando y disfrutando de una bella noche de luz de luna. Llevaba alrededor de una hora de camino cuando llegué a un tramo de hielo invisible donde perdí el control del vehículo.

En la preparatoria, cuando aprendí a conducir, me enseñaron que debía pisar con suavidad los frenos varias veces cuando el auto derrapara (los frenos antibloqueo aún no existían), pero todo fue en vano. El auto empezó a dar vueltas. Entonces viró y se fue de frente contra una zanja que dividía la autopista de cuatro carriles. Al mismo tiempo, el motor se apagó y quedé sentada en un automóvil inclinado por el frente en un ángulo de cuarenta grados, en medio de un silencio sepulcral. Estaba aterrorizada. Me hallaba en medio de la nada y no pasaban automóviles. Varias veces intenté arrancar el auto, pero estaba muerto.

Hacía un frío congelante y todo lo que veía era una carretera desierta bordeada de árboles y la luz de la luna reflejada en la nieve que me rodeaba. Me quedo corta al decir que estaba asustada. No tenía ropa suficientemente abrigadora para soportar toda la noche en ese paraje. Los teléfonos celulares no existían en esa época. El tiempo podía mejorar o empeorar durante la noche, dependiendo de quién (si acaso) se detuviera a ayudar a esta mujer sola metida en una zanja. Para colmo de males, me di cuenta de que nadie notaría mi ausencia en varios días.

Me quedé en el auto observando la autopista una eternidad, esperando que pasara una patrulla. Nada. Después de un rato, uno o dos automóviles pasaron en dirección contraria. Nadie se detuvo. El viento empezó a soplar más fuerte y se oía como un silbido a través del toldo ligeramente maltratado del convertible.

Decidí bajar a ver si había algún lugar cercano donde pudiera ir a pie a pedir ayuda. Abrí la puerta del auto y pisé con cuidado el suelo congelado; miré en todas direcciones, pero no vi nada más que nieve, árboles y una carretera desierta y oscura.

No tenía neumáticos para nieve, por lo que el auto no tendría suficiente tracción para salir de esa zanja empinada aunque arrancara el motor. Volví a subir al auto y me recriminé por ser tan tonta. ¿Por qué había salido tan tarde? ¿Por qué me había arriesgado a viajar en ese automóvil viejo con este tiempo? ¿Por qué no le había dicho a nadie a dónde iba para que supieran dónde buscarme si no volvía?

Respiré hondo y empecé a orar. "Dios mío, estoy en problemas. Por favor, ayúdame a salir sana y salva de esto." No recuerdo el resto de mi plegaria, pero estoy segura que en algún momento se convirtió en balbuceos incoherentes. A medida que avanzaba la noche, el viento soplaba cada vez más fuerte. Tenía muchísimo frío.

Después de rezar me quedé sentada en el auto, inmóvil, sin pensar en nada… sólo estaba ahí sentada, mirando fijamente el volante y la zanja cubierta de nieve más allá del capó.

Es difícil describir lo que sucedió entonces, pero me impresionó tanto que aún recuerdo el incidente en forma vívida, a pesar de que ocurrió hace casi cuarenta años. El temor al ridículo me impidió contar esta historia a más de una o dos personas.

Me pareció que una presencia me acompañaba en el auto. ¿Estaba perdiendo la razón? Incluso me pareció ver junto a mí un hueco debido al peso de alguien en el asiento del pasajero.

Si había alguien ahí para ayudarme, necesitaba una prueba. No podía quitarme la sensación de que no estaba sola. "Muy bien, Dios mío", pensé. "Si Tú, o un ángel, o algo, está aquí para ayudarme, lo voy a poner a prueba."

Una vez más giré la llave de ignición. El automóvil arrancó de inmediato. No podía creerlo. Pero entonces temí que los neumáticos sólo giraran en la nieve, la cual se había congelado y convertido en hielo. "Bueno, Señor", pensé, "si no estoy enloqueciendo y Tú me estás ayudando de algún modo, voy a accionar la reversa para ver si el Corvair sale de esta zanja." Despacio, el automóvil retrocedió y salió de la zanja como si no hubiera nada de hielo.

Retrocedí hasta la carretera, cambié la velocidad y avancé despacio. El radio se había apagado cuando el motor dejó de funcionar. Conduje en silencio, pero no podía quitarme la sensación de que alguien seguía ahí sentado a mi lado, en el asiento del pasajero.

Necesitaba comprobar que no me estaba volviendo loca y decidí hacer una "prueba" más. Retiré las manos del volante. ¡Alguien asumió el control y dirigió el auto! Conocía mi auto. Necesitaba usar ambas manos para maniobrarlo, a diferencia de los nuevos modelos con dirección hidráulica. ¡Alguien o algo dirigía mi auto!

Temerosa de hacer más "pruebas", volví a colocar las manos sobre el volante y di gracias a Dios en voz alta por esta bendición. No vi otros automóviles durante el resto del camino. La "presencia" permaneció conmigo hasta que llegué a mi destino. No vi físicamente a un ángel, pero no me cabe ninguna duda de que una presencia invisible me ayudó esa noche, hace cuarenta años.

~Morgan Hill

26

Mi ángel de nieve

Un día cálido y soleado a principios de noviembre, en especial en las Sierras, era una agradable sorpresa. Una mirada al cielo azul despejado fue todo lo que necesité para convencerme de subir al auto y recorrer más de treinta kilómetros a través del valle para ir a hacer compras anticipadas de Navidad. Mi esposo estaba feliz de quedarse en casa y barrer hasta la última de las hojas caídas. Le grité antes de subir al auto: "Si se te ocurre algo llámame para que lo traiga a casa". Él sonrió y me dijo adiós con la mano cuando me alejé.

> No se sabe con precisión dónde moran los ángeles, si en el aire, el vacío o los planetas. No ha sido la voluntad de Dios que seamos informados de su morada.
>
> VOLTAIRE

Las temperaturas en el valle son entre ocho y diez grados más altas que en las colinas donde vivimos, por lo que disfruté del clima templado y el sol mientras iba de una tienda a otra. No fue sino hasta que casi se ponía el sol cuando me di cuenta de que había estado de compras la mayor parte del día.

Me sorprendió que mi esposo no me hubiera llamado, porque, por lo general, se le ocurría algo que quería del pueblo mientras yo no estaba. Busqué mi teléfono celular en mi bolso y descubrí que no lo llevaba. No era de sorprender, pues no era la primera vez que me pasaba. "Probablemente está en el asiento o en el piso del auto", pensé y me apresuré a llegar al estacionamiento. Puse las bolsas en el maletero y subí al auto, pero el celular no estaba a la vista. Después de una búsqueda frustrante lo encontré debajo del asiento y suspiré con alivio, no sólo por haber encontrado el teléfono, sino también por haber descubierto la causa del ruido metálico que oía cada vez que daba vuelta en una esquina durante el trayecto hacia el valle.

Mi esposo se reirá de buena gana, pensé, cuando marqué el número de teléfono de la casa. No tuve oportunidad de decir nada. Oí el pánico en la voz de mi esposo cuando contestó el teléfono.

—He estado tratando de llamarte. Empezó a nevar aquí hace media hora —gritó en el teléfono.

—Pero habían pronosticado que la tormenta sería hasta después del fin de semana —respondí.

—Lo sé, lo sé, pero hubo un descenso repentino de la temperatura y cambió de otoño a invierno en un instante —explicó.

Otra sorpresa de la madre naturaleza. Así pasan las cosas en las Sierras; por eso tengo una caja de suministros de emergencia en el maletero y llevo cadenas desde el otoño hasta finales de la primavera.

—Bueno, creo que voy a tener que parar y poner las cadenas cuando empiece a subir para poder llegar a casa —suspiré.

Mi esposo tosió con nerviosismo y se aclaró la garganta.

—Eh, me olvidé de volver a guardar las cadenas en el maletero cuando aspiré el auto ayer. Las vi en el garaje cuando terminé de rastrillar —anunció. Resistí las ganas de gritar. Miré el reloj. Las dos tiendas de refacciones automotrices ya estaban cerradas.

—¿Cuánta nieve ha caído hasta el momento? —pregunté.

—Sólo unos tres o cinco centímetros. Creo que podrás llegar bien a casa si sales ahora, conduces despacio y sigues las huellas de neumáticos en la carretera cuando llegues a la nieve.

Colgué y arrojé el teléfono con furia a mi bolso. Me recriminé por no revisar el maletero después de que limpió el auto. Era una batalla constante con él para que volviera a poner las cosas donde las había encontrado. Normalmente eran sus cosas, pero esta vez yo era la víctima de su descuido. Tuve que soltar un grito para desahogar mi enojo en lugar de llevarlo a casa conmigo.

Grandes penachos blancos se arremolinaban delante de los faros del automóvil cuando llegué a los 366 metros de altura. Mantuve el auto en velocidad baja y avancé despacio hacia la elevación de casi 800 metros, donde vivíamos. Comencé a hablar conmigo misma y con Dios. "Ayúdame a llegar a casa" se convirtió en mi mantra de oración, que repetía cada pocos minutos.

Mi mayor reto sería cruzar el puente del embalse y subir por la colina al otro lado. La única forma de hacerlo sería mantener el vehículo en movimiento constante y esperar que los automóviles y camiones hubieran desplazado la nieve en cantidad suficiente para que mis neumáticos tuvieran tracción. Continué con mi mantra. La nieve caía con fuerza cuando llegué al puente del embalse. Parpadeé para contener lágrimas.

Un camión estaba cruzando el puente delante de mí. Mis esperanzas se reavivaron. Esos neumáticos grandes abrirían un buen camino por la nieve y ayudarían a los neumáticos de mi auto a ganar suficiente tracción para subir la colina. El camión aminoró la velocidad cuando me acerqué y en seguida se detuvo. Desaceleré el auto, pero tuve que parar a pocos metros del camión. Observé con impotencia que el conductor bajaba, quitaba la nieve del capó y el parabrisas del camión y luego volvía a subir y se alejaba.

Mi auto había perdido impulso valioso. El camino que abrieron los neumáticos del camión me ayudó hasta que llegué al final del puente y empecé a subir la colina. El auto comenzó a desviarse. Tenía que girar el volante para corregir cada viraje. Los neumáticos comenzaron a derrapar y el auto comenzó a deslizarse por la colina hacia la pendiente del embalse. Iba directamente al agua.

"Dios mío, por favor, necesito ayuda", grité. El auto se detuvo. Apoyé la cabeza en el volante y musité: "Gracias". Alguien estaba dando golpecitos en la ventana. Bajé el cristal y vi un joven de pelo oscuro rizado y ojos azul brillante. Sonrió.

—Nunca logrará subir la colina sin cadenas. Empujaré el auto hacia la orilla. Puede subir a pie la ladera —dijo.

Me dio la impresión de que el auto flotó sin esfuerzo hacia la orilla de la carretera. El joven se asomó por la ventana abierta y asintió con la cabeza.

—Acuérdese de sacar esos regalos de Navidad del maletero cuando se vaya —advirtió. ¿Cómo supo que había regalos de Navidad en el maletero?

Tomé mi bolso y bajé del auto para darle las gracias por su ayuda. Miré a mi alrededor. No había nadie ahí. No había autos ni camiones en la carretera. Busqué huellas de pisadas, pero no había ninguna, sólo una capa prístina de nieve que se hacía más profunda a cada momento. Saqué mi teléfono celular para llamar a mi esposo, pero luego recordé que la recepción en este nivel era mala, incluso cuando hacía buen tiempo.

Me puse las botas de caucho y una sudadera con capucha que siempre llevaba debajo del neumático de repuesto, tomé las bolsas de compras y comencé a caminar hacia la estación de servicio en la cima de la colina. Cuando vi la luz tenue sobre la puerta, me di cuenta de que estaba cerrada. Mi plan de llamar a mi esposo se perdió en los remolinos de nieve que me rodeaban. Tenía que seguir caminando hasta que llegara a una casa donde pudiera usar un teléfono.

En el momento en que llegué a la carretera principal, una camioneta blanca se detuvo a mi lado, el conductor bajó y vino hacia mí.

—¿Quiere que la lleve a casa? —preguntó. Asentí y él abrió la puerta. Sonrió cuando comencé a darle indicaciones—. Sé dónde vive —atajó. Lo miré más de cerca para ver si lo reconocía y noté un mechón de cabello oscuro rizado que sobresalía de la gorra tejida.

—¿Es usted el joven que empujó mi auto en la colina? —pregunté. Él sonrió y asintió con la cabeza.

La camioneta parecía deslizarse sobre el camino y me sorprendí cuando se detuvo frente a la entrada de nuestra casa en cuestión de minutos. Se necesitan unos diez minutos para cubrir esa distancia con buen tiempo. Le di las gracias después de que me ayudó a bajar de la camioneta y me volví para decirle adiós con la mano, pero la camioneta había desaparecido.

Mi esposo se asustó al verme entrar por la puerta en lugar de venir del garaje. Le conté de mi viaje a casa desde el valle. Cuando terminé, me miró con extrañeza.

—No oí que se detuviera ninguna camioneta en la entrada —dijo. Después de una breve discusión, me retó a que le enseñara las huellas de los neumáticos. Salimos de la casa.

No había huellas de neumáticos, sólo un manto blanco de nieve, profundo y suave, excepto donde empezaban mis huellas, las cuales llegaban hasta los escalones de la casa.

Desde esa experiencia el término "ángel de nieve" tiene un significado especial para mí.

~L. A. Kennedy

27

Ángel en mi hombro

Cuando era pequeña me enseñaron que cada uno tiene un ángel de la guarda asignado desde el momento que nace. Incluso creía que si me daba vuelta con la suficiente rapidez, alcanzaría a ver el mío. Por supuesto, eso nunca sucedió.

A través de los años conservé mi fe, pero finalmente dejé de creer en la existencia de un ser alado invisible que revoloteaba cerca de mí para protegerme y concederme todos mis deseos. El cliché "ángel en mi hombro" se convirtió precisamente en eso, una expresión anticuada propia de los himnos y los sueños infantiles.

> Si permanecéis en mí y mis palabras permanecen en vosotros, pedid todo lo que queráis, y os será concedido.
>
> JUAN 15:7

Crecí, me casé y tuve un hijo. Aunque bendecida de muchas maneras, mi vida era una constante lucha financiera que tocó fondo hace tres años. Mi esposo perdió su empleo después de treinta y cinco años. Habíamos logrado comprar nuestra primera casa apenas un año antes, y aunque la hipoteca era baja, consumió con rapidez la pequeña liquidación que recibió como retribución por todos esos años de arduo trabajo.

Los empleos eran inexistentes en la zona rural donde vivíamos. Usamos al máximo nuestras tarjetas de crédito en pocos meses sólo tratando de sobrevivir. Nuestro panorama era desolador y nos obligaba a enfrentar la dura realidad de nuestra situación; tendríamos que vender la casa y alquilar un departamento pequeño.

No teníamos ninguna diferencia a nuestro favor entre el valor de la casa y el monto de la hipoteca, por lo que no nos quedaría nada de la venta para pagar otras deudas. Era inevitable que nos declaráramos en quiebra y comenzamos a planear de acuerdo a esto.

—Tenemos que preparar la casa para venderla —manifestó con tristeza mi marido—. Limpiaremos la chimenea, vaciaremos la fosa séptica y pintaremos. También tendremos que presentar nuestra declaración del impuesto sobre la renta, para que podamos declarar esa deuda junto con el resto —añadió él, al tiempo que se frotaba los ojos cansados y enrojecidos.

Yo asentí en silencio y me levanté para ir por los papeles. Habíamos llenado los formularios de impuestos hacía varios meses, pero nunca los presentamos. Debido al monto de la liquidación que le habían dado a mi esposo, sabíamos que debíamos miles de dólares en impuestos. Ahora habría que pagar también los intereses y multas por declaración extemporánea. Le entregué los voluminosos formularios con todas nuestras cuentas y llamé al deshollinador para que fuera al día siguiente.

—No olvides que todavía tenemos el abrigo que dejó aquí el año pasado —me recordó mi esposo. Fui por él y lo arrojé sobre el respaldo de la silla. Al tocar la silla, un papelito arrugado cayó del bolsillo. Me agaché para recogerlo y vi que era un billete viejo de veinte dólares.

—¡Caramba, es muy antiguo! —comentó mi esposo.

—Pero sigue teniendo valor —señalé con amargura; tenía las manos temblorosas por la tentación de quedármelo. Era una cantidad pequeña, pero para mí, era toda una fortuna.

Miré a mi esposo y vi el mismo pensamiento en sus ojos tristes. Seguramente, el propietario nunca recordaría que estaba ahí, y si se acordaba, bueno, ¿qué pruebas tenía?

Guardamos silencio un largo rato. Como siempre pensamos lo mismo, llegamos a la misma conclusión. Volví a guardar el dinero en el abrigo. Reanudamos nuestra conversación sobre lo que necesitábamos hacer, mirando con nostalgia el abrigo cada cierto tiempo, pero el dinero siguió ahí.

Al día siguiente, mi esposo fue a ver a un contador fiscal para revisar nuestra declaración. Esperé al deshollinador. Me daba vergüenza pagarle con billetes pequeños y cambio, pero junté el dinero y lo dejé sobre la mesa.

El hombre llegó, hizo su trabajo, recogió su dinero y me agradeció profusamente por haber guardado su abrigo tanto tiempo.

—Lo siento. Quise venir varias veces a recogerlo, pero nunca tuve tiempo.

Me despedí de él con una sonrisa forzada.

Una vez que se marchó, fui a hacer café. Sería aguado, puesto que tuve que raspar el fondo de la lata para recoger los últimos granos. Busqué la leche que habíamos estado tomando con mucha moderación, con la esperanza de que durara hasta que recibiéramos un pequeño cheque que esperábamos. ¡Había sido demasiado tacaña! La leche se agrió y los grumos cayeron ruidosamente en el café.

¡Era el colmo! Furibunda, lancé la taza a través de la cocina hasta el comedor donde se estrelló contra un espejo. El café diluido escurrió como riachuelos por la pared y formó un charco entre los fragmentos de vidrio en el piso.

"¿Por qué?", le grité a Dios, porque sentía que me había abandonado. "Somos buenas personas. Somos honrados, trabajamos mucho, ¿y éste es nuestro premio?", vociferé. "Sé que estás ocupado. Sé que no somos importantes, pero ¿no podrías enviar por lo menos a uno de esos ángeles en los que quieres que crea para que nos ayude un poco? ¡No pido una fortuna! Sólo quiero conservar lo poco que tenemos." Grité, bañada en lágrimas.

Respiré estremecida y traté de serenarme. Tomé un recogedor, también un trapo y me agaché a recoger los vidrios rotos. Mientras lo hacía, sentí un toque suave y reconfortante en el hombro. Sorprendida, di media vuelta y vi una imagen reflejada en un pequeño trozo de espejo: era el rostro de una hermosa mujer rodeado de una luz brillante. Tenía los ojos más azules que jamás había visto, y me sonreía de manera tranquilizadora, como si dijera: "Todo va a estar bien". Un momento después, la imagen desapareció y los fragmentos de vidrio salpicados de café ocuparon su lugar. Me senté, llena de una cálida sensación de paz.

Todavía estaba sentada sobre los talones sin salir de mi asombro cuando sonó el teléfono. Me levanté con torpeza y tomé el auricular.

—¿Hola? —murmuré.

—Cariño, ¿estás sentada? ¡Tienes que sentarte! —era mi marido, su voz revelaba emoción.

—¿Qué pasa?

—No pasa nada —rio él—. ¡Todo está bien! Cometí un error en el cálculo de los impuestos. Vamos a recuperar dinero, ¡un montón de dinero!

Procedió a explicar su error. Su parloteo no tenía sentido para mí. Lo único que yo quería saber era a cuánto ascendería nuestro reembolso. Cuando me dijo la cantidad, me quedé boquiabierta.

Era más que suficiente para pagar todas nuestras deudas y aún nos quedaría algo de dinero para comprar alimentos y leña para el invierno. Me quedé estupefacta.

Acababa de colgar el teléfono cuando sonó otra vez. Era el deshollinador. Respondió a mi saludo alegre con otro muy efusivo de su parte.

—Sólo llamé para agradecerle su honradez —comenzó—. Encontré algo en el bolsillo del abrigo que pensé que había perdido para siempre: un billete de veinte dólares que mi madre me dio hace cuarenta años, el día de mi Confirmación. Nunca lo gasté porque fue lo último que me dio antes de morir una semana después.

—Vaya, me alegro de que lo haya encontrado —respondí, sintiéndome culpable al recordar esos horribles momentos en que estuve tentada a robarlo para satisfacer mis necesidades.

—Que los ángeles la protejan siempre, señora —me dijo en voz baja; sonreí con los ojos llenos de lágrimas.

—Siempre lo hacen —susurré y colgué el teléfono.

~Marya Morin

28

El ángel de Ashley

Cuando mi hija cumplió diecinueve años, nos anunció que se mudaría de nuestro pequeño pueblo en las montañas del centro de California a Pasadena. No me entusiasmaba la idea de que mi hija menor se fuera a la gran ciudad, pero me acordé de la canción "The Little Old Lady from Pasadena" de los Beach Boys. Por consiguiente, si mi hija estaba decidida a mudarse al sur de California, esa ciudad parecía una opción más segura que la mayoría.

> Por la tarde,
> por la mañana y al
> mediodía oraré y
> clamaré, Y Él
> oirá mi voz.
>
> SALMOS 55:17

Al cabo de un par de años en un instituto de educación superior, ella y su compañera, Laura, decidieron cambiarse a la universidad. Eso implicaba alejarse de las viejecitas de Pasadena. Como estudiantes universitarias hambrientas tuvieron que conformarse con un lugar que no era precisamente privilegiado, por decir lo menos.

—No vivimos en el gueto. Vivimos en el "guet" —bromeó Ashley, tratando de tranquilizarnos. Tenía razón. No era del todo aterrador, pero había suficientes personajes siniestros y sirenas ululando como para tener a una madre postrada de rodillas todas las noches, pidiendo a Dios que enviara a sus ángeles a proteger a la pequeña belleza rubia que vivía en Los Ángeles.

Una noche, después de estacionar su auto, Ashley empezó a caminar con cautela hacia su puerta y pasó junto a un grupo de chicos que advirtieron que estaba sola. Laura y ella tenían la costumbre de llamarse una a la otra en cuanto bajaban del auto y se quedaban al teléfono hasta que estaban dentro y a salvo, pero esa noche Laura no estaba en casa. Fingiendo hablar por teléfono, Ashley oyó pasos que la seguían. Con el corazón en la garganta, susurró una oración por su seguridad.

A los pocos minutos, oyó una voz detrás de ella.

—Linda, te están siguiendo y voy a caminar contigo hasta que llegues a tu casa.

—Normalmente, si un tipo me llama "linda", es él al que tengo que evitar —me contó Ashley—. Pero en cuanto este hombre abrió la boca, me sentí segura.

"En realidad no caminó conmigo —aclaró—. Se quedó unos pasos detrás de mí. Llegué a mi departamento, introduje la llave en la puerta y me volví para darle las gracias, pero ya no estaba. No había tiempo para que se alejara demasiado, pero a pesar de todo no lo vi por ningún lado".

Aunque esa noche Ashley no haya podido expresar su gratitud a su benefactor, no he dejado de dar gracias a Dios por responder a las oraciones de esta madre preocupada.

~Linda Newton

29

El poder de la oración

"Esas escaleras me preocupan. Rezo todos los días por su familia en esas escaleras." La "loca de la tía Anna" siempre estaba rezando por algo. Para esa tía de mi esposo, rezar era como respirar. Nunca dejó de rezar hasta el día que murió. Oraba por las solicitudes de las iglesias locales y las listas de los televangelistas. Oraba para pedir espacios de estacionamiento, consultas médicas y comestibles. Rezaba cuando subía y bajaba los pocos escalones de su pequeño departamento.

Orad sin cesar...

1 TESALONICENSES 5:17

La tía Anna era la roca de fe de nuestra familia. Como era viuda y sin hijos, se preocupaba por sus sobrinas y sobrinos como si fueran sus propios hijos. Si mis hijos tenían un examen, audición o un gran juego pendiente, le pedían a la tía Anna que rezara por ellos, pues creían que tenía un teléfono rojo con línea directa al Cielo. Por supuesto, sabían que ellos podían rezan también, pero les parecían más poderosas las oraciones de la tía Anna.

En sus años de juventud, Anna visitaba a personas necesitadas de oración. Mi esposo fue un niño muy enfermizo, y la tía Anna iba a verlo y oraba por él al lado de su lecho de enfermo. Años más tarde, cuando tuvo que permanecer en casa cada vez más, aumentó el tiempo que dedicaba a la oración. La mesa de la cocina le servía como sede de oración, salpicada de oraciones escritas a mano, revistas, Biblias, devocionarios y peticiones, montones y montones de peticiones de oraciones.

Por alguna razón, la tía Anna siempre nos recordaba que oraba por nuestra seguridad en la escalera del sótano.

¿Qué tenían esas escaleras que la asustaban? Con una mano marchita y dos rodillas artríticas, la tía Anna tenía tres buenas razones para temerles. Pero nosotros no. Subíamos y bajábamos por esas escaleras cada vez que salíamos y regresábamos a casa. La barandilla del lado izquierdo parecía un poco incómoda al bajar. ¿Sería por eso? ¿O era el cemento duro debajo de las alfombras sin relleno? Sea lo que fuere, no pensábamos para nada en las escaleras.

Tal vez debimos haberlo hecho.

La compañera constante de mi hija de cuatro años era la encantadora Katie, su muñeca parlante. Lauren llevaba a Katie a todas partes, cosa que no era una proeza menor, ya que la muñeca tenía la mitad de la estatura de Lauren, quien era una niña menuda y callada, con una espesa mata de rizos castaños. Katie era una muñeca rubia enorme que hablaba.

Un día como cualquier otro, nos dirigimos a la escalera que bajaba al garaje. Llevaba en brazos a mi hijo pequeño AJ, a quien llevaba apoyado en la cadera. Lauren llevaba a Katie cuando abrió la puerta del sótano y comenzó a bajar las escaleras.

Lo que sucedió después duró sólo un microsegundo; sin embargo, me pareció que sucedía en cámara lenta. Lauren llevaba a su muñeca Katie bajo el brazo izquierdo, bajó del rellano y llegó hasta el segundo escalón antes de salir catapultada por el aire. La gruesa suela de goma de sus tenis se atascó en la alfombra, propulsándola de cabeza por el tramo de escaleras restante. Cayó rodando. Yo estaba detrás de ella, pero no pude detener la espantosa pesadilla que se desarrollaba ante mis ojos, e imaginaba a mi pequeña herida y sangrando, encogida en el suelo de cemento.

Con los ojos llorosos y sintiendo que el corazón se me salía del pecho, no podía creer lo que vi a continuación. Hasta este día, por más que recreo el suceso en la mente, me parece una película a la que le faltan partes, como si en la sala de edición se hubieran perdido varios cuadros. En un segundo vi a Lauren volando. Al siguiente, vi el cuerpo torcido a mis pies, colocado en posición diagonal en las escaleras, como si un ángel la hubiera tomado en brazos en el aire y la hubiera depositado ahí con suavidad. Las suelas de goma de sus zapatos estaban frente a mí y su cabeza unos pasos hacia abajo. Seguía abrazando a la muñeca gigante con el brazo izquierdo y con la mano derecha se había sujetado de alguna manera de la barandilla del lado izquierdo.

A pesar del terror que dejaban traslucir los ojos desmesuradamente abiertos de Lauren, no lloró, ni siquiera gimió. Sólo esperó tranquilamente a que la tomara en brazos. Se acurrucó en mi regazo y entonces vi que tenía la mano derecha cerrada —la misma con la que se asió del pasamano. Cuando abrió los dedos descubrí que llevaba dentro un puñado de dulces que había sacado de contrabando de la casa. ¡Increíble! Era imposible que su manita hubiera podido sujetarse de la barandilla sin soltar los caramelos.

Comprendí que había presenciado una intervención angelical.

Jesús dijo que los niños tienen "sus ángeles en el cielo" (Mateo 18:10) y el salmista escribió: "Pues a los ángeles les ha ordenado que te protejan dondequiera que vayas. En sus manos te habrán de sostener para que no tropiece tu pie con piedra alguna" (Salmos 91:11-12).

Dios respondió a las oraciones de la tía Anna ese día. De seguro envió a un ángel invisible para que sostuviera en sus manos a Lauren y evitara que siguiera cayendo por las escaleras.

Ese día cambió nuestra actitud hacia la oración, hacia la presencia real de los ángeles y hacia la tía Anna. Ella era tan creyente, que estoy segura que Dios escuchó sus oraciones. Rezaba por cosas grandes y pequeñas, pues sabía que su Padre celestial estaba al cuidado de todas las cosas.

Como madre joven, me preocupaban todas las cosas grandes y pequeñas que atañían a mis hijos. Siguiendo el ejemplo de la tía Anna, mi familia y yo compartimos ahora todas nuestras inquietudes en la oración, no sólo las "mayores". Después de todo, la Biblia dice: "Depositen en Él toda ansiedad, porque Él cuida de ustedes" (1 Pedro 5:7).

Ciertamente nos envió un ángel en nuestro momento de necesidad.

~Susan Allen Panzica

30

Esperanza en la Unidad de Terapia Intensiva

Para mi madre fue un momento de felicidad estar presente en la sala de partos cuando mi hermana menor dio a luz a su primera hija. Mamá comentó que había sido una experiencia increíble e inolvidable ver nacer a su nieta. Sara era pequeña, pero no tardó en aumentar de peso y alcanzar el mínimo de 2.26 kilos para que le autorizaran salir del hospital. Mi hermana y su esposo la llevaron a casa.

> La oración que comienza con confianza y pasa tranquilamente a la espera siempre terminará en gratitud, triunfo y alabanza.
>
> ALEXANDER MACLAREN

Poco después de estar en casa, Sara enfermó y tuvieron que hospitalizarla. Mamá aún estaba de visita. Sin que nosotros lo supiéramos en ese momento, mamá rezó para pedirle a Dios que se la llevara a ella y no a Sara. La niña empezó a prosperar de nuevo, pudo retener la comida y aumentó de peso. Otra vez fue enviada a casa al cuidado de sus padres y abuela. Mamá disfrutaba mucho de cuidar a Sara.

Más o menos una semana después de que Sara saliera del hospital, mamá sufrió un ataque al corazón y la trasladaron en ambulancia. Mi otra hermana y yo fuimos de inmediato hacia el hospital. Era un viaje de cuatro horas desde la ciudad donde vivíamos.

El cardiólogo nos informó que lo más probable era que nuestra madre no sobreviviera.

—Incluso si sobrevive —advirtió—, no tendrá memoria y quedará en estado vegetativo —al respecto explicó—: En los cuarenta minutos que tardó la ambulancia en llegar al hospital, su corazón se detuvo tres veces. Aunque los paramédicos lograron revivirla, cada episodio causó daños en el cerebro debido a la falta de oxígeno. El cardiólogo nos aconsejó que llamáramos a los miembros de la familia.

Eso no era lo que queríamos oír. A los cincuenta y cinco años, era demasiado joven para dejarnos. Nos parecía que apenas ayer había muerto papá (en realidad habían pasado trece años y medio) y ahora mamá. "¡Por favor, Dios mío, no te la lleves!", rogué.

Como mi hermana menor tenía que quedarse en casa a cuidar a su nuevo bebé, mi otra hermana y yo nos quedamos en la sala de espera de la Unidad de Terapia Intensiva. Cuando las enfermeras nos lo permitían, íbamos al lado de nuestra madre, la tomábamos de la mano y le hablábamos. Estaba inconsciente, pero aun así charlábamos con ella.

Una ocasión, alrededor de la medianoche, mientras mi hermana y yo estábamos sentadas en la sala de espera de la Unidad de Terapia Intensiva, un ministro salió de la unidad. No lo habíamos visto entrar.

Fue directamente a vernos, como si nos conociera y dijo:

—Su madre va a estar bien —se sentó y rezó con nosotros. Mientras orábamos, sentí que el miedo y la desesperanza se esfumaban. Dentro de mí había un renovado optimismo y sensación de bienestar.

El ministro parecía tener poco más de sesenta años y tenía el cabello entrecano. Me miró directamente a los ojos cuando me entregó una tarjeta de presentación y pidió:

—Llámenme si me necesitan —su mirada me transmitió paz. Estaba agradecida por la visita que el ministro le había hecho a mamá.

No recuerdo con claridad cuánto tiempo pasó mamá inconsciente en la cama del hospital. Me pareció una eternidad. Mi hermana y yo hicimos repetidos viajes de ida y vuelta desde Norfolk, Virginia, donde vivíamos, al hospital de Carolina del Norte. Cada vez nos decían que no había cambios; nos sentimos decepcionadas, pero no abandoné la esperanza.

Nuestra madre habló por fin. Sin abrir los ojos, llamó a sus hermanas por su nombre. También llamó a sus hijos.

El médico afirmó que su capacidad de hablar era una señal positiva, aunque inexplicable. Mamá recuperó la conciencia a pesar del pronóstico del doctor. El único daño permanente en el cerebro fue la pérdida de la memoria a corto plazo. Yo tenía una última cosa por hacer antes de que nos la lleváramos de regreso a Norfolk: darle las gracias al ministro por sus oraciones.

Llamé al número de la tarjeta de presentación. El número no estaba en servicio. Busqué en la guía telefónica, pero no encontré ningún registro de la iglesia. Cuando les describí al ministro a las enfermeras de la Unidad de Terapia Intensiva y a la encargada del área de información de hospital, me dijeron que nadie conocía o había visto al ministro. Mi hermana y yo no podíamos haberlo soñado, además, tenía su tarjeta en la mano.

Para mí, no hay duda de que durante el tiempo que estábamos agotadas y sin esperanza, Dios nos envió a un ángel para darnos esperanza. Mandó a un ángel disfrazado de un ministro terrenal para que nos llevara el mensaje de un próximo milagro: "Su madre va a estar bien".

~Sara L. Schafer

CAPÍTULO

Ángeles entre nosotros

Ángeles disfrazados

31

Un protector insólito

A principios de 2001, nuestra hija Elizabeth estaba resuelta a hacer el viaje en autobús de Iowa a Ohio para conocer al joven con el que se había estado carteando desde hacía varios años. Su padre y yo no estábamos muy contentos con su decisión y, en especial, nos preocupaban las numerosas paradas en ciudades grandes, pero ella desestimó nuestras inquietudes. Tenía dieciocho años, había ahorrado lo suficiente para hacer el viaje y nada que nosotros dijéramos podía disuadirla.

Cuando la dejamos en la parada del autobús, la abrazamos fuerte y le advertimos que tuviera mucho cuidado. Mientras el autobús se alejaba, empecé a rezar para pedir que llegara bien a su destino.

Esa misma noche, vimos un drama policiaco en el que encontraban el cuerpo de una joven detrás del contenedor de basura en una estación de autobuses. "Una joven inocente de Iowa, violada y asesinada", un policía se lamentaba con otro, después de descubrir la identidad de la chica. Se me heló la sangre. Levanté la mirada y vi el mismo miedo reflejado en los ojos de David. Estábamos pensando lo mismo. No debimos haberla dejado ir.

Ninguno de los dos durmió mucho esa larga noche; nos la pasamos dando vueltas y agitados, tomándonos de las manos. Una y otra vez re-

> No es porque los ángeles sean más santos que los hombres o los demonios que son ángeles, sino porque no esperan santidad unos de otros, sino sólo de Dios.
>
> WILLIAM BLAKE

zamos por nuestra hija y repetimos la misma plegaria que musité en voz baja en la parada del autobús: "Por favor, Señor, cuida a nuestra hija en este viaje. Protégela".

Exhalé un enorme suspiro de alivio cuando Elizabeth llamó la tarde siguiente, para avisar que había llegado a su destino. Le conté del programa de televisión de la noche anterior, esperando que me dijera que era una tontería preocuparse por eso. En lugar de eso, hubo silencio en el otro extremo de la línea.

Entonces mi hija comenzó a contarme acerca de la escala de cinco horas que tuvo que hacer a las 3:00 de la mañana en una estación de autobuses que consistía en poco más que un edificio cerrado en medio de la nada. Cuando se acercó a la puerta de la estructura, un hombre grande y pesado, con cabello largo e hirsuto y bíceps abultados llenos de tatuajes salió de un callejón cercano.

Mi hija aterrorizada giró la perilla con desesperación de un lado a otro, pero todo fue en vano. Estaba bien cerrada y no había ninguna luz en el interior.

Dejó caer los hombros con resignación e hizo lo único que se le ocurrió: se sentó en su maleta y comenzó a rezar con fervor. Mantuvo la mirada en el suelo, tratando de evitar el contacto visual con el temible extraño que se aproximaba.

Cuando al fin se atrevió a levantar la vista, el hombre estaba justo frente a ella. La saludó y Elizabeth tragó saliva para disimular su terror y atinó a susurrar un tímido "hola" con voz temblorosa. Él intentó entablar una conversación informal, y ella armándose de valor respondió con monosílabos. El hombre se acercó a ella mientras hablaban y su cercanía la hizo sentir muy incómoda. Él le preguntó a dónde iba y a su vez le contó de la novia que iba a visitar en Florida. Poco a poco, Elizabeth se relajó cuando se dio cuenta de que a pesar de su aspecto y lenguaje toscos, no quería hacerle ningún daño.

En las dos horas que estuvieron solos, mi hija notó que al menos tres vehículos diferentes, llenos de grupos de jóvenes, pasaron por ahí y que un automóvil dio vueltas en círculo por lo menos dos veces. Los hombres vieron a mi hija y luego echaron un vistazo al gigantón que estaba a su lado. Ninguno de ellos se detuvo.

A las 5:15 de la mañana llegó una mujer con una argolla llena de llaves, y mientras abría la puerta de la estación, Elizabeth oyó que el hombre mascullaba algo y luego desaparecía en el callejón. La empleada le permitió entrar en el edificio, pese a que oficialmente abriría hasta dentro de otros quince minutos.

Una vez que Elizabeth estuvo dentro bajo llave, el hombre regresó y trató de abrir la puerta. Mi hija le gritó que la estación abría hasta las 5:30, él asintió con la cabeza y se alejó. Nunca lo volvió a ver.

Elizabeth esperó dentro de la estación casi tres horas, pero no vio que el hombre entrara en el edificio o abordara un autobús.

—Mamá, si no hubiera estado allí y uno de esos autos llenos de hombres se hubiera detenido, podrían haberme hecho cualquier cosa. Habría estado totalmente sola en plena noche. Pude haber sido esa chica del programa que viste.

Solté un grito ahogado, conmocionada, pero luego Elizabeth agregó:

—Mamá, ¿dónde habrá ido? En la estación no había mucha gente. Si de veras hubiera planeado tomar un autobús, ¿por qué desapareció una vez que estuve a salvo ahí dentro?

Sentí que me invadía una sensación cálida de paz. Entonces comprendí, sin lugar a dudas, que Dios había respondido mis oraciones enviando a ese fornido guardaespaldas a cuidar a mi hija.

—Era un ángel de Dios —le dije a Elizabeth, pero no me creyó.

—No parecía un ángel, ni hablaba como ángel —respondió, titubeante.

—Si hubiera tenido un aspecto menos intimidante, ¿su presencia habría impedido que cualquiera de esos autos se detuviera?

Beth guardó silencio y ambas pensamos en lo que podría haber sucedido si ese hombre formidable no se hubiera acercado tanto a ella con aire protector.

De no haber sido por ese encuentro fortuito en la estación de autobuses cerrada, Elizabeth podría no haber llegado a Ohio, a conocer al joven que se convertiría en su esposo y padre de sus tres hijos.

Sé con toda certeza que los ángeles existen, aunque no siempre los reconozcamos cuando nos visitan. A veces, el ángel de Dios puede ser un hombre grande y fornido con brazos tatuados.

~Mary Potter Kenyon

32

Un ángel de calma

Ir a la escuela durante la intensa batalla de seis años que mi hermano mayor libró contra la drogadicción fue en sí misma una dura prueba: me sentía obligada a ocultar mi angustia diaria ante mis amigos y fingir que estaba alegre y despreocupada. La angustia debería haber desaparecido después de que él murió, pero el estrés que me causó su asesinato, presuntamente a manos de un traficante ocho meses antes, me había dejado aún más agobiada por la ansiedad. En especial el día que mi mejor amiga me rogó que aceptara que me llevara a casa después de la escuela. Pude ver la tensión en sus manos cuando buscó a tientas las llaves. ¡Qué par éramos! Si alguna vez dos jovencitas necesitaron un milagro, ésas éramos nosotras.

> La magnitud de la vida es abrumadora. Los ángeles están aquí para ayudarnos a tomarla paso a paso.
>
> LEVENDE WATERS

Como en ocasiones lo hacía, Mandy había llevado a la escuela el auto azul de la familia, que parecía un barco.

—No puedo tardarme mucho —advirtió, en su enervante forma habitual—, pero me quedas de camino… —luego, casi como una ocurrencia que alguien le hubiera susurrado, añadió—: Mi mamá dijo que estaba bien.

Traté de ocultar mi estremecimiento. ¿Qué pasaría si Mandy llegaba a casa unos minutos tarde?

Mandy era una persona totalmente diferente dentro de los muros de la escuela: locuaz, afectuosa, risueña, pero en cuanto sonaba el timbre de salida empezaba una transformación lenta: se veía tensa, con el cuerpo rígido, abrazaba los libros con fuerza contra el pecho y caminaba tambaleante hacia un automóvil que la esperaba en la orilla de la acera. No importaba si estábamos en medio de una conversación a la salida de clases. Tenía esa mirada temerosa y salía corriendo.

A menudo observaba a Mandy subir al automóvil, encorvada y con la cabeza baja. Parecía que el conductor la recriminaba duramente por tardar demasiado, le lanzaba miradas fulminantes y agitaba las manos en la cara de Mandy.

Atando cabos, me di cuenta de que la pobre de Mandy era víctima de maltrato, por lo menos verbal.

Como no quería herir sus sentimientos, me deslicé en el asiento del pasajero, aunque estaba intranquila por aceptar que una conductora tan inexperta, y para colmo nerviosa, me llevara a casa. Pero ¿qué podía ocurrir en sólo tres kilómetros?

Mandy salió del estacionamiento de la escuela y se detuvo en el semáforo. Parecía que nos movíamos a paso de tortuga, pero me alegré de que fuera prudente. Con cuidado, dio vuelta a la izquierda del transitado bulevar sobre una calle lateral que conduce a mi vecindario. En ese momento, un automóvil salió de la nada, ¡y venía directo hacia nosotras!

—¡Mandy! —grité al oír el ruido chirriante de dos automóviles que chocan de frente; el impacto nos lanzó hacia atrás. Apenas íbamos a ¿qué? ¿Veinte kilómetros por hora? Aun así, nos quedamos ahí sentadas, aturdidas.

Mandy apretó el volante, tenía la cara y los nudillos blancos como la nieve.

—¿Q-qué v-voy a ha-hacer? —susurró. Miré atrás.

No tenía idea. Ni siquiera sabía conducir. ¿Qué se hace cuando alguien choca con uno? ¿Teníamos que llamar a la policía? (Esto sucedió antes de que existieran los teléfonos móviles, y habríamos tenido que tocar la puerta de un extraño para llamar a alguien).

El otro conductor bajó de su auto y cerró la puerta de golpe; tenía la cara encendida por la irritación. Podía correr a casa, pensé a lo loco… ir por mamá… pero papá se había llevado nuestro único automóvil al trabajo. La pobre de Mandy comenzó a temblar. No fue su culpa. Pero ¿cómo podíamos demostrarlo?

En ese momento, unos golpecitos apremiantes en la ventanilla de Mandy nos hicieron saltar. Ella bajó la ventana, donde había aparecido de repente un hombre que no tenía nada que ver con el accidente. Iba vestido de traje formal y su expresión era plácida. Le dio una palmadita tranquilizadora a Mandy en la mano que todavía estaba en el volante.

—No te preocupes —la reconfortó—. No pasa nada. Hablé con el otro conductor y él admite que fue su culpa. Ninguno de los dos sufrió muchos daños.

Mandy lo miró fijamente sin decir una palabra, lo veía como si fuera un salvavidas. Alto y de aspecto fuerte, sus palabras y modales me hicieron sentir extrañamente tranquila. La paz repentina que se sintió dentro del auto parecía casi sobrenatural.

—Esto es lo que tienes que hacer —dijo y empezó a explicar, paso a paso, cómo obtener los datos del seguro del otro conductor, la información que ella debía conseguir y dar, la cual tenía que buscar en la guantera. Esbozó otra sonrisa tranquilizadora y repitió—: No te preocupes.

Las dos abrimos las puertas y bajamos del automóvil. Con calma, Mandy empezó a hablar con el otro conductor. Las cosas parecían ir bastante bien y Mandy había dejado de temblar. Sólo había pasado un momento cuando me volví para darle las gracias al hombre que nos había aconsejado, miré a un lado y a otro de la calle, pero no vi a nadie. Por ningún lado. No había automóviles en la calle y ni se veía actividad en ninguna de las casas.

Ahora que lo pienso, no había visto ni oído ningún automóvil, además del de Mandy y el del otro conductor. Nunca oí ninguna puerta que se cerrara, ni siquiera pasos. Entonces me pregunté, ¿cuándo había tenido tiempo de hablar con el otro conductor antes que nosotros?

Pronto nos pusimos en camino y llegamos a mi casa. Mamá nos saludó en la puerta, donde nos apresuramos a contarle lo ocurrido.

—Quédate a tomar el té, cariño —instó mamá—. Necesitas descansar un momento antes de irte.

Estaba segura de que Mandy rechazaría la invitación y por eso me sorprendió mucho que nos siguiera y tomara asiento en el sillón. Acunando las tazas humeantes entre las manos, guardamos silencio.

—Mandy —dije, pensativa—. ¿Notaste que… ese hombre simplemente… desapareció?

Asintió despacio.

—Chicas —intervino mamá—, creo que hoy Dios les envió un ángel.

Los ojos de Mandy se llenaron de lágrimas y yo sentí el mismo nudo en la garganta que siempre sentía cuando veía mi película favorita *Qué bello es vivir*, en especial en el momento en que la pequeña Zuzu le cuenta a Jimmy Stewart lo que pasa cada vez que suena una campana. "¡Es cierto, cariño!", exclamaba él, entusiasmado. "¡Es cierto!"

Esa tarde, mamá llamó a la madre de Mandy y preparó el terreno para que le dieran permiso de quedarse un rato para charlar y comer galletas. Fue el primero de muchos días que Mandy se las arregló para escaparse y pasar más o menos una hora con nosotras después de la escuela. Nunca me enteré de todo lo que le confió a mamá, pero no tardó en mudarse con su amada abuela que había estado rezando por ella todo el tiempo. Desde ese día del accidente, las dos sentíamos que renacían las esperanzas en nuevos comienzos.

A veces, al volver a casa de la escuela me gustaba pasar por esa calle y buscaba garajes o puertas abiertas, para asegurarme. Pero nunca lo volví a ver. Algo dentro de mí me decía que no era un hombre común y corriente.

El recuerdo de su presencia tranquilizadora y serena, enmarcada en la ventana detrás de las manos tensas y los nudillos blancos de Mandy, me hace tener presente que Dios se preocupa por nuestras penas y temores. Se preocupa tanto que todavía envía a sus ángeles como en los relatos bíblicos. Y todavía nos traen el mismo mensaje: "No te preocupes, Dios está contigo".

~Pam Depoyan

33

Los ángeles no necesitan tu dirección

Era el típico fin de semana, el último de la manía de verano en la playa y, por supuesto, yo quería ser parte de la locura. Mi esposo pensó que una parrillada tranquila en casa bastaría, pero dada su forma de ser complaciente y generosa, ahí estábamos, acostados boca arriba sobre nuestras toallas a rayas con los colores del arco iris, como sardinas en lata. Si nos movíamos un poco hacia delante, hacia atrás, a la izquierda o la derecha, quedaríamos en íntima cercanía con nuestros vecinos de la playa.

> Los momentos dorados de la vida pasan volando y no vemos nada más que arena; los ángeles vienen a visitarnos, y sólo los reconocemos cuando se han ido.
>
> GEORGE ELIOT

Me fascinaba oír el ruido de las olas, sentir la brisa húmeda en la cara, saborear la sal en el aire. Mi esposo comentó que podría haber recreado fácilmente esta experiencia en casa: sólo tenía que poner uno de esos CD de música (los que suenan como una combinación de un violín escalofriante y ruido de cascadas), rociarme con un atomizador y darme papas fritas.

Lo invité a caminar bajo la sombrilla y emprendimos una de mis famosas aventuras en la playa, que consistía en ir a juntar conchas, buscar cristales marinos, dar un paseo por el muelle y el premio máximo, chapotear, zambullirnos, lanzarnos de cabeza al agua y, finalmente, dejarnos llevar por nuestra propia ola privada.

Volvimos a casa bañados de sol, deshidratados y muy necesitados de una ducha. Entonces noté que mi collar de búho, un regalo que mi papá me dio cuando cumplí trece años, apenas una semana antes de que falleciera, no estaba donde debía y donde siempre había estado: colgando debajo del collar de Te amo que me regaló mi esposo en nuestra noche de bodas.

Mis dos hombres favoritos en este mundo y mis dos regalos más preciosos, y ahora faltaba uno. Lo busqué con desesperación por toda la casa. Le pregunté a mi esposo si recordaba haberme visto con el collar puesto cuando estábamos en la playa. No estaba seguro, y yo tampoco.

De lo único que estaba segura es que me sentía desconsolada.

Tomé las llaves del auto y regresé a la playa. Mi esposo pensó que estaba loca, y con justa razón. Después de quince kilómetros de playa y treinta mil paseantes, ¿de verdad creía que podría encontrar un pequeño collar?

Pero tenía que intentarlo. Por lo menos había un lugar donde guardaban los objetos olvidados. Tal vez, sólo tal vez, alguien había encontrado mi collar y lo había entregado. Entonces pensé con cinismo, tal vez, sólo tal vez, con el precio del oro, ese alguien no lo había entregado.

¿Y si se me había caído en el mar?

No quería pensar siquiera en esa posibilidad.

Corrí hacia la playa, pero no sabía por dónde empezar. Hacía mucho tiempo que los salvavidas se habían marchado, pero un trabajador que estaba barriendo el entablado a lo largo de la playa tenía acceso a los objetos perdidos. Una baraja, tres sillas de playa y más de seis hieleras estaban apiladas junto a la pared, pero no había ningún collar.

Vi a un hombre mayor que caminaba despacio por la arena con un detector de metales en la mano. Corrí hasta él y, casi sin aliento, le pregunté si había encontrado un collar.

Abrió la mano amarillenta y curtida por el sol y me enseñó el botín que había reunido hasta ese momento: había monedas de cinco y veinticinco centavos, pero en su mayoría eran de un centavo.

El anciano me dijo que le escribiera mi nombre y dirección, y que si por casualidad encontraba mi collar, me lo devolvería con mucho gusto. Tenía ganas de abrazarlo, y lo hice.

También quería que tuviera dinero suficiente para que pudiera mandármelo por correo y le di un billete arrugado de cinco dólares que él arrugó todavía más y se lo guardó en el bolsillo del chaleco.

Corrí al auto para buscar algo con qué escribir y en qué hacerlo; encontré un lápiz de cejas de punta roma y una servilleta.

Garabateé mi nombre y dirección y regresé corriendo lo más rápido que pude.

El anciano ya no estaba.

Lo busqué un rato y después volví a casa.

Mi generoso marido ofreció reponerme el pequeño búho azul con uno nuevo.

Rechacé su amoroso gesto, ya que no había reposición posible. Mi papá, a pesar de haber estado hospitalizado prácticamente siete meses completos, había encontrado la manera de comprarme ese collar y no faltar a mi decimotercer cumpleaños. Me enteré de todo eso en su funeral.

Unos días antes habían hecho una colecta de fondos en el vestíbulo del hospital en la que pusieron puestos de mercancías. Mi papá se enteró y pidió a uno de los enfermeros que lo llevara en silla de ruedas a la planta baja.

Descubrió el collar con el dije de búho en una pequeña caja blanca que estaba en exposición en un puesto del rincón y supo que había encontrado el mejor regalo de todos. Mi papá siempre me decía que era muy sabia, incluso desde muy pequeña, mucho más sabia de lo que podría esperarse a mi edad, según me decía. Era tan juiciosa como un viejo búho sabio.

Como no tenía dinero para pagar el búho, mi papá tuvo que regatear con el vendedor. Ofreció construir algo en su clase de terapia ocupacional, como un revistero o un barco de madera a cambio de mi regalo de cumpleaños.

El vendedor accedió a darle el búho a mi papá a cambió de un pagaré y la enfermera favorita de papá lo llevó a casa para envolverlo para regalo como si fuera de Tiffany.

Posteriormente me enteraría de que ese amable vendedor acababa de perder a su padre a causa del cáncer y que lo había conmovido tanto la dignidad y el valor de mi padre que nunca tuvo la intención de aceptar ningún dinero.

Tres días después de recorrer la playa por cuarta y última vez, apareció un paquete dentro de nuestra puerta de malla de alambre.

No sé quién lo entregó o lo envío, ya que no tenía remitente ni franqueo postal.

Contenía un billete arrugado de cinco dólares y el collar con el dije de búho.

Primero lloré.

Luego besé mi bello búho.

En seguida puse el collar en el lugar que le correspondía.

Y sólo entonces me di cuenta de lo tonta que había sido.

No tenía que preocuparme por escribir dónde vivía. Los ángeles no necesitan tu dirección.

~Lisa Leshaw

34

Daniel y el pelícano

U na tarde, después del trabajo, iba en el auto de regreso a casa y los vehículos que iban delante de mí tuvieron que virar para librar algo que no se ve a menudo en medio de una autopista de seis carriles: un pelícano grande. Luego de que un tráiler de dieciocho ruedas por poco lo atropellara, fue evidente que el pelícano no planeaba moverse en un futuro inmediato. Y si no se movía, el resto de su vida podría llegar a medirse con un temporizador de cocina.

Si todos fuéramos como los ángeles, el mundo sería un lugar celestial.

ANÓNIMO

Estacioné el automóvil y me acerqué despacio. El pajarraco no tenía el más mínimo miedo de mí, y los automovilistas que hacían sonar sus bocinas y nos gritaban al pasar tampoco lo impresionaban.

Pisando fuerte, agité los brazos y grité ahuyentándolo para que se fuera al lago que estaba al lado de la carretera, a la vez que trataba de dirigir el tránsito vehicular.

—¡Vamos, largo, grandulón, vete de aquí antes de que te lastimen!

Después de una breve pausa, se mostró más cooperador y se fue contoneando hacia la orilla hasta que se deslizó en el agua.

Problema resuelto. O eso fue lo que creí.

En el instante en que me alejé, volvió a la carretera, provocando otra tanda de bocinazos, rechinidos de neumáticos y frenos humeantes.

Volví a intentarlo.

—¡Fuera, por el amor de Dios!

El pelícano parpadeó, primero con un ojo, luego con el otro, con un suspiró decidió volver al lago para aplacarme.

Por supuesto, en cuanto me di media vuelta para ir al auto, se repitió la misma historia.

Después de otros dos intentos infructuosos, no sabía que más hacer. Los teléfonos móviles eran prácticamente inexistentes en ese entonces, y el teléfono público más cercano estaba a poco más de un kilómetro y medio de distancia. No iba a abandonar a la desventurada criatura para ir corriendo a pedir ayuda. Lo más seguro es que ya no estuviera viva cuando volviera.

En consecuencia, ahí nos quedamos, a la orilla del camino, como dos compañeros esperando en la parada del autobús. Mientras que él se limpiaba las plumas despreocupadamente, yo rezaba por un milagro.

De repente, una camioneta de carga, de color rojo brillante, se detuvo y un hombre bajó de ella.

—¿Necesita ayuda?

Rara vez me quedo sin palabras, pero al ver al recién llegado, que era muy alto, me quedé muda e incapaz de hacer nada más que asentir.

Era el hombre más apuesto que había visto en mi vida: cabello negro azabache, musculoso, piel bronceada y sonrisa encantadora flanqueada por hoyuelos tan profundos que parecían pozos petroleros. Sus ojos eran hipnóticos, azul Caribe, eran tan claros como el cristal. Era casi demasiado bello para ser real.

El nombre que llevaba bordado en la camisa de trabajo era "Daniel".

—Voy hacia el santuario de aves marinas y con mucho gusto lo llevaré conmigo. Tengo una jaula grande en la parte de atrás de la camioneta —ofreció el hombre.

¡Inaudito!

—¿Trabaja como voluntario en el santuario? —carraspeé, luchando por recuperar el habla.

—Sí, de vez en cuando.

Ni en mis sueños más descabellados podría haber imaginado una solución más perfecta a mi dilema. El ave iba a ser rescatada por un experto conocedor con apariencia de estrella de cine, que por casualidad llevaba una jaula de pelícano en su auto y se dirigía al santuario de aves marinas.

Mientras observaba a Daniel prepararse para recibir a su pasajero, no pude quitarme la sensación de que lo conocía de algún lado.

—¿Nos conocemos? —pregunté.

—No, no lo creo —respondió y volvió a sonreír con una calidez que derretiría glaciares.

Contuve la respiración cuando el hombre se acercó poco a poco al pelícano. Entrecruzaron miradas y el ave permitió con docilidad que Daniel le echara una toalla sobre la cabeza y lo colocara en la jaula. No hubo lucha, nada de aleteos y ni siquiera un graznido de protesta, sólo calma.

—¡Sí! —grité de emoción cuando Daniel aseguró la puerta de la jaula. Lo que parecía una situación perdida dejó de ser irremediable. El pelícano estaba finalmente a salvo.

Antes de que se marcharan, agradecí a mi compañero socorrista por su ayuda.

—Fue un placer, Michelle —respondió y se fue.

Un momento. ¿Cómo supo mi nombre? No nos habíamos presentado. Yo me enteré de su nombre por la camisa.

Más tarde, cuando llamé al santuario para ver cómo estaba el pelícano, pregunté si podía hablar con Daniel.

Nadie había oído hablar de él.

Empezaba a pensar que la mente me estaba haciendo triquiñuelas.

Cuando hablamos de mi desconcertante experiencia durante la cena, nuestra pequeña Julie afirmó con plena convicción que conocía la verdadera identidad de Daniel.

—Mami, apuesto a que es tu ángel. Por eso lo conoces —insistió.

—Pero Daniel no tenía alas, querida —sonreí y le pasé algunas legumbres a mi esposo.

—Muchos ángeles no tienen alas, mamá.

—¿Cómo lo sabes?

—A veces los veo. Son personas como tú, yo y mi papi.

Dejé el tenedor en la mesa y le puse toda mi atención.

—Julie, ¿por qué crees que las personas que ves son ángeles? —pregunté.

—Porque Dios está en sus rostros.

Después de lavar los platos y decir las oraciones de la noche, llegó el momento de aclarar la confusión que me daba vueltas en la cabeza.

En alguna parte había leído que los niños pequeños pueden ver lo que los adultos no, porque su inocencia todavía no se ha contaminado con el escepticismo del mundo de los adultos. Tal vez era verdad. Mi hija pequeña parecía tener información de primera mano sobre algo que su incrédula madre apenas podía comprender.

Además, lo que dijo tenía sentido.

Pedí un milagro en mis oraciones y de pronto apareció Daniel. No sólo sabía cómo capturar un pelícano, sino que llevaba una jaula grande en la camioneta y se dirigía a un lugar donde el ave estaría a salvo.

Además, el brillo que irradiaban los bellos ojos de Daniel era puro y amoroso, como la adoración de un padre por su hijo. Como dijo Julie, Dios estaba en su rostro.

Si Daniel era mi ángel, eso explicaría su familiaridad. Mi espíritu lo conocía, aunque yo no lo reconociera en carne y hueso. Por si fuera poco, él sabía cómo me llamaba, sin que yo se lo hubiera dicho.

Entonces recordé que pasé apuros con el tránsito cuando trataba de alejar al pelícano de la carretera. Quizá el pájaro no era el único que estaba en peligro inminente. Estaba tan preocupada que no me cruzó por la mente que yo corría peligro de perder la vida por tratar de salvar la de él.

Fue una revelación preciosa y aleccionadora; Dios me amaba tanto que había enviado a un ángel de las huestes celestiales para protegerme. Había oído decir que los ángeles nos cuidaban, pero yo tuve una prueba tangible de su existencia.

¡Qué regalo tan maravilloso!

~Michelle Close Mills

35

Varado

Mi mente comenzaba a divagar. Venía por la carretera I-79 norte conduciendo nuestro Jeep Cherokee usado, que acabábamos de comprar; me acompañaba mi esposa embarazada, y llevábamos casi dos horas de estar cruzando las montañas de Virginia Occidental. No había radio. No había servicio de telefonía celular. No había semáforos.

No había zonas de descanso. No había vehículos en la carretera, salvo el nuestro. Lo único que oía era el ruido sordo de los limpiaparabrisas moviéndose de un lado a otro, lo cual me recordaba el metrónomo que mi profesor de piano de quinto grado utilizaba para mantenerme en tempo. La mezcla fangosa de nieve, lluvia y aguanieve empezó a acumularse, por lo que cada vez me era más difícil concentrarse en el interminable camino que teníamos delante.

> No todos podemos hacer grandes cosas, pero podemos hacer cosas pequeñas con un gran amor.
>
> MADRE TERESA

Era la noche antes de la Nochebuena y estábamos haciendo el largo viaje de regreso a casa en una zona rural de Pennsylvania. Asistía a la escuela de posgrado en Kentucky y las vacaciones de invierno finalmente habían llegado. Mi esposa y yo habíamos tenido que trabajar temprano ese día, por lo que salimos más tarde de lo que nos hubiera gustado, pues eso nos obligaba a conducir en completa oscuridad durante todo el viaje a casa. No nos importaba realmente conducir tanto tiempo, porque sabíamos que en ocho horas estaríamos disfrutando de un ponche frente a una tibia chimenea con nuestra familia.

¡¡¡PUM!!!

—¿Oíste eso? —pregunté a mi esposa.

—Sí. ¿Qué pasó?

—Creo que golpeé algo —respondí.

Detuve el vehículo al lado de la carretera para comprobar los daños. Saqué la linterna debajo de mi asiento.

—¡Tenemos un neumático averiado! —grité—. Voy a poner la refacción.

Saqué nuestros regalos de Navidad uno por uno y los coloqué en el suelo mojado. Por fin llegué al fondo de la pila, saqué el gato, nuestra única fuente de esperanza en esa noche invernal.

—¡Genial! ¡Qué suerte tenemos! ¡Está roto! ¡El concesionario nos vendió un vehículo con un gato roto! ¿Y ahora qué?

Uno por uno, guardé los regalos de Navidad dentro del vehículo, pensando cómo podía haber cometido ese error. Regresé a mi asiento y empecé a preguntarme qué haríamos. Tomamos un momento para evaluar la situación y ofrecer una plegaria rápida.

Analizamos nuestras opciones:

Opción 1: parecía que había una casa muy lejos a la distancia. Podía ir a tocar el timbre.

Opción 2: la siguiente salida estaba a casi veinticinco kilómetros. Podía caminar a la salida y mi esposa se quedaría en el auto hasta que regresara.

Opción 3: podíamos esperar en el calor de nuestro automóvil hasta que se acabara la gasolina, con la esperanza de que otro vehículo se detuviera y el conductor realizara un acto de buen samaritano moderno con nosotros (aunque no habíamos visto otro automóvil en la carretera desde hacía casi dos horas).

A ninguno de los dos nos gustaban las opciones uno o dos, teniendo en cuenta el hecho de que estábamos en medio de la nada en Virginia Occidental, por lo que nos decidimos por la tercera opción.

Recliné mi asiento, sin esperar ver otro vehículo durante varias horas, si acaso aparecía alguno. Apagué los limpiaparabrisas para poder sostener una conversación normal con mi esposa. Pero antes de que pronunciara la primera oración, oí una sirena. Miré por el espejo retrovisor y grité como si acabara de sacarme la lotería:

—¡Una patrulla!

El policía se detuvo al lado de nuestro vehículo, nos preguntó en qué podía ayudarnos y nos dijo que era el oficial Anderson. Le conté lo del neumático pinchado y que no tenía gato en buenas condiciones ni servicio de telefonía celular. Sin dudarlo, el oficial Anderson bajó de la patrulla de un salto, sacó el gato de su automóvil, lo arrojó sobre el césped empapado y empezó a cambiar el neumático. Luego nos dijo que nos quedáramos dentro donde estaba caliente, mientras nos buscaba un mecánico. Finalmente encontró uno, pero estaba a setenta y dos kilómetros de distancia. Nos dijo que nos seguiría hasta que llegáramos a nuestro destino. Así que durante la siguiente hora y media, el oficial Anderson escoltó nuestro vehículo, aunque estaba completamente fuera de su jurisdicción.

Cuando por fin llegamos a nuestra salida, el oficial Anderson nos indicó que lo siguiéramos al taller mecánico y que después nos llevaría a un hotel. Antes de que se marchara, me sentí obligado a pedirle la dirección de la estación de policía, para enviarle una nota de agradecimiento y hacerle una pregunta que me había estado dando vueltas en la cabeza desde el momento que varias horas antes se detuvo para ayudarnos.

—¿Por qué se detuvo?

Después de una larga pausa, me miró directamente a los ojos y respondió:

—Me detuve a ayudarlo a usted y a su familia, porque alguien se detuvo y nos ayudó a mi familia y a mí cuando lo necesitamos hace muchos años.

Las palabras del oficial Anderson han reverberado en mi corazón y mi mente desde aquella noche. Sus palabras (y acciones) me han dado mucha esperanza en la vida cuando hemos pasado por situaciones difíciles y necesitamos ayuda —y ha habido muchas. Sus palabras también han sido la fuerza impulsora detrás de mi misión en esta vida: ayudar a quienes lo necesitan, a los que sufren, a aquellos que necesitan compasión, a los que necesitan a alguien que les ayude a llevar sus cargas.

La verdad del asunto es que todos necesitamos a un oficial Anderson de vez en cuando. La vida se complica: un neumático desinflado, una relación rota, una enfermedad imprevista, una pérdida repentina de trabajo o una factura inesperada por pagar. Pero como el oficial Anderson mencionó, él se detuvo y nos ayudó porque antes alguien se detuvo a ayudarlo.

El día después de Navidad decidí comunicarme con la estación de policía para darle las gracias al oficial Anderson por su ayuda. El jefe de la policía respondió y empecé a relatar el increíble acto de bondad que habíamos recibido de uno de sus oficiales. El jefe de policía respondió:

—Estoy muy contento de que haya recibido la ayuda que necesitaba la otra noche, pero no hay ningún oficial Anderson en nuestra estación.

Hasta este día no estoy seguro de si realmente hay un oficial Anderson que patrulla las montañas de Virginia Occidental en la carretera I-79 norte, o si simplemente es un ángel, pero sé que este increíble acto de bondad cambió radicalmente el curso de mi vida.

~Tom Kaden

36

Justo a tiempo

Aunque muchas personas creen que están rodeadas de ángeles y cuentan historias sobre cómo les ayudaron a salir de apuros, debo admitir que siempre me mostré más bien escéptica cuando me enteraba de algún encuentro con un alguno de esos seres. Mera coincidencia, pensaba por lo general, cuando alguien me contaba que "su" ángel lo había ayudado. ¡Qué conveniente! No había nada más que estar en el lugar correcto en el momento oportuno. Es decir, eso era lo que pensaba hasta que yo misma conocí a un ángel.

> Sé un ángel con otros siempre que puedas, como forma de agradecer a Dios la ayuda que tu ángel te ha brindado.
>
> EILEEN ELIAS FREEMAN
> *The Angels' Little Instruction Book*

Era 1990 y estaba buscando trabajo. No sólo tenía la esperanza de encontrarlo, sino que estaba desesperada por conseguir algo que nos ayudara a pagar la hipoteca de la casa nueva que mi esposo y yo acabábamos de comprar. Después de responder a un anuncio en el periódico y conseguir una entrevista, salí una brillante mañana de invierno, más que un poco nerviosa, pero vestida con mi mejor traje de entrevistas para impresionar a mi posible futuro jefe.

Mi entrevista era en el centro de la ciudad a la que acabábamos de mudarnos, y estaba casi segura de saber llegar. Pero por si acaso, salí con más de media hora de anticipación.

Me resultó muy fácil encontrar el edificio, pero con lo que no contaba es que no había lugar para estacionarme a media mañana de un ajetreado lunes. El edificio estaba situado en medio de una calle llena de oficinas, restaurantes y unas pocas casas antiguas, y todos los lugares de estacionamiento que vi ya estaban ocupados.

Di vuelta a la manzana varias veces y una sensación de pánico empezó a apoderarse de mí cada vez que doblaba una esquina. Aunque había salido con mucho tiempo para llegar puntualmente a la entrevista, no había tomado en cuenta el rato que pasaría manejando por el centro de la ciudad buscando, infructuosamente, un lugar para estacionarme.

Mientras recorría muy despacio la calle por lo que parecía la enésima vez, vi una mujer con el cabello rojo encendido en una entrada, tenía una mano en la cadera y en la otra sostenía una escoba que usaba para barrer la nieve de la acera. Me hizo una seña y me detuve.

—¿Estás perdida? —preguntó cuando bajé el cristal de la ventanilla—. Te he visto pasar por lo menos media docena de veces.

—No, no estoy perdida. Estoy buscando un lugar para estacionarme. Tengo una entrevista de trabajo dentro de cinco minutos en ese edificio al otro lado de la calle.

La mujer sonrió compasiva.

—Estaciónate en mi entrada —ofreció—. No voy a salir a ningún lado.

—¿Estás segura? —pregunté.

—¡Claro que sí! ¡Date prisa! No quieres llegar tarde, ¿verdad? —la mujer señaló un lugar donde acababa de quitar la nieve y, agradecida, estacioné mi automóvil en su entrada. Después de darle las gracias de nuevo, crucé corriendo la calle y llegué a mi entrevista con un minuto de anticipación. Luego volví a mi auto.

La pelirroja todavía estaba fuera barriendo.

—¿Cómo te fue? —preguntó.

—Creo que todo salió bien —respondí—. Gracias por tu ayuda.

Me sonrió.

—¿Acaso no es eso lo que se supone que debemos hacer, ser amables los unos con los otros? Espero que consigas el trabajo.

Esa noche le conté a mi esposo acerca de la mujer que me ofreció un lugar de estacionamiento justo a tiempo para que llegara a mi cita.

—Me gustaría llevarle algo para darle las gracias —comenté—. Tal vez una planta o unas galletas. Le llevaré algo mañana.

A la mañana siguiente, martes, fui al centro, con una maceta pequeña de violetas africanas en el asiento junto a mí. Por alguna extraña razón había muchos lugares vacíos ese día y pude estacionarme directamente frente a la casa de la generosa extraña. Pero cuando toqué el timbre, no hubo respuesta.

—¡Ahí no vive nadie! —me gritó alguien después de unos minutos. Una vecina apareció en las escaleras de la casa de al lado.

—La señora que vive aquí me dejó estacionarme ayer en la entrada de su casa —respondí.

La vecina negó con la cabeza.

—No lo creo. Helen se fue a una residencia de ancianos el mes pasado y falleció el domingo.

—¿Helen tenía el cabello rojo y los ojos azules?

—No. Helen tenía los ojos azules, pero su cabello era blanco. Era bastante mayor. Debe de haber sido otra persona —la vecina se dispuso a entrar en su casa, pero se detuvo—. Es curioso. Creo que Helen fue pelirroja hace mucho tiempo. Siempre decía que su pelo era del mismo color que el de Lucille Ball —la vecina miró la planta que yo llevaba en la mano—. ¡Qué linda violeta! —dijo.

Un escalofrío corrió por mi espalda mientras recordaba lo que Helen había dicho acerca de ser amable con los demás. Caminé hacia la vecina y le di la violeta.

—Disfrútela —le dije—. Quiero regalársela.

La vecina abrió los ojos, sorprendida.

—¿Por qué?

Me encogí de hombros.

—Como agradecimiento a Helen —repuse.

Esa semana me ofrecieron el trabajo, y durante varios años pasé frente a la casa de Helen dos veces al día. Cada vez, pensé en el ángel que había conocido y en su bondad hacia mí, bondad que todavía intento transmitir a otros siempre que puedo.

Mi encuentro con Helen me enseñó que conocer un ángel no tiene que ver con coincidencias, un buen momento, o estar en el lugar correcto en el momento oportuno. Se trata de ser amable con los demás siempre que sea posible.

~Nell Musolf

37

Asistencia vial

Era una tarde lluviosa de domingo durante un verano y mi amiga y yo habíamos estado conduciendo más de una hora. Pasamos por caminos rurales tranquilos en los que vimos pastizales de vacas, granjas de caballos y poco más que eso. Pasamos por caminos de terracería aislados en los que no se veía una sola casa en kilómetros. Al doblar una curva, por segunda vez, vimos el mismo restaurante al lado del camino por el que habíamos pasado veinte minutos antes, el que tenía el cartel de "Cerrado" colgado de la puerta.

De día mandará el Señor su misericordia, y de noche Su cántico estará conmigo, elevaré una oración al Dios de mi vida.

SALMOS 42:8

La aguja del tanque de gasolina apuntaba "Vacío" y, pese a ello, resistimos la tentación de recoger a un autoestopista de aspecto serio, con el propósito explícito de que nos ayudara a orientarnos y encontrar nuestro camino. Su semblante nos inquietó, pero ninguna de las dos pudimos precisar qué era lo que nos había dado tan mala espina.

Cuando entramos en una estación de servicio, en la zona rural del condado de Lancaster, Pennsylvania, admitimos finalmente que, en efecto, estábamos perdidas.

Antes de la era de la tecnología, antes de la navegación con GPS y los teléfonos celulares, había mapas de carreteras. Por fortuna, teníamos un mapa de Pennsylvania. Lo acabábamos de sacar de la guantera cuando un automóvil blanco entró en la estación de servicio por el otro lado de las bombas de gasolina.

Mi amiga y yo volvíamos a casa después de cinco días de campamento en un festival de música cristiana y estábamos impacientes por volver a la civilización donde había duchas de agua caliente y camas tibias y cómodas. Mi amiga estudió el mapa con diligencia, mientras yo bajé del auto y me dirigí a la oficina de la estación de servicio.

Sonreí y saludé con la cabeza a las personas que viajaban en el automóvil que se hallaba junto a nosotros, una pareja de ancianos. El conductor tenía el cabello cano y vestía una camisa blanca. Su esposa también tenía el pelo cano y llevaba un suéter blanco sobre los hombros y un despreocupado Poodle blanco en el regazo. La mujer me sonrió a su vez y asintió con la cabeza.

El anciano bajó la ventanilla y gritó:

—No encontrará a nadie ahí. La oficina está cerrada los domingos.

—Ah, bueno, gracias —respondí, decepcionada. Qué tontería la mía pensar que encontraría una estación de servicio abierta en medio del territorio menonita amish una tarde de domingo.

—Veo que tienen placas de Jersey. ¿Van a casa? Debieron de haber tomado la desviación hace unos cinco kilómetros. Tenían que dar vuelta a la derecha justo después del molino de piedra.

—Pero no había señales. Y bueno, sí, de hecho, nos dirigimos a Nueva Jersey. Hemos estado dando vueltas en círculos desde hace una hora.

—Bueno, por suerte no recogieron a ese autostopista. Es un hombre con problemas —respondió el anciano.

Miré a mi amiga, que estaba boquiabierta por la incredulidad. Con el mapa desplegado por completo en su regazo, dijo en voz baja:

—¿Cómo lo supo? No había nadie siguiéndonos en esos caminos y venían en dirección contraria cuando entraron en la estación de servicio.

El siguiente comentario del anciano interrumpió nuestra discusión.

—Si quieren seguirnos, las llevaremos a la carretera interestatal, y a unos tres kilómetros al este encontrarán una estación de servicio donde podrán conseguir gasolina.

Me apoyé en la ventanilla del conductor del auto.

—¿Cómo sabe que necesitamos gasolina? ¿Y cómo sabe que estamos perdidas?

—Bueno, digamos que por intervención divina —bromeó él mientras sonreía. Su esposa soltó una risita y el perro se puso en posición de firmes con la colita hacia arriba en el aire—. Saldré de la estación y pueden seguirnos hasta la interestatal.

—Se lo agradecemos muchísimo. Son muy amables. ¿Puedo darle algo de dinero por la molestia y la gasolina extra? —pregunté.

—No, por favor, no es necesario. Estamos a sólo unos kilómetros de distancia y vamos en esa dirección.

—Gracias de nuevo —les sonreí y subí al automóvil.

Mientras avanzábamos por la campiña, mi amiga y yo especulamos: ¿serían ángeles enviados a ayudarnos a encontrar nuestro camino y protegernos? ¿Podría ser sólo una coincidencia que dos chicas perdidas de Jersey hubieran encontrado una pareja de ancianos de la zona que habían salido a dar un paseo el domingo por la tarde? Independientemente de quiénes eran y por qué se cruzaron en nuestro camino, estábamos agradecidas por su ayuda.

Cuando nos aproximamos a la interestatal vimos que el caballero se detuvo a un lado de la carretera, bajó la ventanilla y señaló la salida que debíamos tomar más adelante. Les dijimos adiós con la mano cuando los rebasamos y usé una luz de dirección para indicar que había comprendido su señal. Cuando subimos por la rampa de entrada a la autopista mi amiga miró atrás para despedirse de nuevo. Dio un grito ahogado de asombro: el auto había desaparecido.

—Mira por el espejo —me dijo. Sorprendidas y sin palabras, nos dirigimos a casa.

Más tarde esa noche, acostada en mi acogedora cama después de una comida caliente y una ducha refrescante, tomé mi Biblia y la abrí al azar, en el libro de Hebreos capítulo 13 y empecé a leer.

"Permanezca el amor fraternal. No os olvidéis de la hospitalidad, porque por ella algunos, sin saberlo, hospedaron ángeles".

En ese momento me quedaron claros los sucesos del día. Nuestros acompañantes no eran extraños que vivían en un pueblo solitario del condado de Lancaster, Pennsylvania. Llamé de inmediato a mi amiga para compartir con ella la confirmación de nuestra sospecha anterior: eran ángeles.

Hoy en día, cuando me impaciento con los demás, recuerdo ese versículo de Hebreos y evoco nuestra experiencia. ¿Alguien podría creernos? Tal vez no, supusimos en aquel entonces. Sin saberlo, nos habíamos encontrado con ángeles que nos trataron con amabilidad y compasión. ¿Cómo podría yo alguna vez hacer algo menos que eso?

~Elisa Yager

38

El alegre conductor de autobús

Tenía dieciséis años y dinero suficiente para comprar un boleto de autobús que me llevara a mi destino: la casa de mi hermana en Kellogg, una pequeña comunidad montañesa en el norte del estado de Washington.

El viaje en autobús me llevaría al norte por Walla Walla, Washington y luego a Spokane. Se avecinaba una nevada, pero no estaba preocupada. Tenía algunos dólares en el bolsillo y el camino abierto delante de mí.

La risa es la distancia más corta entre dos personas.

VICTOR BORGE

El autobús Greyhound salió despacio de la terminal. Me sentía segura y abrigada, y me acurruqué junto a la ventana. Era un descanso de las prisas, pues vivía el momento sin preocuparme de lo que vendría después. No tardé en quedarme dormida y no desperté en un buen rato. Cuando abrí los ojos, el autobús estaba detenido. Me desperecé, miré a mi alrededor y advertí que era la única en el autobús.

Me sacudí el entumecimiento de las piernas, me puse de pie y caminé por el pasillo. Me asomé por la puerta y vi la pequeña terminal. En la oscuridad apenas podía leer el letrero cubierto de nieve que estaba encima de la puerta. "Bienvenidos a Walla Walla." Cansada y hambrienta, regresé a mi asiento y me acurruqué para protegerme del frío. El conductor subió al autobús. Oí que me gritó con voz áspera:

—¡Oye, tú, allá atrás!

—Oh, no —susurré y me encogí todavía más en el asiento.

—Al parecer, eres la única pasajera que va a continuar el viaje, jovencita. Más vale que entres a calentarte. Dudo mucho que podamos seguir esta noche.

No me moví; sólo me acomodé en mi asiento.

—Como quieras —espetó él.

No estaba de humor para hacer un nuevo plan y traté de sofocar el nudo que sentía en la garganta. "No llores", me dije. "Nadie va a verme llorar." En ese momento subió él al autobús. Llevaba puesto el uniforme de conductor y una gorra chistosa pasada de moda. Parecía Santa Claus: un hombre corpulento de barba blanca y tirantes sobre la barriga redonda.

—Será mejor que vengas a sentarte aquí adelante, jovencita. Parece que eres la única que va continuar hasta Spokane —me dijo. Caminé despacio al frente del autobús—. Si quieres, siéntate en la primera fila —rio.

Con cautela me senté en el asiento de la primera fila, del otro lado de él. Los copos de nieve más grandes que había visto en mi vida empezaron a caer sobre el parabrisas.

Partimos en medio de la tormenta, sólo yo y el jovial conductor. Yo no acostumbraba correr riesgos así. Recuerdo que pensé que las cosas podían salir mal. Mientras miraba fijamente la oscuridad, empezamos a charlar y a reír. En un momento, bebí chocolate de su termo y me reí tanto que se me salió por la nariz y escurrió por mi abrigo. No sé cuándo me quedé dormida; sólo sé que el zumbido monótono de las ruedas me adormeció.

Me pareció que acababa de cerrar los ojos cuando desperté y sentí la luz cálida del sol que entraba por el parabrisas. Me puse de pie, me estiré, bostecé y me recogí el cabello debajo de la gorra. Me eché la mochila al hombro y busqué a mi alegre conductor. Las puertas del autobús estaban abiertas, bajé y aspiré el aire fresco de la mañana. Se había ido. Afuera se sentía frío. Me crucé de brazos y traté de calentarme. Caminé despacio hacia la terminal de autobuses. Estaba en Spokane. Debimos haber viajado toda la noche. Me senté y busqué hasta la última moneda que llevaba para llamar a mi hermana y pedirle que fuera a recogerme. Mientras deambulaba por la terminal buscando un teléfono, decidí ir a la ventanilla a preguntar por el conductor del autobús. Había sido muy bueno conmigo y quería darle las gracias.

—Hola —saludé a la empleada.

—Sí, ¿a dónde vas? —preguntó.

—Eeh —tartamudeé—, no voy a ningún lado. Llegué anoche de Walla Walla.

La mujer me miró con extrañeza.

—En fin —continué—, quisiera hablar con el conductor.

La mujer levantó la vista de sus documentos y me miró.

—No, no puedes haber venido en esa ruta, debió ser otro autobús. Déjame ver tu boleto para comprobar.

Desconcertada, empecé a buscar en mi mochila y todos mis bolsillos. No pude encontrarlo.

—¡Rayos! Debo haberlo perdido —informé y moví la cabeza—. De veras, llegué en ese autobús que está ahí —señalé. Luego describí al conductor y el viaje a través de la tormenta de nieve desde Walla Walla.

La mujer me miró largamente con gesto de desaprobación.

—No, no llegaste en ese autobús anoche. No podrías haber viajado porque el paso estuvo cerrado. Ningún autobús tomó esa ruta anoche —se puso de pie y continuó—: ¿Qué pretendes, eh? ¿Estás drogada o algo? —confundida, empecé a alejarme de ella—. No te muevas de ahí —advirtió—. Voy a llamar a alguien.

Vi la puerta, me di la vuelta y corrí. Corrí y corrí hasta que pensé que estaba a salvo; me detuve frente a una tienda pequeña. Me senté a descansar en la orilla de acera, que estaba cubierta de nieve fangosa, y repasé mentalmente el viaje en autobús. Sabía que era real. De lo contrario, ¿cómo podía haber llegado ahí? Casi podía oír las carcajadas del conductor cuando miré las manchas de chocolate en mi abrigo. Reí y fui a buscar un teléfono para llamar a mi hermana.

Se puso muy contenta de oírme y me dijo que estaba preocupada y que iría a recogerme en un par de horas.

Mientras esperaba volví a pensar en el alegre conductor de autobús. ¿Quién era en realidad? Hasta este día estoy plenamente convencida de que fue un ángel el que condujo ese autobús.

~Susan R. Boles

39

El ángel de la camisa a cuadros

¿Era un ángel? Más de veinticinco años después lo recuerdo con la misma claridad que recuerdo lo que desayuné esta mañana. Tomando en cuenta la mala memoria que tenía entonces, es decir mucho.

Mi hija estaba en la escuela ese día. Buck, mi esposo, acababa de salir furioso de la casa después de otra desavenencia, cuyo motivo ya no recuerdo. Teníamos muchas discusiones en aquella época. Buena parte de nuestros desacuerdos giraban acerca de su salud, que cada vez se deterioraba más, y tratar de mantener nuestro negocio de monumentos funerarios, mientras continuaba trabajando de tiempo completo como operador del 911.

> Dios no sólo envía ángeles especiales a nuestras vidas, sino que a veces vuelve a enviarlos si olvidamos tomar notar la primera vez.
>
> EILEEN ELIAS FREEMAN
> *The Angels' Little Instruction Book*

En el aspecto físico, los dos trabajos eran muy demandantes para él, y quería renunciar a su empleo en la oficina del alguacil porque el negocio de monumentos era más lucrativo. Yo protestaba porque pensaba que el negocio implicaba mucho trabajo manual y le exigía levantar objetos muy pesados, por lo que pronto sería mucho más de lo que él podría manejar. Además, si no conservaba su empleo en la Comisión del Condado, ya no tendría seguro, y necesitábamos con desesperación la cobertura del seguro de gastos médicos.

Buck estuvo muy cerca de sufrir un ataque al corazón; sus niveles de colesterol y triglicéridos estaban por los cielos y era diabético. En ese entonces ignoraba que en los años siguientes mi esposo necesitaría varias amputaciones, perdería la vista casi por completo y tendría que someterse a diálisis.

Ese cálido día de primavera de hace muchos años, me encogí cuando sonó el timbre de la puerta. Teníamos nuestro negocio de monumentos fuera de la casa y supuse que sería un cliente. Me pasé la mano por la mejilla para limpiarme una lágrima perdida.

Un anciano, ligeramente encorvado, que llevaba puesta una camisa roja a cuadros y overol, estaba en el porche. Abrí la puerta y lo invité a pasar a la sala. Le ofrecí asiento, pero él prefirió quedarse de pie. Hablaba con voz grave y sosegada, y parecía la personificación de la paz, pero fueron sus ojos los que me fascinaron. Eran los ojos más azules, profundos y serenos que había visto en mi vida. No podía apartar la mirada de ellos.

Hizo algunas preguntas relativas a la compra de un monumento y me mostró un folleto que tenía de nuestro negocio. Ofrecí enseñarle las lápidas que teníamos en venta en el lote, pero no quiso. Estoy segura de que durante nuestra conversación notó mis ojos enrojecidos y los ruidos que hacía con la nariz, por más que traté de contenerlos. Este hombre irradiaba bondad y calidez, y el bienestar que sentí era casi más de lo que podía soportar en aquel oscuro momento de mi vida.

Cuando se volvió para marcharse, sus ojos cristalinos nunca se apartaron de mi rostro.

—Todo se va a arreglar —musitó antes de salir.

Lloré a mares. Estar en presencia de alguien que me consolaba me hizo romper de nuevo en llanto. Pero esta vez fue diferente. Los sollozos me purificaron y renovaron. Sentí que se llevaban todas mis tribulaciones.

Nunca le conté a mi esposo de mi encuentro con ese hombre. En cambio, traté de no decirle lo que yo creía que debía hacer. Al cabo de uno o dos días, me comentó:

—He estado pensando en lo que me dijiste. Creo que lo mejor será vender el negocio de monumentos y seguir en la oficina del alguacil. El seguro médico es más importante que el dinero extra que ganaríamos con las lápidas.

Unos meses después vendimos el negocio. A través de los años, Buck soportó muchas hospitalizaciones y pasó los últimos días de su vida en una residencia de enfermos terminales. Así que, sin duda alguna, el seguro fue de suma importancia. No obstante, lo que más recuerdo de aquella época es al anciano ligeramente encorvado, vestido de granjero, que llegó a mi sala y me condujo a aguas mansas.

¿Un ángel? Debe haber sido. Reconfortó mi alma atribulada.

~Shirley Nordeck Short

Caldo de Pollo
para el Alma

5

CAPÍTULO

Ángeles entre nosotros

Fe en acción

40

El niño de la bicicleta

N unca me ocupé demasiado de las cosas celestiales o espirituales hasta que mi hija Sarah empezó a enfermarse a los pocos meses de nacida. No obstante, recé por ella con desesperación a medida que los meses transcurrían y su enfermedad avanzaba. Deseaba con vehemencia que Dios escuchara mis plegarias e interviniera. Aunque en ese momento no estaba muy segura de mis creencias religiosas, no quería que Sarah sufriera más a causa de mi falta de fe y oraciones.

> Una oración, en su definición más sencilla, es sólo un deseo enviado a Dios.
>
> PHILLIPS BROOKS

A pesar de todo, incluso mis oraciones más fervorosas no bastaron. Cuatro días después de cumplir dos años, en junio de 1998, Sarah murió por complicaciones de una enfermedad mitocondrial. Ese día todo cambió para mí. Quería morir. Quería irme a dormir y no despertar jamás. Así, el dolor desaparecería. Sin embargo, por más que esperaba con ansia la visita de la muerte, no era mi hora de partir.

Mi fe flaqueaba aun en ese momento, lo mismo que la de mi esposo Chris, pero sabía que tenía que averiguar si mi hija se había ido al Cielo. Entonces tendría alguna esperanza de reunirme con ella algún día. Si Dios era sólo un mito, una invención perdurable de una sociedad antigua, no tendría motivos para seguir viviendo. Me dolía hasta el último centímetro del cuerpo, mis emociones las sufría en carne viva y el dolor me paralizaba.

Chris y yo teníamos casi once años de casados cuando Sarah murió. Excepto por alguna boda a la que íbamos de vez en cuando, no habíamos pisado una iglesia desde el día que nos casamos. Algunas semanas después de que Sarah murió, hicimos nuestra primera visita a una iglesia cercana en búsqueda de respuestas a ciertas preguntas elementales. ¿De verdad había un Dios? De ser así, ¿Sarah estaba en el Cielo? ¿Se encontraba bien? Nuestras repuestas llegaron pronto de una manera tan reconfortante y extraordinaria que no podríamos haberla soñado o imaginado.

Un domingo después de salir de la iglesia, a pocas semanas de la muerte de Sarah, Chris y yo sostuvimos un acalorado y lacrimoso debate sobre la existencia de Dios y el Cielo. Estábamos muy sentimentales por la idea de no volver a ver a nuestra hija. En medio del dolor, mi esposo levantó los brazos al cielo y clamó a Dios llorando: "Dame una señal de que Sarah está contigo, de que está bien".

En segundos, oímos una voz. Miramos por el ventanal de la sala. Se escuchaba la voz de alguien que cantaba, entremezclada con la brisa suave y cálida que entraba por la ventana. Buscamos con la mirada y descubrimos el origen de la música.

Un niño que parecía tener entre ocho y diez años, estaba en su bicicleta dando vueltas en círculo en la calle cerrada donde vivíamos, y cantaba "Amazing Grace". Su voz era aguda y dulce, como la de un niño que canta en el coro de una iglesia. Continuó cantando mientras daba vueltas por la calle. Entonces salió de la calle y volvió a aparecer un momento después, cantando otro himno. Aunque no reconocí la canción, alcancé a oír lo suficiente de la letra para darme cuenta de que hablaba de su amor a Dios. Dio una última vuelta y luego desapareció.

En el vecindario donde vivíamos en aquella época había muchos niños. Conocíamos a los que vivían cerca de nosotros, a la mayoría por nombre y a los otros de vista. Sabíamos qué niños vivían en qué casas. Era evidente que ese pequeño no era de ahí. No lo habíamos visto antes y nunca lo volvimos a ver.

Chris y yo nos quedamos inmóviles, pasmados, sorprendidos y momentáneamente mudos, mirándonos. Ambos entendimos que ese niño era un ángel enviado por Dios a consolarnos. Chris pidió una señal y Dios nos la dio. En ese preciso momento tuve la plena certeza de que mi preciosa hija estaba bien en los brazos del Señor.

Mi vida no ha sido la misma desde aquel día. Aunque han pasado muchos años desde la muerte de Sarah, todavía la extraño. Es una presencia constante en mi corazón y mi mente. Sé que nunca la veré graduarse, ir a la universidad, casarse o tener hijos; sin embargo, también sé que nuestra separación es sólo un momento en la totalidad de nuestras vidas. Todos los días le doy gracias a Dios por habernos dado a nuestra hija y a un ángel que nos mostró la verdad. Los dos estuvieron aquí unos breves momentos, pero dejaron una huella imborrable en nosotros.

~Sheryl Grey

41

El ángel flotante

Sentada en silencio, miré a mi esposo Bruce, de cincuenta años, cuando el equipo de médicos de la Universidad de California en Los Ángeles le dijo que le quedaba menos de un año de vida. Se veía estoico, fuerte, apuesto y su aspecto físico era el de una persona diez años más joven. No podía ser verdad. Tenía que haber un error. Siempre estaba tan lleno de vida. Para él, era una aventura y una alegría. Y se encargó de que así fuera también para mí y nuestros dos hijos. No podía estar muriéndose.

Bruce hizo varias preguntas a los médicos. Era cáncer en etapa IV. Le darían un tratamiento enérgico. Sin embargo, los doctores estaban de acuerdo en el pronóstico. Seis meses; a lo sumo quizá un año. Estaban seguros.

> Coincidencia es la manera que tiene Dios de permanecer anónimo.
>
> ALBERT EINSTEIN

Nos quedamos solos en la tarde gris y deprimente, en la puerta del centro médico. Un hombre y una mujer fundidos en un abrazo. El hombre lloró suavemente un momento o dos, la mujer le susurró al oído:

—Lo siento mucho, lo siento mucho —una pareja extraña, ajena a las personas que salían y entraban por las puertas, perdida en su propia historia.

Bruce respiró profundamente y dijo:

—Vamos a comer algo —caminamos despacio hasta un pequeño restaurante cercano, donde habló positivamente y con optimismo. Luego fuimos a casa.

Bruce no murió ese primer año, ni el segundo. Durante ocho largos años luchó con valentía y una sonrisa cada vez que se sometía a numerosos tratamientos experimentales, múltiples operaciones, quimioterapia y radiación.

Cada día, después de ese primer año, era un regalo y lo vivió como tal: sin pérdida de tiempo, sin quejas, amando la vida y amando a los demás como siempre lo había hecho.

Cuando el dolor cedía un poco, los tratamientos eran menos, o disfrutaba de una breve remisión, recorrimos Italia, buceamos en Key West, visitamos a familiares y amigos, asistimos a las graduaciones universitarias de nuestros hijos, celebramos una boda y tuvimos en brazos a tres de nuestros nietos. Y cada uno de nosotros fingía ante el otro que él se recuperaría.

Entonces, en una de las pruebas de rutina encontraron nuevos tumores en la columna vertebral. Aunque seguimos siendo positivos con y por el otro, cada vez era más evidente que le quedaba poco tiempo.

Una mañana, poco después de recibir los resultados de esa prueba, estábamos preparando café en la cocina del condominio que acabábamos de comprar y remodelar. Entonces Bruce habló en voz baja:

—Kandy, anoche un ángel me besó.

—Mmh, lo soñaste —respondí, mientras iba y venía por la cocina.

—No.

—Entonces debió ser en esos momentos, ya sabes, justo antes de que uno se duerma —consideré.

—No —repitió—. Era tan real como que estoy aquí hablando conmigo —mi esposo era una persona sumamente racional. Entendí que lo que me decía era lo que él creía, y no estaba tomando ningún medicamento para el dolor en esos días.

Me senté a la mesa frente a él. Quería que me contara más.

—¿Cómo era?

—Muy hermosa. Tenía el cabello largo, que ondulaba alrededor de ella. Era etérea, brillante. Y flotaba sobre mí.

Estaba tan absorta en los detalles que tontamente le pregunté si tenía alas.

—No —respondió muy serio, y continuó—: Me tomó la cara entre las manos, se agachó y me besó. Luego se desvaneció… —movió las manos para ilustrar.

Describió su experiencia con tanta tranquilidad y convicción como si me estuviera dando la alineación de apertura para un partido de beisbol.

Me detuve un momento para asimilar lo que acababa de decirme.

—Bruce —comencé—, eres muy afortunado. Has tenido lo que se llama una visitación.

Creí a pie juntillas lo que él describió y que realmente le había sucedido.

Si ése hubiera sido el final de esta historia, por supuesto que sería reconfortante, en especial teniendo en cuenta lo que mi esposo estaba a punto de sufrir. Sin embargo, ése no fue el final de la historia. Fue el comienzo.

Como ya he dicho, habíamos remodelado el condominio y había comprado una bonita mesa italiana para el vestíbulo de entrada. Quería el accesorio perfecto para ese lugar. Una tarde, varias semanas después de nuestra conversación en la cocina, fui a una tienda de muebles de lujo que estaba en temporada de ofertas. En cuanto entré, vi un ángel alto de terracota montado sobre un soporte metálico.

De inmediato lo reconocí como uno que había visto antes en esa tienda y siempre me había gustado. Sin embargo, en aquel momento no tenía lugar para él en nuestro antiguo departamento. Ahora, era absolutamente ideal para el vestíbulo de nuestro condominio. Estaba encantada. Recordé que no era demasiado caro. Decidí que lo compraría sin importar el precio. Me di cuenta de que tenía una gran etiqueta roja de rebaja.

Me apresuré a acercarme para examinarlo con más detenimiento.

Tenía el rostro delicado, el cabello largo y ondulante, alas y sostenía con delicadeza una concha en las manos. Sabiendo que iba a comprarlo de todos modos, pero por pura curiosidad, di vuelta a la etiqueta roja de rebaja para leer el nuevo precio. Ahí, escrito a mano debajo de la cantidad, decía "El ángel flotante".

No lo podía creer. No podía ser una coincidencia.

Llevé la figura a la casa y la coloqué exactamente donde había planeado. Estuvo ahí el siguiente año que Bruce empeoró y la enfermedad le consumió el cuerpo, pero no el espíritu. Aunque su muerte fue larga y llena de dolor incontrolable, su fe nunca flaqueó.

Después de su muerte, cuestioné mucho a Dios. Me atormentaban todos los "¿porqué?" y los "¿y si…?" ¿Cómo podía haberse ido Bruce?

Me quedé con mi hijo mayor y su familia varios meses. Cada mañana, antes de ir a trabajar, caminaba varios kilómetros, rezaba y lloraba, lloraba y rezaba. Nada me consolaba. No podía encontrar paz. El dolor era atroz.

Entonces, una de esas mañanas solitarias, le rogué a Dios que me enviara una señal de que Bruce estaba bien. Una voz inaudible traspasó mi muro de dolor y dijo: "Recibiste la señal cuando Bruce estaba aquí. Fue su ángel".

He tenido momentos de incredulidad y duda desde entonces. Sin embargo, a veces recuerdo aquella mañana que Bruce describió con bellos detalles cómo lo había besado un ángel. Me gusta creer que tal vez ella lo preparó con su visita.

A veces paso junto a la estatua que compré ese día, le doy una palmadita en la cabeza y saludo: "Hola, ángel de Bruce". Siempre me recuerda el verdadero ángel sin alas que mi marido creía que flotó brevemente por encima de él una noche.

¿Era simplemente una estatua de terracota; simplemente con el cabello largo y ondulante; simplemente llamado "El ángel flotante"; simplemente en una tienda que visité para comprar un accesorio decorativo; simplemente un par de semanas después de la experiencia de mi esposo; simplemente allí delante de mí? ¿Pura coincidencia? Simplemente milagroso.

~Kandy Petillo

42

Quería ver un milagro

Una tarde agradable de mayo, subí a Beth y a Christine, mis hijas de dos años y cuatro meses, respectivamente, a nuestra camioneta para ir a un evento especial. Charles y Francis Hunter, dos evangelistas que tenían fama de hacer milagros, iban a hablar en el Stranahan Great Hall, cerca de donde vivo, y yo quería ver un milagro.

Cuando llegamos, el estacionamiento estaba repleto, pero por fin encontré un lugar en un extremo. Dentro de la sala, ocupé un asiento en el pasillo exterior y extendí una colcha en el piso para que mis hijas pudieran dormir la siesta.

> No es que recemos
> y Dios nos responda,
> sino que nuestra
> oración es la respuesta
> de Dios.
>
> RICHARD ROHR

Aunque era una tarde entre semana, casi todos los asientos estaban ocupados. La música solemne y el mensaje de los Hunter eran impresionantes y los escuché con reverencia; estaba feliz de haber ido. Oí a muchas personas contar que sus problemas físicos habían sanado después de que los Hunter rezaron por ellos. Fue increíble ver a tantas personas que habían sido tocadas por el Señor.

Durante la ofrenda, noté algo extraño. Uno de los acomodadores escudriñaba constantemente el fondo de la sala.

Cuando terminó la reunión, esperé unos minutos a que la gente saliera. Pensé que dejaría a Beth dormir un poco más antes de recoger mi Biblia, cuaderno y edredón e introducirlos en la bolsa de pañales. Christine ya estaba despierta, pero contenta.

Después de unos minutos, me pareció buen momento para salir. Con un brazo sostuve la engorrosa pañalera y la mano de Beth. Con el otro brazo levanté a Christine en su portabebés y me dirigí a la salida. Me sentía sobrecargada, pero miré los bellos rostros de mis hijas y me dio gusto haberlas llevado. Se habían portado muy bien durante la reunión.

Cuando nos encaminamos hacia la escalera, me di cuenta de que las llaves del auto estaban sepultadas en el fondo de la pañalera. Con cuidado coloqué el portabebés con Christine en la barandilla plana en la parte superior de las escaleras para rebuscar en la bolsa. Pensé que sería más fácil sacar las llaves con anticipación, en lugar de esperar hasta que llegáramos al auto.

Puse una mano sobre el portabebés mientras buscaba las llaves y pensé para mis adentros: "No lo pongas en el reborde. Sabes que es peligroso". Pero ignoré la advertencia, pensando que encontraría las llaves en un segundo. Después de todo, tenía una mano puesta sobre él.

De repente, en un abrir y cerrar de ojos, el portabebés se deslizó de mis dedos, se volcó y cayó al frío piso de piedra. Me quedé estupefacta. No podía creer lo que estaba sucediendo. Christine y el portabebés cayeron de una altura de más o menos un metro veinte y mi hija cayó de cara. La conmoción me paralizó; las personas que me rodeaban dieron un grito ahogado de horror.

"¡Ayúdame, Jesús mío!", pensé. Presa del pánico corrí a levantar a mi bebé que gritaba, mientras que pensamientos terribles cruzaban por mi mente. ¿Estaría malherida? ¿Sobreviviría? ¿Cómo podía haber sido tan descuidada?

Cerca de mí se hallaba una joven morena de cabello largo y bonito que había presenciado todo. Su rostro se veía extrañamente apacible e inmutable. Mientras otros gritaban, ella estaba tranquila y serena.

La mujer caminó despacio hacia mí, que estaba arrodillada sollozando y abrazando a mi preciosa bebé. A través de las lágrimas ardientes, la vi acercarse. Extendió la mano para consolarme. Sus ojos castaños eran tiernos y reconfortantes, y sentí el calor de sus manos en las mías.

Con un leve ademán, llamó al extraño acomodador de antes, el cual apareció de pronto entre la pequeña multitud que me rodeaba. Me ayudaron a recoger mis cosas y nos acompañaron a la camioneta en el estacionamiento casi vacío. Tardamos algunos minutos en llegar hasta el final del estacionamiento, donde había dejado el automóvil. Me sentí aliviada cuando Christine dejó de gritar.

Un pequeño moretón se le empezó a formar en la mejilla izquierda, pero no presentaba ninguna otra señal de daño. Como enfermera, estudié sus pupilas con cuidado para ver si cambiaban de tamaño, lo que indicaría una conmoción cerebral. Por suerte, se quedaron igual.

Cuando llegamos a la camioneta, abroché el cinturón de seguridad de Christine. Luego me dispuse a asegurar a Beth en el asiento infantil, pero antes me volví para agradecer a la amable joven y al acomodador, ¡pero habían desaparecido! Miré en todas las direcciones. ¿Dónde se habían ido? Estaban ahí unos segundos antes. No podía creer que hubieran desaparecido. No había ningún automóvil estacionado cerca de ahí. Escudriñé el amplio estacionamiento y no los vi por ningún lado.

De repente, me invadió una paz perfecta. Por alguna razón, estaba segura de que mi preciosa hija iba a estar bien. En ese preciso momento, di gracias a Dios por su misericordia y por salvar la vida de Christine. Entonces me di cuenta de que Dios me había permitido experimentar un milagro.

Veintidós años más tarde, los recuerdos volvieron a mi mente una vez más cuando celebramos la recepción de bodas de Christine en el Stranahan Great Hall. Sí, sin proponérselo, Christine eligió hacer su recepción nupcial en el mismo lugar donde ocurrió el accidente muchos años antes.

Con el corazón jubiloso vi a Christine, la hermosa novia, bailando con su atractivo esposo; y a Beth, su encantadora dama de honor, disfrutando de la fiesta con toda la familia. ¡Qué maravillosa velada y recepción de bodas! Me sentí muy agradecida.

Las lágrimas me humedecieron los ojos al recordar lo bueno que Dios fue conmigo aquel día, hace mucho tiempo. Envió a sus ángeles cuando más los necesitábamos. Aunque no vi a la joven de ojos castaños ni al acomodador vigilante en nuestro grupo esa noche, apuesto a que estaban ahí.

~Judy Gyde

43

Fe en la niebla

Mi trabajo de repartir periódicos los siete días de la semana era tedioso y me entusiasmaba la idea de unas minivacaciones. Una pariente que vivía en Nashville, Tennessee me invitó a su casa a pasar las festividades del Día de Acción de Gracias y quería que llegara una semana antes para poder estar más tiempo juntas. El día que planeaba salir, dormí la siesta habitual de cuatro horas que tomaba todas las noches antes de ir a entregar los periódicos. Pero cuando me levanté, en lugar de ir a la estación de periódicos, me dirigí a la autopista. Eran casi las dos de la mañana. Decidí que conduciría hasta donde pudiera, y cuando me cansara me detendría en algún lugar en Georgia para pasar la noche.

> Y todo lo que pidiereis en oración, creyendo, lo recibiréis.
>
> MATEO 21:22

Las diez horas de Boca Raton a Atlanta transcurrieron más o menos sin incidentes, pero el tránsito pesado me obligó a ir más despacio de camino a Chattanooga. Después de conducir unas catorce horas, sabía que lo prudente era detenerme a descansar por la noche. Pero había llegado hasta Chattanooga y sólo me faltaban tres horas más para llegar a mi destino final. Como no estaba cansada, continué.

Lo que desconocía era que había niebla en la carretera interestatal I-24, en la zona de Monteagle, donde la autopista cruza la meseta de Cumberland. No había habido ninguna zona de niebla en las elevaciones más bajas.

Había avanzado unos kilómetros cuando la niebla empezó a hacerse densa, y empeoraba a cada minuto. En poco tiempo, apenas podía ver qué tenía frente a mí. Parecía que iba bajando la cuesta, pero no podía llegar al fondo, donde esperaba que el camino se estabilizara. Cambié a segunda velocidad para frenar con motor, ya que mi viejo Plymouth apenas podía mantener una velocidad segura en las curvas y lo que parecía ser una pendiente sin fin. Las manos me empezaron a sudar, mientras apretaba el volante y maniobraba con los frenos.

Con desesperación quería encontrar un lugar para detenerme a descansar, pero lo único que podía ver por la ventana era una barrera de protección tras otra. Recé en voz alta: "¡Dios mío, por favor que termine esta pesadilla!". Casi de inmediato vi las luces traseras de un auto frente a mí. ¡Aleluya, no estaba sola! Por fortuna, el vehículo iba a la misma velocidad que yo y fácilmente podía seguir las luces traseras para que me guiaran por el camino. Exhalé un suspiro de alivio y le di gracias a Dios por permitirme alcanzar al que parecía ser el único otro automóvil en la carretera. Curva tras curva traicionera fuimos bajando y bajando, kilómetro tras kilómetro, hasta que por fin llegamos a un tramo nivelado. Todavía había mucha niebla, pero el vehículo que iba delante de mí siguió siendo mi faro y mi salvador. Decidí que en cuanto bajáramos de esa montaña bajaría el cristal de mi ventana para darle las gracias a esa persona desde el fondo de mi corazón. Tal vez podría hacer sonar la bocina para llamar su atención mientras pasaba junto a él. A toda costa, lo haría.

Cuando nos acercamos al fondo del paso, la niebla empezó a levantarse y pude ver la montaña por mi espejo retrovisor. ¡Y pensar que quería detenerme a la orilla de la carretera cuando no había acotamiento! Me estremecí al pensar que podría haberme ido contra una barrera de seguridad si no hubiera sido por el automóvil que iba delante de mí. Pero entonces empecé a preguntarme a dónde había ido mi intrépido líder. El auto estaba ahí un segundo antes y no había ninguna salida lateral, sólo el camino delante de nosotros que me llevaría a Nashville. Aceleré un poco y aunque veía los vehículos que circulaban por los carriles de sentido contrario, el mío era el único en mi carril. No había nadie detrás de mí, ni delante de mí, hasta donde podía ver.

Tardé unos minutos en asimilarlo todo. Cuando al fin comprendí, me detuve al lado de la carretera para aclarar mis pensamientos. Los ojos se me llenaron de lágrimas cuando me di cuenta de lo que había pasado. Si nunca había creído en los ángeles de la guarda antes de ese día, ¡sin duda empecé a creer a partir de entonces! Un auto había aparecido de pronto delante de mí cuando más lo necesitaba, y cuando pasó el peligro, desapareció tan rápido como había llegado. Creo firmemente que Dios envió a alguien a la montaña esa noche para calmar mis nervios y quitarme el miedo para que pudiera controlar el automóvil en esas curvas. ¡Nunca lo he dudado! ¡Alabado sea el Señor por guiarme a través de ese peligroso paso de montaña brumoso!

~Trish Castro

44

Ya entiendo

Fue uno de esos gloriosos días de primavera, cuando uno siente que todo en el mundo está bien. Era inmensamente feliz, tenía un esposo maravilloso, un hijo de un año y un trabajo de organista, que me encantaba, en la iglesia donde crecí. Era un jueves por la tarde, y la práctica del coro recién había terminado. Me sentía eufórica, acompañé a todo el mundo a la salida de la iglesia, luego por seguridad me encerré; estaba deseosa de practicar un poco más el órgano antes de volver a casa con mi familia.

Me senté en el banco, saqué mi posludio para el domingo (una pieza conmovedora de Bach), subí el volumen y comencé a tocar. La dramática pieza combinaba a la perfección con mi estado de ánimo eufórico hasta que, de repente, sentí que me clavaban un dedo

> El ángel del Señor acampa alrededor de los que le temen, y los defiende.
>
> SALMOS 34:7

firme y cálido en la espalda. Al instante, un aura cargada de electricidad me envolvió y me produjo la espeluznante sensación de que se me erizaba mi largo cabello que me llegaba hasta la cintura.

Atónita, aterrorizada, me detuve en seco: los dedos quedaron suspendidos sobre el teclado, respiré agitadamente, agucé el oído para detectar cualquier movimiento detrás de mí. Transcurrieron segundos angustiosos antes de que pudiera hacer acopio de valor para girar y enfrentar a quien estaba parado detrás. El corazón me latía con violencia, suspiré temblorosa, giré y ¡no vi a nadie!

¿Alguien se había ocultado detrás de una banca cercana?

De pronto, el aire a mi alrededor volvió a la normalidad y me calmé un poco. Me levanté del banco, molesta por esa escalofriante interrupción, y recorrí la iglesia, inspeccionando las bancas, recovecos, ventanas y puertas. Todo estaba bien cerrado. Nada parecía fuera de lugar, sin embargo, yo había percibido claramente algo, ¿o había sido mi hiperactiva imaginación?

En ese momento permanecí escéptica, pero aún deseosa de continuar con mi práctica regresé al órgano y empecé a tocar la pieza de Bach. Pero no bien había tocado dos compases, volví a sentir ese dedo firme e insistente en la espalda; el aire estaba cargado de un irrefutable sentido de urgencia.

Esta vez, no cuestioné nada. Mientras la música se apagaba, susurré con asombrosa convicción: "De acuerdo, Dios, ya entiendo. Me voy de aquí".

Inquieta, pero por extraño que parezca, sin miedo, apagué el órgano, recogí mis cosas y salí de la iglesia que conocía y amaba desde la infancia. Una vez afuera, miré despacio y con atención a mi alrededor. El anochecer de primavera seguía siendo hermoso y cálido. Los pájaros cantaban dulcemente. La suave brisa susurraba entre las hojas de los árboles. Sin embargo, estaba segura de que algo trascendente acababa de ocurrir, y en ese momento no pude evitar preguntarme si alguna vez sabría exactamente qué había sido.

A la mañana siguiente, muy temprano, desperté sobresaltada al oír el timbre del teléfono.

—Wendy —gritó el padre Barrett, nuestro ministro—, ¿notaste algo raro en la iglesia anoche?

Mis ojos se abrieron al instante. Ya espabilada, le conté atropelladamente la historia de mi aventura de la noche anterior. Hubo una pausa.

—Bueno —el padre Barrett suspiró al fin—, me alegra que te hayas ido porque se metieron a la iglesia y robaron todos los objetos de oro y plata. Esta mañana, cuando lo interrogó la policía, un vecino recordó haber visto una camioneta de servicio, de color oscuro, estacionada después del horario de oficinas en el estacionamiento de la biblioteca que está junto a la iglesia. Deben de haber estado esperando a que te marcharas.

La piel se me erizó. La cabeza me daba vueltas y los acontecimientos inexplicables de la noche anterior comenzaron a tener sentido.

—Alguien te estaba cuidando, Wendy —concluyó el amable padre Barrett.

En ese momento, advertí que tenía razón. Mi ángel de la guarda me había estado molestando con insistencia hasta que confié y entendí, con fe ciega, que ya era hora de irme. Pero en los días y años por venir, me atormentó la posibilidad de que si sólo me hubiera quedado un rato más, mi amada iglesia podría haberse salvado del asalto y robo. ¡Tal vez los ladrones se hubieran dado por vencidos y se habrían marchado! En gran medida me sentía responsable, agobiada por la sensación de haber abandonado mi iglesia en su hora de necesidad.

Cuando esto ocurrió tenía veintiocho años; ahora tengo cincuenta y nueve. Tuve otros dos hijos hermosos y, en la actualidad, soy abuela de tres niños. Pero aprendo con bastante lentitud cuando se trata de lecciones importantes de la vida, porque apenas hace poco comprendí que no le fallé a mi iglesia después de todo. Para los ladrones sin corazón, yo era algo prescindible en comparación con el valor monetario de esos metales preciosos. Ahora entiendo que estuve en peligro, y me alegro de haber seguido mis instintos. No se esperaba que fuera la superheroína que "salió al rescate" ese hermoso anochecer de primavera. Lejos de ello, estaba destinada a hacer exactamente lo que hice:

DEJAR TODO.

SALIR DE AHÍ.

IR A CASA.

ESTAR A SALVO.

Mucho más sensato que yo, mi ángel de la guarda se aseguró de que viviera para ver otro día, apoyar a mi familia y disfrutar de las muchas bendiciones de esta vida.

~Wendy Hobday Haugh

No fue ningún accidente

Esa mañana nada estaba saliendo bien. Mi esposo iba a salir del hospital después de una operación por cáncer y yo estaba desesperada por hacer todo lo que tenía pendiente antes de ir por él. La factura de electricidad estaba vencida. Tenía que ir a la oficina de la compañía de luz y pagarla antes de mediodía, o nos cortarían la electricidad. Se me había olvidado por completo hacerlo en las dos semanas de agitación por las que habíamos pasado. Me acababan de arreglar el aire acondicionado esa mañana y se me había hecho tarde porque tuve que esperar al técnico.

> Si algo pidiereis en mi nombre, yo lo haré.
>
> JUAN 14:14

Traté de calmarme y llegar a la compañía de luz antes del plazo, tomé mi bolso y chequera y salí a pagar. Me repetía que tenía que tranquilizarme. "Dios nos ve desde el cielo y Él nos sacará adelante."

De camino al centro, decidí tomar la ruta escénica que pasaba al lado del viejo cementerio. Por alguna razón siempre me reconfortaba pasar por allí. Era un cementerio especial en nuestra ciudad que databa de los días de la Guerra civil. Cole Younger, el bandolero de la célebre pandilla de James y Younger, fue enterrado ahí, así como muchos de los padres fundadores de la ciudad. Al pasar junto al cementerio, pensé que Cole se había vuelto un hombre cristiano, muy bueno y decente, después de salir de la cárcel. Se convirtió en mentor de jóvenes problemáticos y todos le decían "el tío Cole". También fue uno de los fundadores del movimiento Jóvenes por Cristo en nuestra zona. Es por ello que nuestro pueblo celebra cada año el día de Cole Younger. Hizo muchas cosas buenas por nuestro pueblo, y nos esforzamos por mantener vivos esos recuerdos.

Al pasar frente al cementerio dije una oración por todos nuestros antepasados difuntos que están sepultados ahí. Al llegar a la esquina del cementerio un auto salió a toda velocidad y se pasó el alto. Todo lo que vi fue un destello marrón antes de que golpeara la puerta del lado donde yo iba. Recuerdo haber pensado "¡Dios mío, sálvame!". En un instante, mi pequeño auto de cuatro cilindros salió disparado como un cohete. Fue casi increíble la velocidad a la que voló. Entonces me detuve en un patio en la esquina contraria de la calle. Levanté la vista y vi que el otro auto también se detuvo en el patio. Adentro había una mujer y una niña.

Nos bajamos y examinamos nuestros autos y, para sorpresa nuestra, ni éstos ni nosotras teníamos raspones ni daños. Nos quedamos ahí paradas, pensando en lo afortunadas que éramos; entonces la niña preguntó: "Mami, ¿viste a los ángeles que empujaron nuestros coches?". Empezamos a reír y dijimos que sí, que había ángeles a nuestro alrededor, sólo para seguirle la corriente. Entonces notamos un camión grande de cerveza que se había detenido en la orilla de la acera. El conductor se acercó a ver si estábamos bien. Tenía el rostro completamente blanco cuando exclamó: "Nunca he creído en los ángeles, pero ahora seguro que sí. Estaba justo detrás de ustedes y vi que no había forma de que evitaran la colisión. De repente aparecieron ángeles alrededor de sus automóviles. Los vi estrellarse y, sin embargo, ninguna de ustedes ni sus autos tienen un solo rasguño".

Increíble. Una niña y un desconocido habían visto lo que ninguna de las dos lograba entender. Sabíamos que éramos muy afortunadas, pero no teníamos idea de las bendiciones que habíamos recibido. Dios está en los cielos y sus ángeles velan por nosotros.

~Christine Trollinger

Salvada por los ángeles

Me incorporé de pronto en la cama al sentir presión y un dolor punzante, y luego di un suspiro de alivio. Estaba esperando mi tercer hijo y me habían hospitalizado el día de las madres con intensos dolores de parto. Por la tarde, diagnosticaron "falsa labor de parto", y me dieron de alta. Cuarenta y ocho horas más tarde, a las dos de la mañana, se me rompió la fuente. Por fin había llegado el día del alumbramiento. La voluminosa barriga que tenía colgaba de mi cuerpo pequeño tan pesadamente que para levantarme de la cama tenía que ponerme de costado, sentarme y colgar los pies por el lado de la cama, plantarlos con firmeza en el suelo y luego sostenerme el estómago para levantarme.

> La oración no es superar la reticencia de Dios; es aferrarse a Su altísima voluntad.
>
> RICHARD C. TRENCH

Cuando quise tomar el teléfono, me di cuenta de que estaba sangrando profusamente y que podría tener un alumbramiento en casa sin ayuda. Mi esposo trabajaba de noche y mis dos hijos pequeños estaban dormidos. Me envolví en sábanas hasta que llegó la ayuda. La esposa del ministro se llevó a mis hijos a su casa y a mí me trasladaron urgentemente al hospital.

A la hora que me estaban internando, detecté preocupación en las voces del personal, que pensaba que éste no sería un parto de rutina. Mi tipo de sangre era raro, y necesitaba una transfusión. Se pidió una provisión al banco de sangre, y estaba en camino. Los exámenes posteriores revelaron que el bebé estaba en peligro y me llevaron a toda prisa a radiología.

Mi médico me comunicó la triste noticia. El cordón estaba enrollado varias veces alrededor del cuello del bebé y algunos tumores o masas grandes obstruían el canal del parto.

—El bebé está muerto y su vida corre peligro —un cirujano estaba en camino—. Mientras tanto —añadió el doctor con gentileza—, si tiene algo que arreglar, éste es el momento.

—No —respondí—. Está bien. Hago eso todos los días.

Cuando me llevaban en camilla al quirófano, vi que eran las ocho de la mañana en el gran reloj de pared. Me administraron la anestesia y me quedé profundamente dormida. Mi cuerpo estaba tendido en la mesa de operaciones, pero una réplica espiritual se desprendió y flotó por encima. La pared de la sala de operaciones se abrió a un enorme túnel oscuro. Un mar como espejo apareció al final del túnel. Más allá del mar, en la cima de una colina alta, vi una ciudad envuelta en luces blancas. Los ángeles llamaron a mi cuerpo espiritual desde el túnel, pero les dije:

—No puedo ir ahora. Mis dos hijos pequeños me necesitan.

Cuando abrí los ojos, estaba en la cama del hospital en una habitación privada. Una enfermera entró y rápidamente anunció al personal:

—Está despierta.

Entonces, se volvió hacia mí y dijo:

—Le vamos a traer a su bebé.

Recordé las palabras del doctor y pensé que se había equivocado de habitación.

—No tengo bebé —musité. ¡Pero sí! Había estado dormida dos días. La enfermera me explicó que durante la operación, cuando el monitor comenzó a hacer el ruido constante de la muerte, mi cirujano cayó de rodillas, levantó las manos enguantadas al cielo y oró. Él también debe de haber visto a los ángeles, porque se levantó en seguida, continuó operando y nos salvó a las dos.

Los tumores fueron extirpados quirúrgicamente. Todos eran benignos. Después de unos días de recuperación y observación, la saludable bebé y yo nos marchamos a casa.

~Vi Parsons

47

Las compradoras

He tardado un año en asimilar lo que pasó y sentarme a contar esta historia, que comienza con una salida a medianoche a hacer algunas compras a toda prisa. Mi padre estaba agonizando, y lo dejé con mi hijo, mientras yo iba a la tienda a comprar algunas cosas que pensé que le gustarían. Cuando entré en la tienda, esperaba ver a alguien conocido para poder hablar del rápido deterioro de mi padre.

Empujé el carrito por los pasillos, tratando de no ponerme muy sentimental. Luego, cuando tomé un artículo y me volví para colocarlo en mi carrito, vi a dos mujeres que venían hacia mí. No llevaban canasta ni ningún producto. Una era muy alta y la otra muy baja. Pero la diferencia en estatura no fue lo que me cautivó. Fueron sus rostros y ojos, que eran muy afables y cariñosos.

Las mujeres vinieron directo a mí, y una de ellas tomó el artículo de mi mano y lo colocó en el carrito. Se quedaron ahí sonriéndome, como si esperaran a que yo hablara. Comencé a contarles acerca de mi padre. Sonrieron y me dijeron que el amor de Dios por mi padre era inmenso que, de hecho, Dios lo sanaría, aunque no fuera en esta tierra. Me dijeron que Dios tenía un hermoso lugar donde mi padre estaría muy pronto. Me aconsejaron que no tuviera miedo y rezaron por mí, ahí mismo, en plena tienda. Me invadió una sensación maravillosa de paz cuando se volvieron para marcharse. Las vi alejarse por el pasillo.

La oración es el deseo sincero del alma, manifestado o sin expresar.

JAMES MONTGOMERY

Creo que nuestro amoroso Padre celestial envió a estos dos ángeles a darme Su mensaje. Le estoy tan agradecida por preocuparse tanto por Sus hijos que convirtió una rápida salida de compras a medianoche en una paz que sobrepasa el entendimiento.

~Ruth Ann Roy

48

El conductor en el asiento trasero

Hace seis años mi vida parecía estar en un punto muerto. Mi fe estaba menguando y empecé a cuestionar los acontecimientos dolorosos que habían tenido lugar a lo largo de mi vida; incluso me preguntaba si Dios y el mundo de los espíritus eran reales. También dudaba de mí. ¿Era una buena madre? ¿Cuál era mi propósito en esta vida?

> Familiarízate con los ángeles y contémplalos con frecuencia en el espíritu; ya que, sin ser vistos, están presentes a tu lado.
>
> SAN FRANCISCO DE SALES

Recuerdo que iba por la autopista con mi hijo Dylan, de cuatro años, hacia Chicago, con nada excepto preocupaciones en la cabeza. Mientras conducía, me hice algunas preguntas. ¿Cómo iba a pagar el alquiler a tiempo? ¿Quién iba a cuidar a Dylan mientras yo trabajaba el próximo sábado? Por si fuera poco, recordé que mi auto necesitaba un cambio de aceite.

El tránsito se detuvo por completo. La autopista siempre se congestiona justo antes del famoso cuello de botella de Chicago, donde, en pocas palabras, cuatro carriles se combinan en uno. Cuando detuve mi auto, oí una voz que me gritó en el oído izquierdo: "¡DA VUELTA A LA DERECHA, AHORA!".

Sin dudarlo, apreté el volante, pisé con fuerza el acelerador y rápidamente dirigí mi auto a una rampa que era una parada de autobuses convenientemente situada a mi derecha.

Segundos después oí un ruido fuerte y chirriante. Miré hacia el lugar donde había estado y vi a un Cadillac enorme estrellarse con el auto verde que estaba delante de nosotros antes de que me saliera de ese carril.

Toda la parte posterior del auto verde parecía un acordeón. No podía respirar. ¡Pudimos haber sido nosotros!

La idea de perder a mi hijo, o que algo terrible le hubiera ocurrido, me hizo sentir náuseas.

Miré por el espejo retrovisor, pidiendo a Dios que Dylan estuviera bien, como si nosotros fuéramos las víctimas del accidente. Para mi sorpresa, estaba jugando con su muñeco del Hombre Araña y haciendo ruidos sibilantes como si Hombre Araña se columpiara de un edificio a otro.

Aún alarmada, centré la atención en el camino. Entonces entró en acción mi modo de conducir a la defensiva. Sujeté con las dos manos el volante y continué observando mis alrededores. ¿Qué acababa de pasar? ¿De quién era la voz que oí? ¿Estarían bien los otros conductores? ¿Cómo pude responder con tanta rapidez?

La voz que oí era de un hombre. Parecía humana. Era una voz fuerte. Fue como si alguien sentado en el asiento trasero del lado del conductor se hubiera inclinado, hubiera acercado la boca a mi oído izquierdo y hubiera gritado esas palabras: "¡Da vuelta a la derecha, ahora!".

Ni siquiera me di tiempo de pensar o preguntarme si estaba oyendo cosas. Reaccioné al instante como si alguien me guiara.

La única explicación era que un ángel había intervenido ese día por dos razones. En primer lugar, mi hijo y yo debíamos salir ilesos e ir por un camino seguro. En segundo término, para confirmar que Dios y los ángeles existen y que todo iba a salir bien para mi hijo y para mí. De verdad creo que fue la manera que tuvo Dios de llamarme la atención y ayudarme a reconectarme con Él.

Inmediatamente después del accidente, volví a ser creyente. Dejé de preguntarme cuál era la razón de mi vida. Desde entonces la vida se ha vuelto menos complicada y trato de no ahogarme en un vaso de agua. Aunque quizá nunca sepa exactamente de quién era la voz que me habló aquel día, estoy convencida de que era mi ángel de la guarda.

~Kristen Nicole Velasquez

49

Fe en Cape May

—¿Lista para ir a desayunar? —mi esposo, Walter, entró en la habitación.

—Estoy lista —estábamos de vacaciones en nuestro lugar favorito, Cape May, Nueva Jersey, y nos habíamos hospedado en nuestra posada favorita.

> Los ángeles nos ayudan a conectarnos con una fuerza potente, pero suave, que nos alienta
> a vivir la vida al máximo.
>
> DENISE LINN

Dudé antes de entrar en el comedor. No soy misántropa, sólo tímida, porque tengo una lesión en la médula espinal y camino con andadera; es un tema del que puede ser difícil hablar con extraños.

Entré de todos modos. Tomamos asiento y poco después dos mujeres se sentaron a nuestra mesa. Nos presentamos y explicamos que vivíamos en el norte de Nueva Jersey, a casi tres horas de distancia.

Las mujeres se presentaron: Mary y Michelle.

—Michelle y yo somos de Pennsylvania —manifestó Mary—. Somos amigas desde hace muchos años. De vez en cuando hacemos una escapada los fines de semana.

Michelle contó una historia sobre su hijo, cuando era pequeño, y yo conté una historia acerca de nuestro hijo, Jeff, también de cuando era muy joven.

Michelle y Mary eran buenas personas y me simpatizaron al instante. Me hicieron sentir a gusto con su conversación informal y me relajé.

Michelle se disculpó un momento. Tenía que volver a la habitación a llamar a su familia.

Mary nos contó detalles de su viaje, y comentó que Michelle era una persona muy espiritual y religiosa, que la llevó consigo en estas vacaciones debido a que tenía algunas dificultades personales.

—Así como están las cosas en el mundo, a veces me gustaría que Dios me diera una señal de que sigue observándonos —señaló Mary con tristeza.

Le sonreí y pensé que tal vez mi relato le ayudaría. Por alguna razón, me di cuenta de que esta vez no me molestaría contarlo.

Le conté de mis dos operaciones de la médula espinal, los casi seis meses que pasé en rehabilitación, de cómo me preocupaba por Jeff, que en esa época tenía cuatro años, y cómo quería hacer lo mejor por él. Por ese motivo, un día llamé al centro de salud mental del condado para pedir algunos consejos.

En lugar de que transfirieran mi llamada de un lado a otro, como yo esperaba, me encontré hablando con una mujer que contestó el teléfono desde el conmutador. Cuando le mencioné que necesitaba ayuda para guiar a Jeff a través de todo esto, se ofreció a hacerlo.

Nos presentamos. Le dije mi nombre, aunque no estaba del todo convencida de que podría encontrar la ayuda que necesitaba con tanta facilidad.

—Me llamo Norma.

—Un nombre fácil de recordar, así se llama mi madre —mi incredulidad aumentaba a cada momento.

Le conté de las duras pruebas por las que mi familia y yo habíamos pasado en el último año y que, a pesar de que había mejorado un poco, mi estado no era ni remotamente lo que esperaba. Estaba deprimida y no quería transmitirle mis temores a Jeffrey.

—Me da mucho gusto que hayas llamado —respondió Norma—. Has sufrido mucho. Entiendo lo que dices sobre tu operación de columna, soy enfermera diplomada.

En los próximos meses, seguí haciendo llamadas a Norma. Estaban llenas de amistad, comprensión y buenos consejos para mí. A medida que hacía progresos, con la ayuda de Norma, las llamadas telefónicas se hicieron menos frecuentes. Pero Norma siempre estuvo cerca, aunque fuera sólo en mis pensamientos.

Hubo un incidente, recalqué a Mary, que recuerdo con toda claridad hasta el día de hoy.

Un día le confesé a Norma que no podía entender cómo Dios había permitido que esto nos pasara a mi familia y a mí, pero en especial a Jeffrey. Le dije que me sentía culpable por tener esos sentimientos.

Nunca olvidaré las palabras reconfortantes de Norma:

—No te preocupes, Donna. Le echamos la culpa a Dios de un montón de cosas. Está acostumbrado a que lo recriminemos por todo lo que sucede en la Tierra. Él entiende tu frustración, y también tu ira.

Sentí un gran alivio al oírla. Era justo lo que necesitaba saber: que Dios me entendía, que no estaba enojado conmigo. El consejo personal de Norma me ayudó en muchos sentidos. Era mi amiga y parecía saber exactamente lo que Dios sentía por mí.

Poco después quise que Norma supiera el enorme efecto que había tenido no sólo sobre mí, sino también sobre Walter y Jeffrey. Su influencia había sido simplemente milagrosa, tanto como nuestro contacto telefónico inicial.

Marqué el número que me había conectado con la persona que me había ayudado sin decirme siquiera su apellido; que nunca me cobró por su consejo ni por el tiempo que dedicó a escucharme. Sin embargo, esta vez no fue Norma la que respondió.

Continué contándole a Mary:

Cuando la recepcionista respondió: "Centro de Salud Mental del Condado, ¿en qué puedo servirle?", pedí hablar con Norma. Lo que oí a continuación me dejó estupefacta.

—Lo siento, pero aquí no hay ninguna Norma. ¿Sabe cómo se apellida?

—No, nunca me dio su apellido, pero he hablado con ella en este número muchas veces.

Mi asombro se convirtió en incredulidad a medida que avanzaba la conversación.

—Lo siento, no hay nadie aquí que se llame Norma y nunca lo ha habido, al menos desde que trabajo aquí.

Agradecí a la recepcionista y colgué el teléfono más convencida que nunca de que Norma era en verdad un ángel.

Cuando terminé mi historia, Mary sonrió y los ojos se le llenaron de lágrimas. Me tomó de la mano y dijo:

—¡Qué maravillosa historia! ¡Gracias por compartirla conmigo! ¿Está bien si se la cuento a Michelle? Sé que ella la apreciará tanto como yo.

A la mañana siguiente, colgada en la parte exterior de la puerta, había una bolsa con una nota de agradecimiento de Mary y Michelle y varios regalos, entre ellos la delicada figura de un ángel victoriano. Un hermoso homenaje a Norma, mi ángel, que alguna vez me ayudó y ahora también estaba ayudando a mis nuevas amigas.

~Donna Lowich

50

Alabad al Señor

Me quemé en un incendio y me dijeron que necesitaría injertos de piel en ciertas partes del cuerpo. También me dijeron que tenía quemaduras tan graves en la mano que era improbable que pudiera volver a mover los dedos y tocar la guitarra de nuevo. Esto me deprimió mucho ya que tenía un concierto de alabanza en tres días y tendría que cancelarlo. Sobre todo, parecía que nunca podría recuperar el pleno uso de mi mano.

> Recordad las maravillas que ha obrado, sus prodigios
> y los juicios de su boca.
>
> 1 CRÓNICAS 16:12

Esa noche, después de salir del hospital y volver a casa, me acosté, desanimado y exhausto. Estaba demasiado cansado para ofrecer una gran oración de fe. Simplemente quería dormir y prepararme para mi próxima visita al hospital. Por la mañana me habían explicado que iban a desprender la piel dañada y que luego tomarían piel de otras partes de mi cuerpo para reparar esas áreas.

Después de dormir un par de horas, me desperté con una sensación de calidez en todo el cuerpo. Cuando abrí los ojos, vi a un ángel enorme que me miraba y sonreía de oreja a oreja. Era tan grande que había tenido que doblarse para no chocar con el techo. Aunque estaba al pie de la cama, esta posición provocaba que su cara quedara a sólo medio metro de la mía.

Nunca había visto unos ojos tan brillantes y alegres, o una sonrisa tan cálida y bondadosa. De alguna manera, en ese momento supe que todo iba a estar bien. El ángel nunca prometió una cura o una gran liberación de mi dolor. Simplemente dijo: "Alaba al Señor".

En presencia del ángel, me levanté de la cama, me arrodillé y recé: "Dios mío, no entiendo por qué ocurrió todo esto, pero sé que me amas y tienes el control de mi vida. Lo que quieras hacer, lo acepto de buen grado; todo te lo ofrezco". Mientras rezaba, el ángel levantó el rostro al cielo, alzó su voz en alabanza y en seguida desapareció. Lo extraño fue que cuando se levantó, el techo desapareció y pude ver el cielo lleno de estrellas. Eso fue lo último que recuerdo de esa noche.

Al día siguiente, cuando desperté, fui trastabillando al baño. Cuando me miré al espejo me di cuenta de que habían desaparecido las quemaduras de la cara. Traté de mover los dedos debajo de las vendas, y para mi sorpresa lo conseguí. Era increíble, ya que los dedos se me habían pegado por el fuego y no tenía sensibilidad alguna. Me quité las gasas y miré mis dedos: eran perfectamente normales. Mi esposa y yo estábamos ansiosos por ir al hospital ese día para que me examinaran. Cuando el doctor inspeccionó todas las áreas que había visto el día anterior, me miró con asombro y exclamó: "Esto es un verdadero milagro".

Hasta este día, cuando paso por situaciones difíciles y siento la necesidad de quejarme y desalentarme, mi mente se remonta a las sencillas instrucciones de ese ángel: "¡Alaba al Señor!"

~Ken Freebairn

CAPÍTULO

Ángeles entre nosotros

Visitas angelicales

51

Sin saberlo, brindé hospitalidad a un ángel

—¿Terminará algún día esta tormenta? —me pregunté mientras caían los copos gigantes de nieve y empañaban la visibilidad incluso a mediodía. El tiempo no me ayudaba con el dolor y la depresión, que parecían aumentar con mi encierro en casa. Mi familia vivía en un condominio de dos pisos en la base aérea Loring en Limestone, Maine.

Mi padre murió un poco antes del invierno. Fue el lunes antes del Día de Acción de Gracias, alrededor de las cinco de la tarde. Yo estaba en la cocina oyendo las risas y los gritos de emoción mientras preparaba la cena. Mi esposo, Jim, jugaba con los niños, Patrick y Kristi, en la sala. El teléfono sonó. Era Harry, mi cuñado. Insistió en hablar con Jim.

Después, Jim, pálido y estremecido, me dijo:

—Tu padre murió en el criadero estatal de peces esta tarde, mientras arreglaba una red de pesca. Estaba bromeando y charlando con un compañero de trabajo cuando el corazón le falló. El funeral será el viernes para darnos tiempo de llegar.

No tuve tiempo de asimilar la noticia y llorar a mi padre. Debíamos comer, empacar y salir lo más pronto posible. Sin embargo, le pregunté

> Los ángeles pueden volar directamente al fondo del asunto.
>
> ANÓNIMO

a Dios una y otra vez: "¿Por qué tuvimos que dejar la base aérea de Little Rock, Arkansas, a treinta kilómetros de mi pueblo natal, en agosto para mudarnos a aquí, a tres kilómetros de la frontera con Canadá? ¿Por qué no nos quedamos a vivir ahí? ¿Por qué se nos negó compartir sus últimos meses de vida? ¿Por qué murió durante la semana del Día de Acción de Gracias?".

Como no había vuelos debido a la tormenta de nieve, tuvimos que preparar el auto para recorrer casi mil kilómetros hasta llegar a la casa de los papás de Jim, en Nueva York, y descansar ahí algunas horas antes de continuar el viaje. Fue un viaje peligroso en plena tormenta, combinado con la oscuridad de la noche. Aún nos faltaban casi dos mil kilómetros de viaje para llegar a mi pueblo natal. Sólo nos detuvimos a comer y a descansar unas horas, para que Jim pudiera dormir. Tenía el corazón destrozado, pero no me permití llorar cuando los niños estaban despiertos. No queríamos alterarlos más de lo que ya estaban. El viaje ya les resultaba muy difícil.

El Día de Acción de Gracias, cuando paramos a comer, me costó trabajo soportar mi dolor y resentimiento por la muerte de mi padre cuando vi a varias familias celebrando. Aún no podía aceptar, o comprender, por qué Dios se había llevado a mi papá. Recibí una carta de mi madre varios días antes de la muerte de papá en la que me contaba que él pensaba jubilarse en febrero. Querían venir a visitarnos en la primavera. Estaba enojada con Dios y me resistía al hecho de que Su presencia, amor y consuelo me rodeaban. No dejaba de preguntar: "¿Por qué permitiste que sucediera esto?".

Ahí estábamos, unas semanas después, en medio de otra tormenta de nieve y yo trataba de enfrentar mi duelo y depresión. Las vacaciones de Navidad no ayudaron. No podía dormir por la noche, y cuando lo lograba, me despertaba llorando. Sentía que las paredes me aplastaban. Realizaba mi rutina en forma mecánica.

Los niños y yo nos encontrábamos en la planta alta de la casa. Ellos dormían y yo trataba de descansar cuando sonó el timbre de la entrada. Bajé las escaleras pensando que era increíble que alguien viniera a visitarnos con ese tiempo. La temperatura era de cuarenta grados bajo cero. Abrí la puerta y una mujer agradable y amistosa me preguntó si podía entrar. La dejé pasar, se presentó y me dio las gracias por invitarla a mi hogar.

—Puedes pasar, pero no siento muchas ganas de tener compañía. Perdí a mi padre hace dos meses.

—Lo siento. Comprendo lo que estás pasando porque a mí también me costó mucho trabajo aceptar la muerte de mi padre —repuso ella con inmensa compasión.

Aquellas palabras me alentaron a preguntar:

—¿Cuánto tiempo pasó antes de que pudieras dormir toda la noche? Yo despierto llorando y ya no puedo volver a conciliar el sueño. Estoy muy cansada. Además, estoy muy enojada porque Dios se lo llevó tres meses y medio después de que nos transfirieron de la base aérea cerca de mi pueblo natal.

Ella habló en tono pausado y reconfortante:

—Sé paciente y date tiempo para sanar. No reprimas las ganas de llorar. Deja que escurran las lágrimas hasta que ya no haya más. Llorar es una forma de desahogar tus sentimientos; no tengas miedo de decirle a Dios que estás enojada porque tu padre murió. Él quiere que le digas todo lo que sientes. Así, Él podrá comenzar el proceso de curación en tu corazón. Cuando uno se aferra a la ira, ésta se transforma en amargura y te aleja de Dios. Con el tiempo verás que disminuirán las ocasiones en que te despiertas por la noche llorando y con el tiempo podrás dormir toda la noche. Agradece siempre a Dios por su consuelo, comprensión, perdón y amor. Pídele también Su fortaleza para seguir adelante cada día.

La mujer se quedó hasta que analizamos cada sentimiento y pregunta que yo tenía. Cuando se levantó para irse, me dio un abrazo y dijo:

—Vas a estar bien —en seguida se marchó.

Unos días después, quise llamarla para agradecerle su visita y hacerle saber cuánto me había ayudado. No pude encontrar su nombre en la guía telefónica. Pregunté a todos mis vecinos si también se había detenido en sus casas. Nadie la había visto o hablado con ella.

Como no pude hallar ni un solo rastro de la mujer, recordé lo que mi madre nos enseñó a mis hermanos y a mí. Ella siempre daba la bienvenida y ofrecía alimento y agua a los extraños. Nos dijo que nunca debíamos rechazar a nadie, ya que en Hebreos 13:2 se nos dice: "No se olviden de practicar la hospitalidad, pues gracias a ella algunos, sin saberlo, hospedaron ángeles".

¿Había brindado hospitalidad a un ángel sin saberlo? No puedo afirmarlo con certeza, pero creo que Dios la envió a reconfortarme en mi dolor, depresión y enojo.

~Minnie Norton Browne

52

Terapia espiritual

Paciencia. Ésa era una de mis virtudes, de acuerdo con mis colegas profesores, amigos y familia. Sin embargo, cuando tuve que enfrentar los problemas que representaba el cuidado de mi suegra viuda, me pregunté si había engañado a todos, incluso a mí misma.

Ella se cayó en la cocina el día que cumplió ochenta y dos años justo antes de que su hijo mayor, Danny, la llevara a una cena especial en nuestra casa, a ochenta kilómetros. Charles había preparado lasaña, uno de los platos favoritos de la familia. Aunque estaba adolorida, insistió en que Danny la llevara a la celebración. Al día siguiente, Danny la llevó al médico antes de regresar a su casa en Mississippi.

> Entonces se le apareció un ángel del cielo para fortalecerlo.
>
> LUCAS 22:43

La mañana del jueves, casi una semana después, recibimos una llamada del tío Thomas. La tía Louise y él habían pasado a ver cómo estaba mi suegra. Sabían que el médico le había diagnosticado una fractura de pelvis y le había mandado medicina para el dolor.

—Charles, tu madre está en el suelo al pie de la cama, enredada en las sábanas y el edredón. Habla muy raro y no puede levantarse. Parece que estuvo ahí toda la noche —explicó el tío Thomas.

Nos olvidamos de los planes que teníamos para ese día y corrimos a su casa en Summerville, Georgia. Otra visita del doctor reveló que no tenía más fracturas, pero supimos que el médico había hablado con ella respecto a mudarse a una residencia para ancianos. Había detectado señales tempranas de demencia, que ella había logrado ocultarnos. El trauma de la caída y el medicamento para el dolor se combinaron para aumentar estas señales. Era demasiado peligroso que siguiera viviendo sola, por lo que me quedé con ella.

El equipo médico de mamá incluía una fisioterapeuta morena y menuda que tenía entre treinta y cinco y cuarenta años. Ella sí que era muy paciente cuando trabajaba con ella en los ejercicios de fortalecimiento necesarios debido a la fractura pélvica.

La terapeuta me dio una banda elástica amarilla.

—Puedes utilizar esta banda para hacer los ejercicios con la señora Pettyjohn —me aconsejó.

—¡Mira, madre! ¡Ahora podemos hacer ejercicios juntas! —exclamé. Enrollé los extremos de la banda en mis manos, coloqué el pie a la mitad y la sostuve con fuerza mientras levantaba y bajaba la pierna al piso, sintiendo la suave resistencia. La mirada nada entusiasta de mi suegra me indicó su obstinada negativa a ejercitarse.

Con su típica voz melodiosa, la terapeuta le dijo:

—Ya hicimos suficiente por el día de hoy. ¿Quiere que la ayude a acostarse para que duerma la siesta?

Aunque por lo general se negaba a dormir la siesta, mamá accedió. Al poco rato la terapeuta se reunió conmigo en la cocina.

—¿Quieres algo de tomar? —pregunté.

—No gracias —sonrió y, detrás de sus anteojos, los ojos castaños conectaron con los míos.

Tiró de una silla de la mesa y se sentó. Yo hice lo mismo.

Después de escuchar mis preocupaciones y frustraciones, me propuso:

—¿Por qué no rezamos? —en cuanto terminamos, se levantó para marcharse.

—¡Muchas gracias! ¡Me ayudó mucho! —la abracé. Al verla alejarse, disfruté de una renovada sensación de paz.

La terapeuta regresó unos días después para la siguiente sesión. Después de realizar los ejercicios con mamá y ayudarla a sentirse cómoda, centró su atención en mí.

—Traje un par de libros que tal vez te guste leer. Pertenecen a mi hija, pero a ella no le importa si te los presto. Son algunos de sus libros favoritos por lo que tengo que devolvérselos cuando termines —sonrió y me dio dos libros de ficción histórica de Judith Pella: *Frontier Lady* y *Stoner's Crossing*.

—Gracias —musité mientras miraba las portadas y hojeaba el primer libro—. Parecen muy interesantes.

Las visitas de la terapeuta ayudaron a mamá a mejorar su movilidad. La terapeuta siempre se daba tiempo para conversar y rezar conmigo.

—Hoy es nuestro último día de terapia —le dijo a mamá—. Continúe con los ejercicios para aumentar la fuerza.

—Aún no acabo de leer el primer libro —le dije a la terapeuta mientras ella se preparaba para partir.

—Está bien. Consérvalos hasta que termines de leerlos —respondió.

—Estaré aquí con mamá hasta que encontremos una mejor solución. Podría enviártelos por correo cuando termine. ¿Cuál es tu dirección?

—No, no es necesario. Vives en Dalton, Georgia, ¿no? —asentí con prontitud—. Algunas veces voy para allá y podría pasar a recogerlos.

—Bueno, pues si es lo que prefieres… —respondí vacilante.

—Sí —respondió con suavidad, pero también con firmeza.

Después de uno o dos meses, la señora Pettyjohn sufrió otra caída que requirió internarla en el Hospital Redmond Park en Rome, Georgia, y rehabilitación en el Centro de Salud Wood Hale en Dalton, Georgia.

Suzanne, la enfermera de su equipo de atención domiciliaria, había trabajado con el médico para establecer un plan de cuidados para mamá después de la caída cinco meses antes, el día de su cumpleaños. Le daba sus medicamentos y se aseguraba de que tuviera todo lo que necesitaba. Suzanne también coordinaba las consultas con los especialistas y documentaba todo lo relacionado con el tratamiento. Ahora nos estaba ayudando con algunos de los arreglos y necesitaba información para el traslado del hospital al centro de rehabilitación.

Yo quería asegurarme de devolver los libros a la terapeuta, por lo que le pregunté a Suzanne cómo podía comunicarme con ella.

Suzanne dejó de escribir y levantó la mirada.

—No recuerdo a la fisioterapeuta —respondió, perpleja.

¿Por qué Suzanne no recordaba a la terapeuta? ¿Por qué ella había sido tan evasiva cuando le pedí su dirección? ¿Por qué insistió en ser ella quien me contactara? ¿Cómo puedo explicar cuánto ayudó a la señora Pettyjohn con la terapia física y a mí con la terapia emocional y espiritual?

Ahora, dieciséis años después, los libros siguen sobre una repisa en mi casa. Terminé de leerlos hace muchos años, pero nunca volví a ver, o a tener noticias de la terapeuta.

"No se olviden de practicar la hospitalidad, pues gracias a ella algunos, sin saberlo, hospedaron ángeles". Hebreos 13:2

~Pamela Millwood Pettyjohn

53

Ángeles a la orilla del camino

La risa resonaba en el auto mientras nos alejábamos de Funland. Mi padre, su primo Richard, mi hermana mayor y yo habíamos pasado el día disfrutando de los juegos y algunas deliciosas golosinas en el pequeño parque de diversiones en el pueblo natal de papá. Era un descanso necesario después de todo el estrés provocado por el divorcio de mis padres. Ésa era la intención del viaje de "padre e hijas" a Maine; era una oportunidad para alejarse de todo y olvidar el dolor por un rato para divertirnos.

—Los carritos chocones fueron lo mejor —comentó mi hermana, muy sonriente—. En especial cuando te quedaste atascada en la esquina y todos te chocaron.

—Sí, pero me vengué de ti en las lanchitas —contesté y le di un tirón en sus shorts todavía húmedos.

> Los ángeles no profesan otra filosofía más que el amor.
>
> TERRY GUILLEMETS

En la parte delantera del auto, papá y Richard reían de lo que decíamos, felices de ver que la estuviéramos pasando bien. La risa de Richard pronto se volvió un violento acceso de tos cuando el refresco de naranja se le atoró en la garganta. Papá apartó la mirada del camino para ver a su primo y… ¡BAM! En ese instante, nuestro pequeño mundo familiar cayó en barrena y un encuentro extraordinario se puso en marcha.

Nuestro pequeño Renault Le Car plateado cruzó la línea central y se desvió hasta el carril de un camión de doble remolque que venía a toda velocidad hacia nosotros. Los neumáticos rechinaron, el metal crujió y los vidrios se hicieron añicos al chocar los dos vehículos. El cinturón de seguridad se me enterró y me cortó la piel mientras el auto giraba fuera de control a la mitad del camino. Cerré los ojos con fuerza para borrar la confusión que me rodeaba y un solo pensamiento pasó por mi mente de siete años: "Jesús, ayúdanos. Por favor, Jesús, ayúdanos".

Casi de forma tan abrupta como comenzó todo, el auto quedó inmóvil al borde del camino junto a un campo abierto. El silencio escalofriante que reinaba en el vehículo era doloroso y terrorífico.

—¿Papi? —mi susurro hizo eco en la quietud—. ¿Papi?

Mi papá, aún aturdido por el impacto, se volvió a mirarnos.

—Niñas… niñas. ¿Están bien?

Cuando lo vi, sentí que el estómago me daba un vuelco y la respuesta se quedó atorada en la garganta. En el rostro de mi padre, las astillas de vidrio estaban mezcladas con la sangre que escurría por sus mejillas.

A pesar de sus heridas evidentes, papá bajó del auto y nos ayudó a mi hermana y a mí a salir a gatas del asiento trasero. Salvo por la rodilla ensangrentada de mi hermana por una costra que se le cayó al golpear con el asiento de enfrente, ambas salimos a salvo del auto destruido. Entonces papá intentó repetidamente reanimar a Richard, pero no logró hacerlo reaccionar. El golpe de la cabeza contra el parabrisas había dejado a Richard herido e inconsciente.

El campo cercano en donde quedó el auto se encontraba junto a un camino poco transitado a la salida de un pequeño pueblo. Esto ocurrió antes de que tuviéramos teléfono celular, por lo que todo indicaba que la ayuda no sería inmediata. La mayor esperanza para un padre herido, dos niñas y un primo inconsciente era la remota probabilidad de que alguien que viajara por ese camino se detuviera a ayudarnos.

Papá nos alejó del camino y del auto destruido, y fuimos hacia campo abierto. Imaginen nuestra sorpresa cuando entramos en el campo y vimos a dos mujeres ahí paradas. Aunque no las conocíamos, nos sonrieron y saludaron como si estuvieran esperándonos. Una de las mujeres comenzó a caminar hacia el auto y dijo:

—No tenga miedo y no se preocupe por sus hijas. Sólo encárguese de lo que tenga que hacer. Nosotras las cuidaremos.

Lo vi alejarse por el camino en dirección de una casa distante en busca de un teléfono y me sorprendió mucho que nuestro padre, siempre protector, nos hubiera dejado con unas completas desconocidas. ¿Por qué nos dejaría, en particular en ese momento que estábamos tan asustadas? Era muy extraño en él.

Entonces la mano fuerte y reconfortante de la mujer que estaba a mi lado tomó la mía que temblaba, y mi angustia desapareció. En su lugar llegó una profunda calma. Por primera vez en todo un año de turbulencia, no sentí miedo. Incluso en medio de una crisis.

Poco después, llegaron las patrullas de policía y ambulancias con sus sirenas y las luces encendidas. Mi hermana y yo nos sentamos en el campo y observamos a los socorristas ir y venir en el lugar del accidente, mientras las dos mujeres estaban paradas en silencio a nuestro lado. Como era una niña muy curiosa, aproveché la oportunidad para observar a las dos extrañas que nos cuidaban.

¿Qué era lo que hacía que me sintiera tan segura y en paz cuando en realidad confiaba en muy pocos adultos? Ninguna de ellas tenía una apariencia extraordinaria. Ambas eran de mediana edad, estatura promedio y cabello platinado hasta el hombro. La ropa que llevaban era sencilla. No eran mujeres particularmente atractivas y, sin embargo, había una innegable belleza subyacente cuando sonreían. Hablaban poco, sólo para reconfortarnos y asegurarnos que todo estaría bien. Nunca había visto a estas mujeres y aun así me sentía más a gusto con ellas en el campo que si estuviera con mi familia. Ni siquiera sabía cómo se llamaban.

Nuestras desconocidas tan dispuestas a ayudar se quedaron cerca cuando los paramédicos examinaron a mi hermana y también cuando decidieron llevarla al hospital para hacerle más pruebas junto a mi papá y Richard. Mi abuelo llegó para llevarme con él.

Antes de irme, tomé la mano de la mujer más cercana a mí y le susurré "gracias"; en seguida me marché. Ella me apretó la mano, me llamó por mi nombre y me dijo: "No tengas miedo. Estarás bien. Todo saldrá bien".

Me volví para despedirme con la mano de las dos mujeres bondadosas, pero habían desaparecido. En una zona plana, sin edificios o vehículos, simplemente se esfumaron en un instante. Incluso cuando subí a la camioneta de mi abuelo, esa paz inexplicable continuaba calentando mi interior. Todo estaría bien.

Hay muchas cosas en la vida que siguen siendo un misterio para mí. Sin embargo, una verdad me queda muy clara: aquel día Dios envió a dos de Sus ángeles a ayudar a mi familia. A través de esos "ángeles a la orilla del camino", Su amor, consuelo y presencia se nos revelaron a dos hombres heridos y a dos niñas asustadas que necesitaban con desesperación de Él. Aquel desafortunado día yo era sólo una niña, pero el recuerdo y la promesa de Dios seguirán conmigo por siempre. Él envía a sus ángeles a que se coloquen delante nosotros, a nuestro lado y detrás de nosotros. Sin importar quiénes seamos o a dónde vayamos, nunca estamos solos.

~Jo Brielyn

54

El ángel del *vocho* azul

Yo era la hija que la tía Bea nunca tuvo. De niña, la secuestraron y violaron, y la dejaron estéril. Cuando le diagnosticaron cáncer a mi madre, poco después de que nací, la tía Bea la cuidó. Yo tenía catorce años cuando mi mamá murió. Varios parientes me invitaron a vivir con ellos, pero ¿cómo podía dejar a la tía Bea, que me había cuidado desde que era pequeña? ¿Por qué habría de querer vivir con gente que apenas conocía? La tía Bea me necesitaba tanto como yo a ella.

> En el Cielo, un ángel no es nadie en particular.
>
> GEORGE BERNARD SHAW

Cuando crecí, me mude a Los Ángeles. La tía Bea se quedó en San Antonio atendiendo su propia tienda de alimentos. Todas las noches me preocupaba mucho por mi anciana tía, que estaba sola, en un barrio peligroso, tratando de mantener un negocio que apenas le daba para sobrevivir.

Una noche, más tarde de lo que habría esperado que llamara, la tía Bea llamó angustiada y sin aliento. Me imaginé a mi vieja tía de setenta y cinco años, a más de dos mil kilómetros de distancia, sola, vulnerable, tratando de hablar con mucho esfuerzo en inglés cuando nadie a su alrededor comprendía su español.

Con voz temblorosa me dijo:

—Unos muchachos entraron en la tienda. Robaron refrescos y cervezas del refrigerador y salieron corriendo. Les grité que se detuvieran. Tuve que perseguirlos.

—¿Dónde estás ahora? —pregunté preocupada, a punto de llorar.

Me imaginé la caja registradora casi vacía y luego una fría habitación de hospital, ¡y vendajes!

—Estoy en la sala. La policía se acaba de ir. Cerré la tienda.

—¿Estás herida, tía Bea?

—Sólo las rodillas —contestó con un quejido—. Las piernas no aguantaron que saliera a perseguirlos. Caí al suelo y los vi desaparecer a lo lejos. Les grité y luego miré al cielo y recé.

—Gracias a Dios, no hubo confrontación.

—Entonces vi a la muchacha —continuó la tía Bea.

—¿También había una muchacha? —pregunté sorprendida.

—No estaba con esos chicos —explicó la tía Bea—. Al principio, pensé que eras tú. No la había visto hasta que salí corriendo. De pronto, ella me levantó del suelo y me preguntó si estaba bien.

"Tal vez una cliente", pensé. Debió ver a los muchachos huyendo de la tienda. Eso debió parecerle sospechoso.

—No compró nada —añadió la tía Bea—. Sólo me levantó, me ayudó a entrar y llamó por teléfono para pedir ayuda. Cuando terminé de hablar con la policía, ya se había ido.

Supuse que probablemente no quería verse involucrada en el asunto. Y tal vez pensó que la tía Bea no estaba en condiciones de atender su negocio después de lo ocurrido. Por supuesto, mi tía siempre estaba en condiciones de atender su negocio.

—¿Cómo era? —pregunté, pensando que tal vez la recordara del vecindario.

—Era alta y delgada —describió la tía Bea—. Tenía la piel muy blanca. Parecía "americana". Tenía el cabello castaño claro y largo, como el tuyo. Le caía lacio sobre la espalda. Creo que el pequeño *vocho* azul que vi estacionado junto a la tienda era suyo. No había nadie más cerca y ningún otro auto se detuvo.

A más de dos mil kilómetros de distancia en mi departamento de California, me quedé sentada, pensando mientras escuchaba a la tía Bea describir a la muchacha que la había ayudado. Yo era alta y delgada. Tenía el cabello castaño claro y largo. A pesar de mis raíces mexicanas, mi piel era blanca como la de una irlandesa. Cualquiera que describiera a esa chica podía estar describiéndome. Había algo más.

Cuando me mudé a Los Ángeles, me enamoré de la colorida profusión de autos Volkswagen sedán. Los pequeños automóviles iban y venían por las avenidas de Los Ángeles como insectos gigantes. Unos meses después, cambié mi incómodo Pontiac precisamente por un *vocho* azul cielo. En el clima cálido y húmedo de San Antonio, los *escarabajos* de la Volkswagen, sin radiador ni aire acondicionado, eran tan raros como una tormenta de nieve.

Más de dos mil kilómetros me separaban de mi querida tía Bea. Sin embargo, alguien que se veía como yo, que conducía el mismo auto que yo, había aparecido en su tienda. Ese ángel ayudó a mi tía después de un delito terrorífico y una dura prueba. El ángel buscó ayuda y desapareció cuando llegó la policía.

Mi querida tía Bea falleció hace trece años, pero aún cuento esta historia a otros. Invariablemente, las personas que me escuchan dicen: "Fue un ángel". La llamo mi historia del ángel del *vocho* azul.

~Susana Nevarez-Marquez

55

Ayuda celestial

Desde que nació sabíamos que llegaría este día. Nuestro pequeño hijo nació con un trastorno genético terminal. Tratamos de llenar de felicidad su corta vida y, en secreto, en mi corazón rezaba porque su muerte no fuera dura ni para él ni para nosotros.

Esa mañana fatídica algo me dijo que preparara su desayuno favorito. Sin embargo, estábamos exhaustos después de una noche sin dormir, y le di los sobrantes del día anterior, algo de lo que me arrepiento hasta este día. Durmió la siesta de la mañana sobre unas cobijas gruesas en su corralito. Por lo general, lo dejaba ahí sin molestarlo, pero otra voz me dijo que lo acostara en su cama. Agradezco que a pesar de mi fatiga, por lo menos me las arreglara para hacerlo.

> La oración es la argamasa que mantiene nuestra casa unida.
>
> MADRE TERESA

Murió de una convulsión violenta mientras dormía la siesta.

El dolor pesaba tanto sobre mi mente y cuerpo que días después no quería levantarme de la cama. Mis otros dos hijos, cuyos corazones también estaban destrozados, me veían con temor. Necesitaban que les diera de comer, necesitaban ropa limpia. Necesitaban una madre que les enseñara a seguir adelante a pesar del dolor.

Casi contra mi voluntad, mi cuerpo se levantó de la cama, mecánicamente preparé espagueti con salsa boloñesa, puse a lavar los pantalones y camisetas sucios, lavé los platos y escuché sus plegarias antes de dormirlos. Me sorprendía ver cómo mis brazos parecían moverse como si algo o alguien me impulsaran todo el tiempo y movieran mi cuerpo. Veía que mis manos se movían. No era mi esfuerzo. Me sentía como una marioneta.

—Algo o alguien me saca de la cama y mueve mi cuerpo —le conté a mi esposo. Ante su propio dolor, él simplemente asintió con la cabeza.

Una noche, después de que los niños se fueron a dormir, me senté en el sofá a llorar amargamente. ¿Cómo puede un corazón sufrir tanto y seguir latiendo? Sin embargo, el mío seguía haciéndolo pese a ese inmenso dolor físico y emocional. No quería seguir viviendo. No sin mi precioso hijo.

—Dios mío —rogué—, por favor llévame con él —lloraba desconsolada, mientras la cabeza me retumbaba y sentía mi interior vacío, excepto por el dolor agudo. Dios respondió a mis plegarias de una forma distinta. Gracias a su misericordia, mis noches pronto se llenaron de sueños de alegres reuniones con mi hijo. Poco a poco recuperé mi fuerza y desapareció la ayuda invisible, dejándome con una sensación apenas perceptible de gracia y paz.

Un día, mi vecina fue a verme para charlar un momento y ver cómo estaba. El día que Alex murió, me contó que vio a los paramédicos, a la policía y a los encargados de la funeraria llegar e irse de la casa. Los autos de mi familia habían llenado la entrada de la casa y la calle, y no había querido interrumpir. Pero al día siguiente, encontró a su propio hijo, de cuatro años, asomado por el alféizar de la ventana, charlando y saludando amigablemente.

Como sabía que la ventana daba al lado de la casa, lugar que a menudo estaba solo, se alarmó sobre quién podría ser la persona con la que hablaba su hijo.

—¿Con quién hablas? —le preguntó a su hijo, que abrió los ojos sorprendido. El pequeño bajó de la ventana.

—Con los ángeles.

Su madre lo miró con extrañeza.

—¿Qué ángeles?

—Los ángeles que están con el niñito en la casa de Lori.

Sintiéndose débil, miró por la ventana para buscar.

—¿Dónde están?

El niño señaló el techo de mi casa, que estaba al lado, y luego salió para ir por su almuerzo, dejando a su madre atónita. Por alguna razón desconocida, ella no pudo ver a los ángeles ni al pequeño con los que charlaba su hijo.

Aún parada en la calle junto a mi auto, me explicó que la razón por la que no me lo había contado antes era que:

—No quería que pensaras que mi hijo estaba loco por hablar con ángeles y Alex cuando nadie más los había visto.

¿Loco? Era lo más lógico del mundo. De ninguna forma hubiera podido sobrevivir esa semana sin ayuda celestial. La sentí. Entendía a la perfección que un niño inocente, de corazón puro, pudiera ver a seres angelicales que el resto de nosotros, endurecidos por un mundo cínico, no podíamos ver. Me sentí muy agradecida en el fondo de mi corazón de saber que los ángeles habían acompañado a mi hijo al Cielo y me habían ayudado a sobrellevar su muerte.

Cuento esta historia a muchas personas, incluso a las que no creen en los ángeles ni en la vida después de la muerte. Sus reacciones varían. Sin embargo, hasta el escepticismo se transforma en admiración. Los que se maravillan se encuentran un paso más cerca de creer. Y los creyentes sonríen ante esta dulce confirmación de que los ángeles en verdad están entre nosotros.

~Lori Phillips

56

Lista para comenzar de nuevo

En agosto de 2005, después de mudarme a casi tres mil kilómetros de distancia a un lugar lejos de mis amigos y mi familia, sufrí una colisión de frente con un conductor ebrio. Por fortuna, mi esposo y yo sobrevivimos, no obstante, me disloqué el hombro, me hice añicos las rodillas y me fracturé la espalda. Pasé de ser una madre y esposa sana, siempre entusiasmada por cultivar nuestro terreno recién adquirido, de poco más de siete mil metros cuadrados, a ser una persona que no podía hacer nada sin ayuda.

> Somos como niños, que necesitamos maestros que nos iluminen y nos orienten; y Dios nos los provee, al asignarnos a sus ángeles como nuestros maestros y guías.
>
> SANTO TOMÁS DE AQUINO

Tenía mucho dolor y estaba deprimida y furiosa; furiosa con el otro conductor a pesar de que había muerto en el accidente; furiosa con Dios por dejar que esto ocurriera y furiosa con mi familia, que esperaba que volviera a ser la misma de antes. Alternaba entre mi cama y un sofá reclinable, donde miraba pasar la vida por la ventana del segundo piso. Mi esposo me dejó y yo me sentía culpable cuando tenía que pedirle ayuda a mi hija de trece años.

Un vecino nos llevó una silla de ruedas usada. No había querido probarla. La autocompasión es algo poderoso. Todos los días veía la silla arrumbada junto a mi cama. Por fin hallé una forma de pasarme de la cama a la silla, aunque fuera sudando, llorando, gimiendo y gritando de dolor. ¡Qué libertad! A pesar de mi nueva libertad, la mayoría de las cosas que quería hacer requerían piernas, o estaban en el exterior. Seguía siendo una inútil. Los caminos rurales de grava no se prestan para las sillas de ruedas. Otro vecino me ofreció una andadora diciendo:

—Ya te levantaste de la cama, ¿por qué no pruebas algo nuevo?

Mi único pensamiento fue: "Sí, cómo no".

Después de un tornado, nuestro techo empezó a gotear. Debía buscar presupuestos. Explicar los problemas sin mostrar a los contratistas lo que estaba mal no funcionó. Se quedaban con muchas preguntas sin respuesta. Necesitaba que repararan el techo y volví a llamar a los dos mejores contratistas. Tardé casi una hora en salir arrastrando los pies con la andadera, haciendo lo posible por no gritar de dolor. Incluso con buenas ofertas, ninguno de los dos podía empezar en algunas semanas. Me dije que estaba harta y ya no iba a caminar más.

Al día siguiente llegaron dos caballeros sin avisar. Los había enviado otro contratista que se había rehusado a hacer el trabajo, pues la casa estaba fuera del pueblo. Decir que se trataba de "caballeros" es algo generoso. El más viejo parecía haber sido alcohólico en alguna época y no se había peinado ni recortado la barba en años. Su compañero, algo más joven, era alguien que acababa de salir de la cárcel y necesitaba trabajo. Ambos llevaban ropa desgastada y botas llenas de lodo.

Sin embargo, estaba desesperada. Además, el hombre mayor mencionó que mientras todos en la zona estaban muy ocupados, él podía empezar de inmediato. Entonces me arrastré fuera de la casa una vez más. El viejo hablaba con claridad y el joven era gentil y respetuoso, y me acercó una silla para que me sentara. Ambos hicieron todo lo posible por hacerme sentir a gusto y siempre sonreían. Después de medir todo y confirmar cómo quería que hicieran las reparaciones, me dieron una tarjeta de presentación y prometieron darme un presupuesto en breve.

Antes de irse, el viejo me preguntó qué me había ocurrido. Cuando le expliqué, me dijo que sabía exactamente cómo me sentía:

—Hace unos diez años, me caí de un edificio de tres pisos, me golpee en una pared de concreto y me rompí la espalda en dos. Estuve en el hospital siete años y me dijeron que nunca volvería a caminar.

¡Estaba muy sorprendida y se lo hice saber! El hombre cojeaba ligeramente, pero había caminado por todas partes y se había subido al granero de dos pisos.

—No, no se sorprenda —atajó él—. Los doctores tienen buenas intenciones, pero nunca toman en consideración lo que Dios quiere. Me dije a mí mismo que probablemente tendría dolor toda la vida, pero que no debía vivir sentado marchitándome hasta que la muerte llegara por mí, por lo que me concentré en mover lo que podía, sin pensar en cuánto dolía.

Me quedé ahí, absorta en mis pensamientos. Él esperó un momento y añadió:

—Usted también puede hacerlo. Tal vez no pueda hacer lo mismo que antes, pero si deja de intentarlo, jamás lo averiguará.

Los días siguientes pensé que si él pudo lograr todo aquello, tal vez yo podría hacer más. Me descubrí haciendo un poco más cada día. Mentiría si dijera que fue fácil o que no sentí dolor. Me sorprendí a mí misma y también a mi hija porque cuanto menos me quejaba, tanto más lograba. Cada día trajo nuevas victorias y celebraciones.

Cuando no recibí el presupuesto de los visitantes, intenté llamar. Su número estaba fuera de servicio. Confundida, llamé a la persona que los había enviado y pedí que me devolviera la llamada cuando regresara. Tardó cinco días en llamar. Imaginen la impresión cuando llamó y me aseguró que ¡nunca había enviado a nadie a mi casa! Le di los nombres, el teléfono y una descripción.

—No, no conozco a nadie que se llame así. Nunca he oído hablar de ellos. Si fuera a recomendarle a alguien, no sería una persona que tuviera un aspecto como el que describe.

Estaba segura de que alguien en mi pequeñísimo pueblo, donde todos se conocían, había visto a estos hombres. Por lo menos, mi vecino discapacitado, que vive en la carretera principal, en la intersección con el camino rural sin salida que conduce a mi casa, y que está sentado todo el día afuera, tenía que haberlos visto llegar o marcharse. Nadie sabía nada, ni había visto a nadie que se ajustara a semejante descripción. Ni siquiera habían oído hablar de ellos. Mientras más preguntaba, más loca creían que estaba.

A pesar del misterio, ahora tenía un espíritu renovado. Me hice más fuerte. No fue de un día para otro, sino poco a poco, con el transcurso del tiempo. Los dedos de los pies y las piernas comenzaron a moverse; no a la perfección, pero se movían. Por primera vez en mucho tiempo soñé con un mejor futuro.

Estos hombres no tenían alas ni halos, pero vinieron a alentarme cuando yo me había rendido. Después de su visita, mi vida mejoró en muchas más formas de las que creí posibles. Me sentí realmente bendecida, como está escrito en Hebreos 13:2, por practicar la hospitalidad, sin saberlo, con los ángeles.

~Kamia Taylor

57

Padre, hijo y hermano

Mi hijo Mike y yo llevamos una relación tumultuosa desde que mi exesposa llamó y dijo: "Ven por él. No puedo hacer nada con él".

Estaba emocionado por recuperar a mi hijo y esperaba el momento de aplicar mis propios métodos de crianza con él. Mike se había metido en problemas con la ley en varias ocasiones. El día que fui a recogerlo, le advertí que no toleraría tales cosas. Si se metía en problemas con la ley mientras viviera conmigo, dejaría que ésta se hiciera cargo de él. Por supuesto, como tenía catorce años y se comía la tierra a puños, no me creyó. Después de vivir conmigo dos meses, lo encarcelaron en un reformatorio del condado.

> Mas si un ángel, uno entre mil, aboga por el hombre y sale en su favor, y da constancia de su rectitud...
>
> JOB 33:23

Con esto comenzó una larga lista de sucesos en los que prometía no meterse en problemas y luego volvía a las andadas. Pasamos grandes momentos juntos y también otros de gran dolor. Cuando tenía treinta años, Mike trabajó para un hombre que cortaba leña. Una noche tomó la camioneta de carga del aquel hombre, además de dos sierras eléctricas en la parte posterior, junto con otro equipo de tala. Nadie sabía a dónde había ido. Se le avisó a las autoridades, pero nadie pudo encontrar a Mike o la camioneta.

Mi vida había cambiado para bien, y viajaba en una casa de remolque vendiendo joyería en diversos eventos. Mientras vendía mi mercancía en un espectáculo en Quartzsite, Arizona, me llegó el rumor de que Mike había muerto en un accidente en California. Descubrí que se había casado con una mujer que tenía dos hijos, y que tuvieron otro juntos. La bebé se había quedado con los abuelos, mientras que el papá, la mamá y los dos hermanos iban a una tienda. Los cuatro perdieron la carrera contra el tren en un cruce de camino a casa. Tenía una nieta a quien no conocía y ni siquiera sabía de su existencia. Y ahora ella era una huérfana.

Me encontraba a unos mil cien kilómetros de donde sepultarían a mi hijo, así que me puse en camino a la mañana siguiente para asistir al funeral. Llegué al pequeño pueblo por la mañana del segundo día de viaje, apenas cuarenta y cinco minutos antes de que el funeral comenzara. Un hombre me recibió en la puerta de la iglesia y me explicó que era el pastor asistente de la iglesia y que la gente lo llamaba hermano Bob. Me dijo que la familia de la esposa de mi hijo le había pedido que me ayudara con todo el proceso, ya que yo no conocía a ninguna de estas personas. Hasta tres días antes ni siquiera sabía que mi hijo se había casado y que era padre de una niña.

Los ataúdes estaban en una habitación lateral al santuario principal de la iglesia. Los colocaron ahí para que la familia pudiera pasar tiempo a solas con sus seres queridos antes del servicio. El hermano Bob era un hombre robusto de corta estatura, pero logró sostenerme aunque pesaba ciento treinta y seis kilos, cuando por poco me desmayo al ver a Mike en el ataúd.

El hermano Bob estaba enterado del pasado de Mike. Sólo recuerdo que me aconsejó no reprocharme nada de lo que hubiera pasado en nuestra relación. Había muchos otros factores que condujeron a ese momento, y ninguno de éstos era mi culpa. Citó varios pasajes de la Biblia que me consolaron y rezó conmigo. Me sentó en el santuario antes de comenzar el servicio y se fue a atender otros asuntos.

Después del servicio en la iglesia, fuimos al cementerio para la ceremonia final. Luego regresamos a la iglesia para asistir a una comida que prepararon unos voluntarios. Cuando terminé de comer, busqué al pastor Paul Simmons y le agradecí sus servicios. Le pregunté dónde podía encontrar al hermano Bob para agradecerle su ayuda. Me miró con extrañeza.

—¿A quién? —preguntó.

—Su pastor asistente, el hermano Bob.

—Lo siento, pero sólo tenemos un pastor asistente aquí, el hermano Luke. Es un hombre alto y delgado de cabello rojizo.

Fui con cada uno de los miembros de la familia a preguntar si habían visto a ese hombre que se hacía llamar el hermano Bob. Les dije que era una persona robusta de corta estatura con un traje negro, camisa blanca y corbata negra de hilo al estilo del oeste. También se estaba quedando calvo. Nadie recordaba haberlo visto y nadie había pedido que me asistieran personalmente. Les conté a todos que había hablado con él en el cuarto adyacente al santuario antes del servicio. Pese mi insistencia, nadie recordaba haberlo visto. Creo que fui la única persona que lo vio, pero era tan real como el teclado en el que ahora escribo.

De regreso a Quartzsite, tuve mucho tiempo para pensar. Llegué a una conclusión. Todos los parientes políticos de mi hijo habían sido amables y serviciales, pero el hermano Bob fue enviado especialmente para ayudarme a superar este horrible proceso. Creo que los ángeles son de todas las formas y tamaños. No tienen que tener alas o aureolas doradas. Pueden ser robustos y de corta estatura, pero siguen siendo ángeles.

~Gary R. Hoffman

58

Ángel nocturno

La primera vez que vi a la anciana que se mecía en la silla de bejuco en la esquina de mi habitación, tenía diez años. Era lo suficientemente grande para darme cuenta de que una extraña había aparecido a la mitad de la noche, pero no lo bastante para entender la razón de su visita. Sentada en la cama, podía ver en el espejo de cuerpo completo a mi izquierda la imagen reflejada de la anciana; su dulzura me persuadió de permanecer callada a pesar de mi urgencia por gritar. Por motivos inexplicables, confié en esa extraña y me quedé en la cama.

> Ningún mal habrá de sobrevenirte, ninguna calamidad llegará a tu hogar. Porque Él ordenará a sus ángeles que te cuiden en todos tus caminos.
>
> SALMOS 91:10–11

Se sentía una calidez palpable que se esparcía por la habitación cada vez que se mecía con las manos en su regazo, y su rostro reflejaba la bondad propia de una abuela. Por instinto sabía que no me iba a hacer ningún daño. El único daño real estaba en la siguiente habitación: una madre abusiva que hacía constantes viajes a mi habitación para desencadenar contra mí su ira. Esa noche, mi madre se entretuvo con algunos programas nocturnos. Mientras mi visitante se mecía, me dormí entre los sonidos de la televisión provenientes del pasillo.

La siguiente noche, me tapé la cabeza con las mantas al primer crujido de la puerta de la habitación. La luz del pasillo se coló en la oscuridad y me puse rígida, preparándome para la ira de mi madre. Fingí estar dormida, rogando que perdiera el interés, se distrajera con algo fuera de la habitación, o experimentara un fuerte sentimiento de culpa y se marchara. Desafortunadamente no se distrajo, pero, a la larga, se cansó de golpearme y se fue. Mientras reprimía las lágrimas, miré fijamente la mecedora vacía.

Durante los siguientes cinco años, la reconfortante silueta siguió meciéndose en la esquina de mi habitación. Cuando oía acercarse a mi madre, miraba la silla y veía a la mujer asintiendo con la cabeza, dándome la fortaleza para resistir. Esta alma serena no estaba ahí para pelear mis batallas, sino para asegurarme que no estaba sola. Hubo pruebas en el camino y momentos de duda; momentos en que no aparecía; momentos en que mi madre aparecía; momentos en que deseaba estar muerta. Sin embargo, a los quince, entendí que era parte de un plan más grande.

El año siguiente, mi madre se fue sin siquiera decir adiós. Desafortunadamente, también mi ángel de la guarda. Tal vez tenía que consolar a otro niño asustado. Sin embargo, a pesar de que han transcurrido treinta años, no he olvidado a mi ángel. Cada noche, cuando me arrodillo al lado de la cama de mis hijos, a menudo rezo para dar gracias. Agradezco a mi ángel nocturno, enviado por el Padre Todopoderoso para darme la fortaleza para soportar las heridas de la niñez. Más que nada, te agradezco Señor, que mis hijos estén a salvo; que yo haya optado por no repetir los actos de violencia que sufrí en carne propia, sino que sigo tu ejemplo de cuidar de los vulnerables. Amén.

~Cathi Lamarche

59

El vaquero

Tenía siete años cuando vi al vaquero. Mi hermano tenía tres años y estaba obsesionado con los vaqueros. Adondequiera llevaba su pequeño sombrero blanco de vaquero y fundas con dos pistolas. También sufría de una extraña enfermedad que hacía que se meciera de atrás para adelante, respiraba con dificultad y deliraba a causa de la fiebre.

Al principio le llamaron bronquitis asmática. Después se dieron cuenta de que era una serie de infecciones febriles y asma provocadas por alergias. Sabía que mi madre rara vez dormía por la noche. Mis padres estaban muy preocupados.

La hora de dormir implicaba aerosoles nasales y vaporizadores, y si él quería llevarse sus pistolas a la cama, lo hacía. Sin embargo, apenas noté algo de todo esto esa noche en particular porque mi mejor amiga Kelly se quedó a dormir. Jugamos, comimos refrigerios y nos asustamos con historias de fantasmas antes de dormirnos en la sala, al otro lado del pasillo de la habitación de mi hermano. Kelly estaba en el sofá grande y yo en el de dos plazas. Mi madre apagó las luces y subió a acostarse. Kelly y yo estábamos charlando en voz baja cuando algo llamó la atención de Kelly. Se sentó, miró por el pasillo y me susurró que me acercara al sofá.

Fui y pude ver lo que había llamado su atención. Había un vaquero translúcido, igualito a los que salían en las viejas películas del oeste que mi papá veía algunas veces en la televisión, o como las figuras de plástico con las que mi hermano jugaba en su Fuerte Apache. Caminó por el pasillo hacia la habitación de mi hermano. Kelly y yo nos quedamos mirándolo. Estábamos asombradas. Era una presencia muy tranquilizadora, y a pesar de las historias de fantasmas que nos acabábamos de contar, no teníamos miedo. En ese preciso instante, oímos a mi hermano gritar:

—¡Mamá! ¡Hay un vaquero en mi cuarto! —su voz no era de miedo, sino de emoción. Mi madre bajó de inmediato y después de un rato logró que se volviera a dormir. Kelly y yo también nos dormimos tranquilas.

A la mañana siguiente, durante el desayuno, mi madre me reprendió por "molestar" a mi hermano en su cuarto durante la noche. Kelly y yo estábamos confundidas. Mi madre estaba muy molesta y decía que no teníamos por qué mover sus cosas; era importante que el vaporizador y el ventilador estuvieran dirigidos hacia él todo el tiempo. No teníamos idea de lo que decía. Dijo que entre las dos habíamos movido el ventilador grande que había colocado junto a la puerta y no entendía por qué lo habíamos hecho. Finalmente, mi hermano detuvo su diatriba explicándole:

—¡El vaquero debió de haberlo movido!

Sí, claro, era lógico. Kelly y yo estábamos de acuerdo en que debió de haber sido el vaquero. Resolvimos el misterio, o al menos así lo pensamos.

Mi madre se encolerizó. Pensó que estábamos burlándonos de mi hermano en su "delirio" y, al mismo tiempo, faltándole al respeto a ella. Empecé a preocuparme. No sólo mi integridad estaba en riesgo, sino también mis futuras pijamadas. Kelly y yo explicamos exactamente lo que habíamos visto por la noche y mi hermano lo contó desde su perspectiva.

Aún me pregunto si fue el hecho de que nunca le había mentido, o que estuviéramos demasiado tranquilas al respecto, o que mi hermano hubiera dormido bien el resto de la noche lo que calmó su enojo. Tal vez fue intervención divina. De pronto la ira de mi madre desapareció y escuchó con atención. Nos creyó. Quería saber quién era ese vaquero y por qué había venido. Después de algunos días de meditarlo, mi mamá pensó en una explicación. Dijo que era el ángel de la guarda de mi hermano que estaba ahí para protegerlo y no para asustar. El aire que le llegaba del ventilador debía ser dañino para él y por eso el ángel lo había movido. Tenía sentido. A Kelly y a mí nos encantaba contar esa historia. Habíamos visto un ángel. Nuestros compañeros de clase estaban fascinados.

Después de eso, mi madre tuvo otras experiencias con el ángel de la guarda de mi hermano. Nunca vio al ángel, pero vio los efectos de su presencia. Hubo una intervención milagrosa para evitar un accidente automovilístico que hubiera herido, o incluso matado a mi hermano en el asiento trasero del auto. Mi madre estaba detenida en el tránsito y tuvo que sujetarse con fuerza del volante preparándose, porque vio por el espejo retrovisor que un auto se aproximaba a toda velocidad. Oyó el rechinido de los frenos del auto y éste dio la impresión de elevarse para evitar chocar con ellos. Vio una sorprendente rama que en apariencia colgaba de la nada para que mi hermano la sujetara y se salvara de ahogarse en un arroyo de aguas rápidas. Nunca volví a ver al vaquero, pero sabía que estaba ahí. Aunque nunca vi a mi propio ángel de la guarda, estaba completamente segura de que me acompañaba siempre. Después de todo, eso sería lo justo.

Pasaron los años y me olvidé del vaquero. Me consumía el temor por la vida de mi hermano, que era marino y combatía en la Guerra del Golfo Pérsico. Todos los días, sin interrupción, mis padres veían CNN y prestaban atención a la lista de muertos. Teníamos los nervios de punta porque no sabíamos si estaba vivo o muerto.

Durante ese tiempo, recibí una llamada de una mujer que mi madre conoció brevemente hacía algunos años. Admitió que era muy extraño, pero necesitaba transmitirnos un mensaje que había recibido en un sueño. Mi madre no estaba en casa, por lo que yo recibí ese extraño mensaje urgente. La mujer me contó que había tenido un sueño en el que el ángel de mi hermano estaba a su lado protegiéndolo y que no debíamos preocuparnos, ya que sobreviviría a la guerra. Me quedé estupefacta. ¡El vaquero seguía ahí! ¿Cómo pude haberlo olvidado? Entre lágrimas de alegría, le conté la historia del vaquero. Fue muy amable en llamar; su mensaje fue bienvenido por todos. Les conté a mis padres y saber esto nos tranquilizó. Mi hermano regresó de la guerra con el vaquero a su lado, sin duda.

Mis hijos conocen bien esta historia. Somos muy considerados con nuestros ángeles de la guarda y les estamos muy agradecidos. También estoy agradecida por haber visto fugazmente al ángel. La experiencia consolidó mi fe, mi personalidad y dejó huellas indelebles en las vidas de mis amigos y familiares. Fuimos bendecidos en muchos sentidos por el vaquero de mi hermano.

~Kristine Peebles

60

La misión

Todos conocemos a alguien que ama a los ángeles. Ya saben, ese tipo de persona que tiene su casa repleta de figurillas de porcelana y demás. Siempre me he imaginado a los ángeles como formas suaves y femeninas con mechones de cabello luminiscentes, piel de porcelana y ojos del color del Mar Caribe. Eso fue hasta que conocí a uno.

No era la figura femenina que imaginaba, sino una figura felina. No tenía mechones ni piel de porcelana, sino pelaje suave y sedoso, gris oscuro; tenía hermosos ojos color turquesa, aunque ligeramente bizcos. Sí, ¡mi ángel era un gato siamés!

En esa época, mi hija Jessica tenía nueve años. Se había caído de unas barras en el parque. Una fractura por compresión envuelta en yeso fue el recuerdo que se llevó de haber pasado ocho horas en el servicio de urgencias. ¡Vaya regalo, justo en la semana antes de las vacaciones de verano! Durante la visita semanal con el cirujano ortopedista, le tomaron radiografías, la examinaron y le dieron noticias decepcionantes.

Aunque las cosas parecían bien por fuera, los huesos no estaban bien alineados. El cirujano recomendó una visita de regreso al quirófano al día siguiente para quitarle el yeso y reacomodar el hueso. Mi hija estaba aterrorizada, en especial cuando se enteró de que ni su padre ni yo podríamos estar con ella durante la operación.

> Nuestros compañeros perfectos nunca tienen menos de cuatro patas.
>
> COLETTE

Volvimos a casa en silencio. La preocupación se traslucía en sus ojos llorosos y en su lenguaje corporal. No había forma de consolarla. Después de convencerla de que comiera algo, sugerí que saliera a respirar aire fresco.

A su edad, la mayoría de los niños están impacientes por tener el último videojuego o el último dispositivo electrónico, pero ella quería un gato. Como era hija única, se sentía sola y siempre me había sentido culpable por no haberle dado hermanos. Trataba de encontrar una actividad que la distrajera cuando de pronto exclamé: "¡Mira!"

Un hermoso gato siamés caminaba por la barda del jardín. Pavoneándose cual gimnasta olímpico, presumía su bella forma y lánguidas curvas.

¿De dónde había salido este exquisito gato? Vivíamos en ese vecindario desde hacía quince años y nunca lo habíamos visto. Era increíble. ¡Lo único que realmente podía hacer feliz a mi hija acababa de aparecer de repente! El gato bajó de la barda con perfección gimnástica y cruzó el patio para reposar en los pies de mi hija.

Maulló como diciendo: "Todo está bien; estoy aquí para reconfortarte". Mi hija abrazó, acarició y mimó al ángel siamés toda la tarde. El gato la siguió a todas partes y fue su fiel compañero y amigo. Me asomé varias veces a verlos con la más absoluta incredulidad.

Llegó la hora de la cena y con gran pesar, llamé a mi hija para que entrara en la casa. Su fiel compañero la observó desde fuera unos minutos, asegurándose de que estuviera en buenas manos. Luego, de forma tan rápida y silenciosa como llegó a nuestro pequeño mundo, desapareció después de haber cumplido su misión en la Tierra.

Nunca volvimos a ver al gato, pero tenemos una foto que valoramos mucho. Quedé tan conmovida por el encuentro que escribí esta historia y originalmente la llamé "Ángeles entre nosotros". Me emociona mucho enviar la historia a este libro que lleva el mismo título.

~Catherine Rossi

Ángeles entre nosotros

Toques curativos

61

Nada menos que un milagro

Todavía estaba en la unidad de terapia intensiva aunque ya había pasado la crisis. Retiraron el respirador y ahora podía respirar por mi cuenta. Los riñones comenzaron a funcionar de nuevo, por lo que pudieron desconectarme de la máquina portátil de diálisis que ocupaba un rincón de mi habitación en el hospital. La única extremidad que me quedaba seguía unida a una sonda intravenosa por donde goteaban sin cesar líquidos dentro de mis venas.

Como ya no estaba en coma inducido y los fuertes narcóticos empezaban a perder su efecto, la niebla de mi mente empezó a despejarse. Comprendí que había sido un soldado involuntario en un campo de batalla microscópico. La infección bacteriana que invadió mi cuerpo trató de conseguir la victoria. La fascitis necrotizante por estreptococo tipo A, mejor conocida como la bacteria come-carne, ataca de forma rápida y furiosa, destrozando todo a su paso. Pese a todo, sobreviví a la guerra.

> Cuando los ángeles nos visitan, no escuchamos el susurro de su aleteo, ni sentimos el roce de las plumas del pecho de una paloma; pero reconocemos su presencia por el amor que crean en nuestros corazones.
>
> ANÓNIMO

Incluso en mi celebración de la victoria, estaba devastada por los daños colaterales de la batalla. Mi mano derecha… ya no estaba. Las partes inferiores de las piernas… ya no estaban. La parte izquierda de mi pecho… ya no estaba.

Comencé a comprender la gravedad de la situación. Estaba acostada boca arriba, sin poder moverme, y comencé a preguntarme cómo iba a poder salir adelante con dos hijos pequeños, un esposo, una casa, mi trabajo… Me pregunté una y otra vez: "¿Cómo lo voy a lograr?". Estaba en un ciclo incesante de miedo y desesperación.

En medio de mi ataque de pánico, sentí que algo cambiaba. Mi miedo cedió un poco, y el ritmo galopante del corazón comenzó a disminuir. Percibí algo refrescante, casi puro, como el olor del aire, justo antes de llover en un día de verano. Entonces la sensación se apoderó de mí por completo.

Una presencia increíble en mi pequeña habitación de hospital me envolvió. Sentí que una mano gigante tomaba mi mano inútil que descansaba junto a mi cabeza en la almohada. Escuché las palabras "Estoy contigo" en el oído. Una profunda paz ocupó el lugar de mis preguntas desesperadas; una tranquilidad que se asentó en mi alma. Al abrir los ojos, vi una luz increíble y hermosa que brillaba junto a mí.

—¿Qué sucedió? —mi enfermera, Sarah, entró corriendo en la habitación—. Cindy, ¿estás bien? ¿Qué ocurrió? —preguntó de nuevo con un sentido de urgencia muy cercano al pánico.

—Ah, Sarah —empecé, mientras escurrían lágrimas de los ojos—. Acabo de ver a mi… ángel —dudé en llamarlo así, pero la palabra salió de mi boca sin pensarlo. Ciertamente no había otra explicación y parecía que ese momento no era el más propicio para un análisis crítico de lo que había ocurrido.

—Sabía que algo había ocurrido. Lo vimos, Cindy, lo vimos en los monitores —Sarah empezó a llorar también, tenía los ojos azules bien abiertos y una sonrisa trémula. En ese momento, ella también parecía un ángel.

Tenía muchos monitores conectados los cuales registraban mis signos vitales y enviaban la información necesaria a una estación central en la unidad de terapia intensiva. Un técnico estaba revisando mis lecturas cuando notó varios cambios sorprendentes.

El técnico llamó a Sarah para que fuera a ver lo que estaba presenciando. Al observar la lectura de los monitores, vieron un aumento en el nivel precariamente bajo de tensión arterial, una disminución de la frecuencia cardiaca y un aumento en el nivel de oxígeno en la sangre. Durante semanas, los médicos que me atendían habían intentado estabilizar mis signos vitales, y ahora, en un instante y sin explicación, habían vuelto a la normalidad.

Lo que yo presencié de primera mano, Sarah y el técnico pudieron verlo en forma indirecta; sin embargo, todos vimos lo mismo: algo inexplicable; algo glorioso.

En los meses siguientes, los médicos que monitoreaban mi salud calificaron mi curación como "nada menos que un milagro". Mi estancia en el hospital terminó en mayo, lo cual superó con creces la expectativa de mis médicos, quienes creían que podrían darme de alta del hospital por septiembre. Estuve en una unidad de fisioterapia a partir de mediados de mayo y volví a casa en julio.

Creo que mi curación fue un "milagro", que sobreviví por una razón. Y al recuperar mi salud, me quedó muy claro que tenía una deuda que pagar por haber recibido no una, sino dos veces el milagro de la vida. Las preguntas que me hacía con insistencia cambiaron la noche que mi ángel apareció. Mis nuevas preguntas son: ¿cómo puedo retribuir? ¿Cómo puedo corresponder a esta bendición?

En los últimos quince años la vida me ha dado incontables lecciones. Aprendí que no estoy sola en el vasto océano de la vida, como un pequeño corcho tratando de mantener la cabeza por encima del agua. He llegado a pensar que todos somos corchos flotando en el mismo océano. Pero en lugar de ir solos, cada uno ayuda a los demás a mantenerse a flote. Nos estabilizamos y brindamos apoyo para seguir adelante. Aprendí que al ayudar a los demás alimento mi alma y mi sanación continúa.

Creo que todos nosotros, ya sea que sintamos o no que tenemos una deuda que pagar por nuestras vidas milagrosas, estamos aquí para ayudarnos a vivir mejor; y cuando abrimos nuestros corazones, podemos escucharnos cada vez mejor.

No estaba segura de qué creer respecto a los ángeles antes de la noche en que mi visitante etéreo se me presentó en la unidad de terapia intensiva. Ahora, no sólo creo, sino que lo sé a ciencia cierta.

~Cindy Charlton

62

Atajo hacia la paz

El día que decidí suicidarme fue también el día que conocí a mi ángel de la guarda. Era el 4 de julio de 1975, y mi madre me había enviado a comprarle unos cigarrillos en una tienda que se encuentra a las orillas de mi pequeño pueblo en Luisiana. Yo era una niña de trece años con muy poca autoestima, que tenía las cicatrices psicológicas dejadas por las incontables palizas que me había dado una madre que luchaba con sus propios demonios.

> Te encontrarás con más ángeles en un camino sinuoso que en uno recto.
>
> TERRI GUILLEMETS

Decir que mi infancia fue desagradable sería un eufemismo. Cuando llegué a la adolescencia estaba cansada de pelear con mi madre; cansada de sentirme que no valía nada como ser humano y simplemente cansada de vivir.

De camino a la tienda no tuve mayor contratiempo, pero de regreso decidí ir por un atajo que pensé que me llevaría de regreso a mi casa. Era un camino de tierra junto al dique de un canal de agua con la que irrigaban los campos de arroz que rodeaban mi pueblo.

Cuanto más caminaba, tanto más deprimida me sentía al pensar cuánto odiaba mi vida. No tenía permitido tener amigos y los años de aislamiento, de golpes y de ser tratada como si no valiera nada habían causado estragos en mí. Al poco tiempo comenzaron a escurrir lágrimas por mis mejillas, mientras llegaba a la conclusión de que la única forma de escapar del infierno en que vivía era suicidarme. Pero ¿cómo?

De pronto, tuve una idea. Simplemente me metería al canal y me ahogaría. El mundo no me extrañaría y no tendría que soportar más abusos de mi madre. La idea de morir ni siquiera me asustaba. Pensaba que sería como dormir y nunca despertar de nuevo y enfrentar esta increíble tristeza de mi vida.

Caminé como autómata hacia la orilla. La superficie estaba tranquila como cristal y todos los sonidos de la naturaleza a mi alrededor callaron de pronto. Todo quedó en completo silencio, como si el mundo entero estuviera atento para ver si seguía adelante con mi plan. Y fue entonces cuando ocurrió.

Cuando estaba a punto de lanzarme al agua, sentí un empujón increíble de dos manos invisibles que me alejaron de la orilla del canal. La fuerza fue tal que volé a la mitad del camino y caí en la tierra. Me tomó un momento recuperar el aliento y poner en orden mis ideas. Miré a mi alrededor como si despertara de un sueño. Estaba sola en ese camino de terracería y no había nadie a la vista. ¿Quién me empujó? ¿Quién impidió que siguiera adelante con mi plan?

En ese momento, sentí que me invadía una gran paz y el recuerdo de aquel día aún permanece conmigo. La vida en casa siguió siendo un infierno hasta que decidí irme a los diecisiete años. Me mudé para vivir por mi cuenta después de salir de la preparatoria y tuve un par de oportunidades más para sentir la presencia de mi ángel de la guarda en mi lucha por encontrar mi lugar en el mundo. Cada vez que me sentía desesperada y buscaba una señal de que Dios no me había abandonado y que existía un propósito en mi vida, mi ángel venía y me recordaba que nunca estaba sola por completo. Ahora trato de comunicarme con otras personas a través de las artes marciales que practico y mis escritos, con la esperanza de que mis palabras les brinden paz en un momento de necesidad. Es la única forma de pagarle a mi ángel de la guarda por darme una segunda oportunidad en la vida.

~Donna L. Martin

63

Vas a estar bien

Al detener el automóvil en la entrada, me di cuenta de que el hotel no era como lo pintaban en la página de internet. El estuco color rosa suave que esperaba ver distaba mucho del tono Pepto-Bismol real. Se podía llegar a la piscina sólo a través del largo pasillo donde estaban los contenedores de basura en el extremo más alejado del estacionamiento. El lado este del edificio estaba conectado a una vinatería muy concurrida y las opciones de comida en las inmediaciones se limitaban a un restaurante y una tienda de donas. Sin embargo, ya había pagado el cuarto y no había devoluciones si cancelaba.

Me estacioné y me dirigí al pequeño vestíbulo. Noté que también hacía las veces de comedor para el desayuno, por lo que tomé nota mental de omitir esa comida. Sin embargo, mientras el administrador, el señor Patel, y su asistente, Nila, me saludaban con sonrisas y conversación animada, traté de pensar que sólo sería por una noche.

Había regresado al lugar por trabajo y por placer. Como poeta y cantante, había programado un ensayo de música, seguido de una cena con amigos de la preparatoria. Después de asistir a la iglesia al día siguiente, iría a una reunión de planeación de una casa de asistencia para mujeres antes de volver a casa. Tenía un horario muy apretado que me dejaría muy

> En todas sus aflicciones, Él se afligió, y el ángel de su faz los salvó; en su amor y en su misericordia los redimió, y los levantó, y los guió todos los días de la antigüedad.
>
> ISAÍAS 63:9

poco tiempo para cualquier cosa que no estuviera ya planeada. Cuando terminó el ensayo, la cena fue un agradable momento para relajarme conversando durante horas antes de tener que regresar al hotel.

Después de haber dormido poco, no quería desperezarme y salir de las cobijas la mañana del domingo. Si no iba a la iglesia, podría dormir dos horas más y aun así llegar a tiempo a la junta. Esa idea me arrulló y me dispuse a volver a mis dulces sueños, pero el incesante sonido de una alarma me trajo de nuevo a la realidad. Fue casi como si el Padre celestial me hablara al corazón diciendo: "Levántate, hija. Tengo otros planes para ti el día de hoy". Me arreglé a toda prisa, sabiendo que si había algo de tránsito llegaría tarde.

Al bajar de la acera, en el estacionamiento, sentí cómo se me doblaba el tobillo derecho en un ángulo poco natural. Cuando la parte externa del pie tocó la superficie dura del asfalto, ¡oí un crujido! Miré a mi alrededor y evalué la situación. Estaba sentada en ángulo de noventa grados con una pared de casi cuatro metros que iba desde la entrada del lobby hasta la ventanilla nocturna.

Giré el cuello en ambas direcciones. No había nadie en la oficina que pudiera verme. Era demasiado temprano para la limpieza, además, el cuarto de limpieza quedaba detrás y a la izquierda de mí y estaba cerrado; los otros huéspedes seguían dormidos en sus habitaciones.

Sabía que cualquier persona que pasara por el estacionamiento vendría de alguno de tres lugares: el hotel, la vinatería o el restaurante. También sabía que sin importar el destino, los automovilistas siempre iban de prisa, a mayor velocidad que los ocho kilómetros por hora permitidos. Eso les daría poco tiempo para esquivar a una persona sentada en el suelo en pleno arroyo.

No había automóviles frente a la vinatería, pero las personas que habían ido a desayunar ya habían llenado el estacionamiento del restaurante. Como también había un cerco de tamaño considerable entre los dos negocios, resultaba invisible para las personas del restaurante. En ese momento imaginé que me atropellarían y quedaría como *hot cake*.

Me sacudí el asfalto suelto de las manos rojas y lastimadas y traté de levantarme. Sin importar cómo lo intentara, no podía levantarme más de unos centímetros y cualquier presión sobre el pie resultaba demasiado dolorosa. No me podía mover.

—¡Señor Patel! ¡Nila! ¿Alguien puede oírme? —grité.

Sólo había silencio. Entonces, desde mi visión periférica la descubrí. No había notado la cabina de teléfono en la otra esquina de la vinatería, pero ahora, ahí junto estaba parada una mujer muy corpulenta.

—¿Te encuentras bien, cariño? —su voz no era tan dulce como las palabras que usó, sino profunda y áspera. Yo sólo pude mirar mientras ella se acercaba y sus facciones se volvían cada vez más claras. Estaba vestida con pantalones de mezclilla de hombre, una camiseta negra de cuello redondo y chaleco de mezclilla. Del cinturón colgaban cadenas de diferentes longitudes y sus toscas botas Doc Martens de color negro hacían un ruido pesado y ominoso al aproximarse. Una banda azul y blanca cubría casi todas sus rastas, lo que le daba una expresión adusta. Siempre he estado orgullosa de sentirme cómoda entre extraños, pero debo admitir que le tuve miedo a esta mujer.

—¿Te encuentras bien, cariño? —preguntó de nuevo.

—Me caí y ahora no me puedo levantar —al oír las palabras que salían de mi boca, me acordé de un conocido comercial de asistencia médica, solté una risita que alivió la tensión. En ese momento, llegó junto a mí y pude ver los tatuajes que le cubrían.

—¿Crees que puedas levantarte? —preguntó.

—Ya lo intenté, pero el pie me duele mucho —contesté.

Me tendió la mano, y después de un segundo de vacilación, me así de ella. Me sorprendió la fuerza y, a la vez, la suavidad con la que me sostuvo y cómo me levantó del suelo casi sin esfuerzo. Traté de estabilizarme, pero la presión más mínima sobre el pie me causaba un dolor insoportable.

—¿Puedes caminar?

—No estoy segura.

Ella continuó sujetándome de la mano mientras yo me agachaba para ver de cerca lo hinchado y amoratado que estaba mi tobillo. Me sacudí la tierra y la grava de los pantalones y traté de erguirme.

—Vas a estar bien —me aseguró.

Me di cuenta de que ya no sostenía mi mano y levanté la vista esperando que estuviera frente a mí. Pero se había ido. No sólo ya no estaba a mi lado, sino que ya no la veía. Había desaparecido. No había más que una explicación. No tuve duda de que un ángel había acudido a rescatarme. Cuando las palabras pasaron por mi mente, un auto dobló la esquina. Supe que me había salvado de resultar herida de gravedad y tal vez de morir.

De alguna forma logré llegar cojeando a mi auto. Fui a la iglesia, a mi reunión y luego conduje dos horas para llegar a casa. Cada vez que sentía el dolor agudo, sus palabras resonaban en mi cabeza: "Vas a estar bien".

No fue sino hasta la tarde del día siguiente que pude ir a ver a mi médico. Después de un examen preliminar, el doctor le pidió a la enfermera que me tomara una radiografía. En poco tiempo regresó al cuarto y sostuvo en alto la placa para que yo pudiera verla también.

—No comprendo. Hay un pedazo de hueso en forma de V completamente fuera de su lugar. No deberías ser capaz de ejercer presión sobre ese pie. ¿Cómo fue que lograste caminar hasta aquí por tu cuenta?

Sonreí, y sin importarme cómo sonara, respondí:

—Déjeme que le cuente de mi ángel.

~Sandy Lynn Moffett

64

El ayudante del Gran Médico

A los treinta y cinco años me descubrí una bola en el seno derecho. Era dura, no se movía y no provocaba dolor. A pesar que me había examinado seis meses antes y no tenía nada, la masa parecía ser más grande que una arveja.

Al día siguiente amanecí enojada. Mi bisabuela tenía ciento cuatro años cuando murió. Mi abuela gozaba de buena salud a los ochenta y siete. Mi madre no tomaba una sola medicina y nunca se agotaba, a pesar de trabajar todo el día restaurando antigüedades. Supuse que el bulto no era nada importante.

> Porque Yo te devolveré la salud y te sanaré de tus heridas, dice el Señor…
>
> JEREMÍAS 30:17

Entré en modo de pelea. Llamé a mi trabajo para avisar que iba a llegar tarde. Verifiqué que mi tarjeta del seguro estuviera en la billetera. Me vestí metódicamente y me senté a mirar el reloj hasta que diera la hora que abrían el consultorio de mi médico. Un minuto después de las ocho de la mañana, llamé.

Cuando le conté al doctor lo que había descubierto, trató de tranquilizarme.

—No tienes antecedentes familiares de cáncer de mama y eres muy joven. No es nada.

En el consultorio, examinó la zona.

—Hmm… ¿Por qué no te hacemos una radiografía? —sacó mi expediente y anotó algunas cosas—. Probablemente se trate de algo benigno. Voy a coordinar tu cita.

Veinticuatro horas después, me tomaron la radiografía. Después de oír el zumbido de la máquina, el técnico me informó que regresaría en unos minutos.

—Consulté con su médico y estuvimos de acuerdo en que debe hacerse un ultrasonido —anunció al regresar.

—¿Un ultrasonido? ¿Cómo el que les mandan a las mujeres embarazadas? —pregunté confundida.

—Sí, es algo similar. Haremos un ultrasonido del pecho.

Para cuando me vestí, la dirección de la siguiente cita ya estaba en mi mano. Todo fue muy rápido. Obtener una cita tan rápido no es sencillo a menos que se trate de algo urgente, ¿no? En mi mente, el hecho de que me hubieran dado la cita tan pronto se sentía como la confirmación de mis miedos: cáncer.

El lubricante que me pusieron para el ultrasonido estaba muy frío. Temblando, le pedí a la técnica que me dejara ver el monitor mientras realizaba el estudio. Tal vez no debí hacerlo.

La mancha negra parecía un albaricoque podrido.

La técnica me informó que enviaría los resultados a mi doctor. Salí de la oficina atontada. Repasé mentalmente lo que todo el mundo me había dicho. Cuando cerré la puerta del automóvil, rompí en llanto. Las manos me temblaron cuando junté las palmas para rezar. Pasaron varios minutos antes de que pudiera arrancar el auto e incorporarme al tránsito vehicular.

Esa noche, mi esposo y yo estábamos abrazados en la cama hablando sobre lo que haríamos si el diagnóstico era el que esperábamos.

—Hay probabilidades de que no sea —como yo, se rehusaba a mencionar la palabra y trataba de darme ánimos.

—Bueno, pues de ser así, tendrás que apresurarte a conseguir esos boletos del concierto que llevas prometiéndome desde hace años.

Hubiéramos podido oír el chillido de un ratón. Él fingió demencia. Luego nos reímos. No importaba cuál fuera el diagnóstico, no tenía deseo alguno de ir a ver a Barry Manilow.

Al día siguiente me practicaron una biopsia.

—Cuente en forma regresiva desde el diez, por favor —el anestesista miró una máquina que hacía sonidos por encima de mi cabeza.

—Diez… nueve… ocho…

En algún momento oí una voz de hombre por encima del hombro izquierdo: "Es maligno, pero vas a estar bien". Giré la cabeza y vi a un hombre alto. Su cabello brillaba y combinaba a la perfección con el blanco de su vestimenta. Parecía como si lo hubieran sumergido en blanqueador. No era mi doctor ni el anestesista que conocí antes de caer inconsciente. ¿Otro médico? ¿Un enfermero? No importaba.

Sonreí y él me devolvió la sonrisa. Su semblante de paz me hizo creer. Me reconfortó.

Lo siguiente que recuerdo es que estaba inclinada sobre una palangana, vomitando, en la sala de recuperación. La anestesia siempre tiene un efecto especial en mí. A pesar de los trastornos estomacales, estaba tarareando.

Salimos de la clínica y mi euforia no se disipó. De verdad me reí cuando le dije a mi esposo que tenía que comprar esos boletos para ver a Barry Manilow. Mi parloteo compensó su silencio.

Al llegar a la casa, el teléfono sonó. Cuando reconocí la voz de mi doctor apreté el botón de altavoz.

—Gail, necesitamos hablar. ¿Está contigo tu esposo?

—¿Qué hacemos ahora? —no quería desviar la conversación.

El silencio al otro lado de la línea me preocupó incluso más. ¿Era el diagnóstico tan malo como para no poder tratar el mal?

—Bueno, primero necesito informarte del diagnóstico.

—Ah, ya me informó el señor durante la biopsia —respondí.

Se hizo un silencio más prolongado.

—Gail, no tuve oportunidad de decirte nada, porque estabas muy dormida. La anestesia funciona muy bien contigo —rio el doctor.

—Bueno, pues quienquiera que haya sido, oí a alguien por encima del hombro izquierdo, un hombre mayor que me dijo que se trataba de un tumor maligno, pero que yo estaría bien.

—Gail, no había nadie a tu izquierda. Trabajamos del lado derecho. Y yo no dije nada después de determinar que eran células malignas.

Pensé que era algo extraño. Aunque el médico continuó hablando sobre el plan de tratamiento, yo me quedé pensando en el visitante desconocido.

Cuando colgué el teléfono mi esposo comentó:

—Es curioso. Tenías esta misma extraña sonrisa cuando me dijiste que se trataba de un tumor maligno —mi esposo me tomó de las manos—. Creí que seguías bajo el efecto de la anestesia. Ahora me pregunto si el visitante sorpresa te puso de buen humor.

—Siento una gran paz acerca de todo esto. Dios me envió un ángel —nos abrazamos—. Él me dijo que todo estaría bien. ¿Y sabes qué? Le creo.

Seguimos conversando sobre mi experiencia y ambos dimos gracias a Dios por Su mensajero. Una gran paz me envolvió como un suave edredón de plumas y me ayudó a superar un año de pruebas y tratamientos.

Han pasado quince años y rara vez pienso en aquel difícil momento, pero guardo en el corazón el regalo del ángel del Gran Médico.

~Gail Molsbee Morris

El ángel de la chamarra verde brillante

El sofocante calor del fin del verano hacía que la ropa se me pegara mientras ayudaba a mi esposo a ir a la sala de espera, la cual estaba más fresca. Rog, a quien hacía unos días le habían hecho una operación mayor para corregir la estenosis de la columna vertebral, se sujetó de manera precaria a mí; estaba tan débil que apenas podía tenerse en pie. Busqué con desesperación a alguien que me ayudara, pero no había personal del hospital a la vista. En el momento que empecé a conducir a mi esposo a una silla, al otro lado de la sala, una mujer muy menuda (yo mido 1.58 m y esta mujer no medía más de 1.25 m) apareció de pronto a mi lado.

> Los ángeles descienden y traen consigo ecos de misericordia, susurros de amor.
>
> FANNY J. CROSBY

—Yo me quedo con él —propuso—. Usted vaya a conseguir una silla de ruedas.

Algo en sus ojos oscuros y brillantes me dio la confianza para dejar a mi esposo con ella. Salí corriendo a donde había visto algunas sillas de ruedas junto a la entrada. Al regresar a la sala de espera, con cuidado coloqué la silla detrás de mi esposo y aseguré las ruedas justo cuando las piernas se le doblaron.

—Gracias por su ayuda —manifesté, sin poder quitar la vista de esos asombrosos ojos.

La mujer sonrió, luego se inclinó y besó a mi esposo en la mejilla y le susurró algo al oído. En ese momento yo estaba de rodillas colocando en posición los protectores de pies. Cuando me levanté, la mujer se había ido.

—¿Dónde está? —le pregunté a Rog, quien tenía una expresión de perplejidad. En seguida busqué a mi alrededor con la mirada y luego me asomé por la puerta, aunque podía asegurar que no se había abierto, pues cada vez que alguien entraba o salía, se sentía una ráfaga de aire caliente en la sala de espera. Además no oí sus pasos. La mujer llevaba zapatos de tacón alto, que habrían hecho ruido al pisar.

—No pudo haber desaparecido así como así —dije mientras empujaba la silla de Rog hacia el consultorio del doctor—. ¡Qué extraño!

—Sí —coincidió Rog—. Tal vez era un ángel.

Para ese momento, ya estábamos sentados esperando a que el doctor recibiera a Rog. Miré a mi amado esposo; algo en él había cambiado. Su expresión se veía menos tensa y su mirada ya no dejaba traslucir miedo.

—¿Qué te hace pensar eso? —pregunté. Rog no era el tipo de persona que hace este tipo de comentarios. Me di cuenta de que hablaba en serio.

—Cuando me susurró al oído, dijo: "No te preocupes. Todo va a estar bien". Sentí una gran paz. No puedo expresarlo con palabras.

El estado de Rog empeoró mucho antes de mejorar. La primera operación fue un fracaso. Sin embargo, después de una serie de sucesos que solamente puedo calificar como milagros, conseguimos al mejor cirujano para esta afección, quien no sólo le salvó la vida a Rog, sino que también nos devolvió la fe en el sistema médico.

En cuanto a la diminuta mujer, pregunté por ella a varias personas en la sala de espera. Nadie la había visto, lo cual me pareció extraño ya que no sólo era muy pequeña, sino que su larga cabellera le llegaba más allá de la cintura y llevaba una chamarra del color verde más vivo que he visto jamás. ¡Incluso entre la multitud habría sobresalido!

Varias semanas después de la última operación, Rog alzó la mirada (algo que no había podido hacer en mucho tiempo) y me dijo sonriendo:

—¿Sabes? Acabo de recordar que el verde es el color de la salud. ¿Ves? ¡En verdad era un ángel!

~Linda M. Rhinehart Neas

El ángel de la cafetería

El día comenzó bien. Mi esposo estaba en el trabajo y mi hija Sarah, propensa a hacer rabietas, estaba extrañamente callada y contenta. Había pasado casi un año y medio desde que nació. Para mí fue difícil adaptarme a ser ama de casa, pero ya había pasado lo peor. Sin embargo, me sentía preocupada.

De la misma manera, les digo, hay gozo en la presencia de los ángeles de Dios...

LUCAS 15:10

Desde hacía tiempo sospechaba que había algo diferente en Sarah. Los ataques incesantes de llanto que duraban horas eran un indicio. La resistencia al contacto visual y físico era otro. Las múltiples visitas al servicio de urgencias del Hospital Infantil en plena noche, para diagnosticar el problema, acababan con médicos desinteresados que se encogían de hombros y trataban de tranquilizarme con el consabido: "Ella está bien. Debe ser un problema conductual".

Entonces, un miércoles, salimos para asistir a nuestra sesión habitual de Baby Chat en el centro médico local. Las mujeres se reúnen y conversan, mientras sus bebés menores de dos años juegan e interactúan en el suelo.

La enfermera encargada del programa en el centro médico me llamó aparte y me sugirió que llevara a Sarah a ver a un especialista en trastornos del desarrollo para que la examinara.

—Muestra síntomas de autismo —me dijo con delicadeza—. No soy médico, por lo que no puedo estar segura, pero creo que debe consultar a un especialista.

Entonces me abrazó cuando las lágrimas empezaron a escurrir por mis mejillas. Por extraño que parezca, me sentí aliviada. Otra persona se había dado cuenta; no sólo yo lo veía. Ahora haría acopio de todas mis fuerzas para ayudar a mi familia y a mi hija a sobrellevar un posible diagnóstico de autismo.

Con todos estos pensamientos dándome vueltas en la cabeza, decidí colocar a Sarah en la carriola y salir a dar un paseo a la cafetería del vecindario. Los pájaros cantaban y el sol brillaba; era como el clásico inicio de una novela cursi o una comedia romántica.

Entonces comenzó el llanto. Ya estaba acostumbrada. Intenté todo: darle el biberón, caminar, mecerla, cantarle; no había modo de que dejara de llorar. Era especialmente difícil para mí por la gente, aquella que susurra y se te queda viendo. Todos la conocemos.

La mayoría tenía cara de desaprobación. Casi podía leerles la mente porque me daba cuenta de que se preguntaban qué tipo de madre era yo: "¿Por qué se porta tan mal su hija? ¿Por qué no la disciplina?".

Las miradas frías y los comentarios moralistas me afectaban mucho, aunque los comprendía. Antes de tener a mi hija, yo reaccionaba de la misma manera. Recuerdo vívidamente un incidente en el estacionamiento de un centro comercial donde observé a una madre negociando con su hijo, rogándole que subiera al auto para irse a casa. Recuerdo que moví la cabeza y pensé: "¡Tan sólo levántalo y súbelo al auto!"

Ahora me encontraba del otro lado de las miradas críticas. Ahora era yo la madre angustiada que constantemente trataba de reprimir las lágrimas y tenía que rogarle a mi bebé, mientras buscaba cualquier forma de calmar su comportamiento irracional. Ahora era yo, que nunca había entendido a esas madres, la que rogaba comprensión con ojos llorosos.

Me quedé parada, sintiéndome impotente, en la entrada de la cafetería; ya no sabía qué hacer. Si me quedaba inmóvil, lloraba. Si movía la carriola, lloraba aún más. Si la tomaba en brazos, gritaba. Estaba paralizada por la frustración, la indecisión y el cansancio. Esquivé las miradas de los demás, mientras las lágrimas se me agolpaban en los ojos.

Entonces, de repente, sentí una presencia detrás de mí. Me di la vuelta y vi la sonrisa amigable y los ojos bondadosos de una mujer. Estaba vestida con el uniforme de la cafetería. Su gafete decía "Joy", es decir, *alegría* en inglés.

—Toma, lo necesitas más que yo —dijo ella y me entregó un monedero electrónico de la cafetería. Miré la tarjeta de regalo que me puso en la mano. ¡No podía aceptar ese regalo! Comencé a protestar, pero ella no hizo caso de mis objeciones.

—Los empleados reciben como bono una de estas tarjetas al mes, así que no te preocupes.

Me deshice en agradecimientos. Le hizo algunos ruiditos tiernos a Sarah, que milagrosamente había dejado de llorar.

Levanté la mirada cuando sentí su mano en mi hombro. Ella sonrió.

—Resiste —susurró antes de regresar a limpiar las mesas.

Aprovechando el súbito silencio de Sarah, corrí al mostrador y compré un café, que necesitaba con desesperación, y una dona. Compartí el pan con mi nena y sonreí mientras ella examinaba cuidadosamente cada pedazo de dona que le dejaba en la charola de la carriola.

Tuve treinta minutos de bendito alivio. Sarah se quedó dormida con el biberón y yo me sentí tan relajada que también pude dormitar un poco. Sin muchas ganas, me levanté de la mesa, tiré la basura y busqué a mi ángel de la cafetería. No la vi por ninguna parte.

Tomé la carriola y me acerqué al mostrador para preguntar dónde podía encontrar a Joy. La joven detrás del mostrador frunció el entrecejo y me miró confundida.

—No tenemos a nadie con ese nombre trabajando aquí.

Protesté, pero ella simplemente negó con la cabeza. No sabía de quién le hablaba.

Al paso de los últimos años he visitado esa cafetería muchas veces y nunca he vuelto a ver a la mujer. Poco después de aquel día, le diagnosticaron autismo a Sarah. Cuando tengo un día de mucho estrés, o cuando me siento perdida y abrumada, pienso en Joy y en la fuerza y el apoyo que me brindó. Creo con todo el corazón que alguien cuida de mí y de mi pequeña hija, y que nunca estamos solas.

~Christine Pincombe-DeCaen

67

Un kilo de intervención divina

Hubo un tiempo en que creía en las coincidencias. Sin embargo, eso fue antes de conocer a mi alma gemela de cuatro patas. Ahora, estoy segura de que hay algo más grande que hace funcionar el universo. También hubo un tiempo en que me irritaba ver que la gente tratara a sus animales como si fueran humanos. De nuevo, esto fue antes de lo que me ocurrió.

Me acababan de dictar una sentencia de muerte. A los cuarenta y cinco años, un extraño virus atacó mi corazón y lo dejó funcionando apenas a trece por ciento de su capacidad. Así de rápido. Un día era activa, trabajaba y cuidaba a mis hijos. Una semana después me sacaron del hospital en silla de ruedas, tuvieron que levantarme en brazos para subirme al auto y llevarme a casa a morir en paz. Lo que sucedió durante esa semana sigue siendo un misterio para mí.

> Los ángeles llevan el Destino a nuestra puerta y a dondequiera que se necesite.
>
> JESSI LANE ADAMS

Como era incapaz de cuidar de mí misma, incluso en los aspectos más básicos de la vida, pasaba los días viendo fotografías de cachorritos en varios sitios de adopción *online*. ¡Qué insensatez! Alguien que debía estar haciendo sus últimos preparativos pasaba el tiempo fantaseando con adoptar una de esas bolas peluditas, pequeñas y tiernas, llenas de vida. Incluso yo, la eterna optimista, sabía que era la idea más ridícula que se me había ocurrido. Pero con esto no le hacía daño a nadie, además, era una manera de ocupar mis días y me daba esperanza. Se volvió una obsesión cuando ya no me quedaba nada más.

Los días se extendieron. Los resultados de mis análisis seguían siendo graves. No había mejoría. Y sin embargo, ahí seguía en una especie de limbo. Entonces, un día recibí un extraño correo no solicitado de una mujer que decía tener el cachorro que yo deseaba. ¿Qué? ¿Cuál cachorro? No había pedido ningún cachorro (excepto en mi mente). ¡Sólo había estado viendo los sitios! Ella me informó que estaría en una dirección cercana a mi casa ese sábado y me pidió que pasara a verla.

En contra de todo sentido común, mi esposo me llevó al misterioso lugar. Dando resoplidos y jadeando por el agotamiento llegué hasta el patio donde los cachorritos de todos los tamaños, formas y colores corrían felices. La gente iba y venía con rapidez y salía con "paquetes de cuidados de cachorros" y sus nuevas adquisiciones. Aún me intrigaba cómo era que había llegado ahí o por qué.

Pronto, todos los cachorros se fueron a sus nuevas casas y el patio quedó vacío y callado; entonces, una mujer se acercó.

—¿Puedo ayudarle en algo?

Durante nuestra breve conversación se puso de manifiesto que ella no tenía idea de ningún correo electrónico respecto a un cachorro. Me sentí un poco tonta y más que deprimida cuando me di vuelta para volver al automóvil. En ese momento una matrona, que llevaba puesto un delantal de flores pasado de moda, salió de la casa al jardín. Le sonreí levemente al pasar y con el rabillo del ojo alcancé a ver una cabecita negra y blanco, y una naricita negra asomada para ver qué sucedía. De inmediato me llamó la atención. Cuando me acerqué, el pequeño lanudo me saltó a los brazos. Si me hubiera muerto en ese momento, habría muerto feliz.

Pero mi emoción pronto se apagó cuando la mujer me advirtió:

—No le ponga mucho interés a éste. Tiene problemas cardiacos graves y no estará con nosotros mucho tiempo.

¿Qué? ¿Ella dijo realmente lo que creo que dijo? ¿Problemas cardiacos? ¡Lotería! Mi nuevo "bebé" ya estaba en mis brazos llenándome de besos.

Después de muchas advertencias serias y de firmar descargos de responsabilidades y demás, mi nuevo cachorro y yo llegamos al auto para darle la noticia al siguiente pesimista. Sin embargo, cuando el cachorro saltó de un asiento a otro y se subió al hombro de mi esposo, no tuve que hacer mucho para convencerlo. Se enamoró al instante. Así que nos fuimos a casa; a una casa que jamás volvería a ser la misma.

Y como dicen, el resto es historia. Y aún lo es. Eso fue hace diez años. Desde entonces, Jasmine y yo no pasamos un día separadas. El veterinario nunca encontró problemas del corazón en ella y mis pruebas de laboratorio empezaron a mostrar una mejoría gradual desde el día que llegó a casa. Y después de una década, todavía estoy aquí.

Por consiguiente, sí, creo en el destino, en la intervención divina y todo lo demás.

¿Coincidencia? No lo creo.

~JP Jackson

68

La noche que vino mi ángel

Me había quedado de pie en la sala de espera del doctor porque si me sentaba, no podría volver a levantarme de la silla. Mi amiga Joann había tardado media hora en ayudarme a salir del auto. Los otros pacientes me veían con lástima.

Poco después, la enfermera llegó para acompañarme con el médico, que estaba sentado ante su escritorio revisando mi expediente y los resultados de laboratorio que tenía frente a él. Su expresión era seria y sabía que me iba a dar malas noticias.

La oración de fe
sanará al enfermo,
y el Señor lo levantará.

SANTIAGO 5:15

Con un suspiro, se levantó para saludarme mientras la enfermera me ayudaba a sentar. Fue directo al grano. El diagnóstico era desalentador. Tenía hernias discales en el cuello y la columna. Sin una operación de la espalda, quedaría paralizada en una silla de ruedas en cuestión de seis meses. Mi mundo se vino abajo.

Me sentía aturdida cuando, en silencio, Joann me llevó de regreso a casa. ¿Qué debía hacer? No era un procedimiento sencillo y de acuerdo con el médico, no había garantías de éxito; sin embargo, si no me operaba, me quedaría paralítica.

Era madre soltera con dos hijos y también subadministradora de un programa residencial para niños con problemas mentales. Todo se debía a un extraño accidente que sufrí en un viaje misionario a Jamaica, el cual me dejó lisiada y con un dolor constante y atroz en el cuello y la espalda, y también con ciática. Después de meses de tratamiento, descanso en cama obligatorio, medicamentos y terapia física, el médico me dio el ultimátum. Esto me conmocionó, pero antes de tomar una decisión, quise ir a casa a rezar.

Los días pasaron sin cambio en mi estado. Apenas podía moverme; sin embargo, seguía cumpliendo mis responsabilidades en la oficina con mucho apoyo del personal. Creía que tal vez debía someterme a la cirugía, pero simplemente no era capaz de programarla.

Una mañana en que tardé casi una hora en levantarme de la cama, decidí que debía hacer la llamada antes de quedarme paralítica. Comencé a marcar el número. Mi corazón latía con fuerza y las manos me sudaban. Es normal, pensé, pero colgué el teléfono. Por alguna razón no podía decidirme a hacerlo.

No estoy segura de si fue esa noche o varias noches después que me fui a acostar temprano para aliviar un poco el dolor. De pronto, desperté de un sueño profundo. La habitación estaba a oscuras y la puerta cerrada, pero una luz apareció al pie de la cama y fue aumentando paulatinamente. Miré la ventana, pero afuera estaba oscuro. El rincón de la habitación se fue haciendo cada vez más brillante; entonces apareció un ángel sentado al pie de la cama. El ángel era muy alto. Su cabeza casi tocaba el techo, aunque estaba sentado. La luz se tornó tan brillante que toda la habitación se llenó de su presencia.

Entrecerré los ojos y me pregunté si estaría soñando. Miré a mi alrededor para asegurarme de que no estaba alucinando. El ángel no dijo una sola palabra y, sin embargo, me transmitió una gran paz y bienestar. La presencia del ángel me dio la certeza de que todo saldría bien. Todas mis preguntas seguían sin respuesta y, no obstante, todos mis miedos cesaron.

No sé cuánto tiempo duró la aparición, pero el ángel simplemente desapareció y el cuarto volvió a quedar a oscuras. A partir de entonces se desvanecieron toda la confusión y el pánico que sentía.

Al otro día y en los meses siguientes, seguí sufriendo de dolor y movimiento limitado, pero había decidido que no me operaría. Si me quedaba paralítica, enfrentaría la situación. Sabía que no estaba sola. Un ángel me cuidaba. Estaba tranquila respecto a mi futuro.

Llegó el día en que comencé a notar que el dolor cedía. Ya no necesitaba bastón para caminar. Sucedió muy despacio, pero con el tiempo todo el dolor cesó y me recuperé por completo.

Esta experiencia sucedió hace treinta años y mi enfermedad no ha vuelto. Estoy segura de que mi ángel sigue cuidando de mí.

~Penny Smith

69

El extraño

—¿Crees en los ángeles? —pregunté a papá un día, mientras conversábamos sólo él y yo.

—Bueno —contestó—, siéntate y te contaré una historia.

Me acurruqué a su lado en el columpio del porche y él comenzó a contarme una historia de su infancia.

—Eran tiempos difíciles en aquel entonces —empezó a relatar—. La gente no tenía mucho dinero. Mis padres trabajaban muy duro en el aserradero para darnos de comer a mis hermanos y a mí. La comida era escasa, pero de alguna forma siempre nos las ingeniamos para tener lo suficiente.

"Un día mi hermano Jim enfermó de gravedad. Temblaba, y cuando le toqué la frente, se sentía como si hubiera estado sentado junto a la estufa encendida toda la mañana. Mi mamá llamó al médico y éste vino de inmediato a la casa".

—Dele a su hijo esta medicina dos veces al día, asegúrese de que descanse bien y yo regresaré para revisarlo por la mañana —le dijo a mi madre.

—¿Qué sucedió? —pregunté.

—Bueno, pues cuando el doctor llegó al día siguiente, dijo que la enfermedad de Jim había empeorado. Y en los siguientes días, empeoró

> No se olviden de practicar la hospitalidad, pues gracias a ella algunos, sin saberlo, hospedaron ángeles.
>
> HEBREOS 13:2

cada vez más. No podía comer y con el tiempo llegó a estar tan débil que no podía levantarse de la cama.

"Finalmente, un día después de revisarlo, el médico le dijo a mamá que Jim había contraído un virus extraño y que no había nada más que pudiera hacer por él. Le ayudó a mamá a preparar la cama de Jim, cerca de la estufa, para que estuviera cómodo y caliente".

—Ay, no —exclamé angustiada—. ¿Qué hizo tu mamá entonces?

—Envió a mi hermano mayor al aserradero a buscar a papá y luego comenzó a preparar la comida. Preparó pan de maíz y calentó un poco de leche para acompañar. Mientras esperábamos a que regresara mi hermano con mi papá, alguien tocó la puerta. Pensando que era papá, corrí a abrir. Ahí estaba parado un hombre alto y delgado a quien nunca había visto. Su ropa estaba sucia y llevaba una mochila en el brazo. Mi mamá corrió detrás de mí y le preguntó al extraño si podía ayudarlo en algo.

"Verás, como vivíamos en un pueblo junto al aserradero, siempre había gente de paso. Subían al tren y viajaban de un lugar a otro buscando trabajo. Era sabido por todos que mis padres eran personas generosas, por lo que a menudo pasaban extraños pidiendo comida".

—Sí, señora —contestó aquel hombre—. Me preguntaba si tendría un poco de comida que pudiera darme.

—Bueno —contestó mi mamá—, no tenemos mucho, pero bastará para calentarle los huesos. Pase —mientras mamá le preparaba algo que comer, el extraño miró a Jim en la cama junto a la estufa.

—¿Es su hijo? —preguntó.

—Sí —respondió mi mamá con lágrimas en los ojos—. Está muy enfermo y el médico dice que no sobrevivirá.

—¿Le importa si coloco las manos sobre él y rezo?

—Desde luego que no —contestó mamá—. El extraño se arrodilló junto a Jim y colocó una de sus manos callosas y sucias sobre la frente de Jim y con la otra tomó las de Jim. Cerró los ojos y murmuró algo que no pude entender. Me volví a ver a mi mamá y ella parecía estar rezando junto al extraño. Tenía la cabeza inclinada, los ojos cerrados y las lágrimas le escurrían por las mejillas. La tomé de la mano y ella apretó la mía. Después de rezar por mi hermano, el extraño tomó la leche caliente, el pan de maíz, le dio las gracias a mi mamá y continuó su camino. A la mañana siguiente Jim se levantó, corrió persiguiendo a mi hermano mayor y le suplicó a mamá que lo dejara salir a jugar. Cuando llegó el médico a revisar a Jim, estaba perplejo.

—¿Qué le dieron a este niño? —preguntó el médico a mi mamá—. Nunca he visto nada semejante. ¡La enfermedad desapareció por completo!

—Gracias, amado Jesús —exclamó mi mamá. Aunque buscamos al extraño de gran estatura que había rezado por Jim, nunca lo encontramos. Mi mamá dijo que tal vez era un ángel. Nos dijo que a veces Dios envía gente a nuestra vida para probarnos. Dijo que en la Biblia, Dios dice que: "Porque tuve hambre, y ustedes Me dieron de comer; tuve sed, y Me dieron de beber; fui extranjero, y Me recibieron en su casa… Y el Rey les responderá: 'En verdad os digo que cuanto hicieron a uno de estos hermanos Míos, aun a los más pequeños, a Mí lo hicieron' ".

Papá se inclinó y me susurró:

—Bueno, no estoy seguro de si el extraño era un ángel o no, pero te puedo decir algo…

—¿Qué cosa? —pregunté.

—Siempre debemos ayudar a los necesitados, puesto que uno nunca sabe…

~Christy Westbrook

70

Un toque de consuelo

Me encontraba en el peor momento de mi vida. Después de la ruptura de mi matrimonio, mis hijos y yo nos mudamos de la única casa que conocíamos. Aún no habíamos tenido tiempo de terminar de desempacar las cajas cuando recibí una llamada que cambiaría nuestras vidas para siempre. Aquella mañana, un incendio había destruido la casa de mi mejor amiga; sus tres hijos y tres sobrinas, que todavía dormían en sus camas, murieron. Vivían en una vieja casa rodante, en una hermosa propiedad con vista a las montañas, donde planeaban construir una casa. Su hermana y su cuñado estaban afuera trabajando en el jardín cuando comenzó el fuego. Mi amiga había ido a llevar a su esposo al trabajo. La casa se quemó tan rápido que no tuvieron tiempo de rescatar a los niños.

> La oración engrandece el corazón hasta que es capaz de contener el regalo de Dios de Sí mismo.
>
> MADRE TERESA

Otra amiga y yo hicimos el viaje de seis horas para estar con ella. No hay palabras de consuelo que puedan aliviar el dolor de semejante pérdida. Sólo podía ofrecerle ser alguien en quien pudiera apoyarse; alguien con quien hablar; alguien que rezara por ella y darle toda la ayuda posible. Nos quedamos hasta después del funeral, sintiéndonos impotentes para aliviar su dolor. La pesadumbre en mi corazón no era nada comparado con el dolor que ellos sentían, pero fue algo que empezó a desgastarme.

Mis hijos estaban pasando por su propio periodo de duelo, ya que habían sido compañeros de juegos de los hijos de mi amiga. Cuando regresaron a clases, después de las vacaciones de verano, recibí una llamada de la maestra de mi hijo:

—Le llamo por un dibujo perturbador que su hijo realizó en clase esta mañana —explicó ella—. Se trata de un dibujo de una casa con grandes llamas naranja y rojo saliendo de ella. ¿Le sucedió algo similar que explique el dibujo? —le conté de la tragedia y ella prometió mantenerme al tanto si mi hijo mostraba señales de necesitar ayuda para superar el trauma. En ese momento, mis hijos se veían más preocupados por mí que por procesar su propio duelo. Estaba tan afectada por la pérdida de mi amiga que no les estaba brindando el apoyo que necesitaban.

Un día mi amiga me llamó presa del pánico. Ya no podía "oler" a su hijo pequeño.

—Siempre he podido recordar cómo olía por la tarde, después de jugar todo el día. Se subía en mi regazo, apoyaba la cabeza en mi hombro y yo lo mecía. Siempre olía a una mezcla de tierra y sudor. Después de que murió, me sentaba en la mecedora y aún podía sentir su peso y recordar su aroma —lloraba y gemía de tal forma que me partió el alma—. ¡Ya no puedo olerlo! —la escuché mientras lloraba, pegada al teléfono, esperando que eso fuera suficiente. No hay palabras que consuelen a una madre en duelo que no puede recordar el olor de su hijo.

Nos mantuvimos en el teléfono cerca de una hora, aunque la mayor parte del tiempo no hablamos; sólo oía sus sollozos y rezaba en silencio. Cuando terminamos la llamada, estaba agotada. Me sentía completamente incapaz de ayudarla. Sentía que era un fracaso como amiga, como esposa y como madre.

Fui a mi habitación a descansar un momento. El calor de la tarde había calentado demasiado mi habitación, por lo que empujé el cobertor hasta la orilla de la cama para acostarme sobre las sábanas frescas. Me sentía abrumada por el dolor y la desesperación y lloré sin control hasta quedar agotada. La noche de otoño empezó a caer y la temperatura del cuarto bajó considerablemente. Estaba acostada sobre mi lado izquierdo; sentía frío, pero estaba demasiado exhausta como para molestarme en alcanzar el cobertor.

Comencé a quedarme dormida cuando sentí que me tapaban con la frazada. Entonces sentí el peso de alguien sentado sobre la cama, atrás de mí. Alguien empezó a darme palmaditas en el hombro para consolarme. Mi hija, pensé; debió de haberme oído llorar y entró a reconfortarme. No era extraño que después del incendio ella se metiera en mi cama durante la noche. Recuerdo que pensé en darme la vuelta para darle un beso, pero estaba demasiado cansada y me quedé dormida.

Dormí profundamente toda la noche sin cambiar de posición y desperté recuperada. Sonreí al pensar que mi hija había entrado en la habitación a consolarme cuando, de pronto, recordé algo: mis hijos estaban con su papá. No había nadie en casa más que yo.

Me senté en la cama tratando de encontrarle sentido a las cosas. ¡¿Acaso había sido un ángel?! ¿Mi abuela o algún otro familiar que había muerto? Una cosa era cierta: alguien me visitó durante la noche para confortarme. Me sentí recuperada después de una noche de sueño reparador. Dios se aseguró de que no estuviera sola en la noche más oscura de mi vida. No sólo me reconfortó aquella noche, incluso ese recuerdo me hace sentir bien cada vez que me siento desesperada. En la noche más oscura Dios hará brillar Su luz.

~Beth Arvin

Caldo de Pollo para el Alma

8

CAPÍTULO

Ángeles entre nosotros

Amor desde el más allá

71

No me abandonó

El bebé no se movía. Debí preocuparme, pero tenía náuseas, calor y necesitaba con desesperación una siesta. Me senté en el sofá, cabeceando mientras los sonidos de la televisión comenzaban a desvanecerse, y entonces oí la voz de la abuela Maudie:

—Kathy Pollard, sé que no estás dormida sentada de esa manera. Ve al cuarto a acostarte. Dale al bebé un poco de espacio para respirar.

Abrí los ojos despacio para poder ver a mi abuela sentada ante su máquina de coser con un cigarrillo colgando de la boca. En un buen día me hubiera incorporado para discutir con ella y tal vez decirle que no se metiera en lo que no le importaba. Pero tenía treinta y ocho semanas de embarazo y estaba

> Dios no podía estar en todas partes, por eso creó a las madres.
>
> PROVERBIO JUDÍO

más que deseosa de verlo llegar a su fin, y con todo el vómito y la incomodidad general, no tenía la energía para emprender ninguna discusión.

—Está bien, abuela —fue todo lo que pude decir. Además, sabía que me quedaría dormida en cuanto mi cabeza tocara la almohada.

En cuanto me acosté, me pareció que el aire de la habitación se dividía del techo al piso y se abría, permitiendo que una leve brisa se colara por el hueco. Observé el peculiar fenómeno y luego vi a mi madre. Parecía que se desplazaba sobre la cresta de esa ola de aire y venía hacia mí. Debería haber estado emocionada, curiosa o impresionada de verla. Sin embargo, mi madre había muerto tres años antes; mi padrastro la mató a tiros. Yo no la había perdonado ni a ella ni a Dios por haberme dejado. Fruncí el ceño y me di vuelta al otro lado para manifestar mi molestia. No me importaba si mi gesto desdeñoso la lastimaba; ella me había lastimado primero cuando rompió la promesa de estar siempre a mi lado.

Sentí su presencia flotando alrededor de la cama y comencé a temblar ya que, después de todo, se suponía que debería estar en el Cielo entretenida con cosas no terrenales y no en mi habitación como si quisiera conversar. Apreté los labios, esperando que captara la indirecta y se marchara. Sin embargo, no se movió. No desapareció ni hizo nada fantasmagórico, excepto mecerse a mi alrededor y resplandecer. Molesta por su obstinación, me giré para mirarla:

—¿Por qué estás aquí?

—¿Te encuentras bien? —el sonido de su voz aplacó todo el dolor que había llevado en el corazón en los últimos tres años y me di cuenta de cuánto extrañaba a mi madre. No obstante, era terca y le hice una mueca de molestia.

—¿Y a ti qué te importa? —quería que me reprendiera y me dijera algo así como: "Me importa porque soy tu madre y te hice una pregunta", pero en cambio su rostro adoptó una expresión compasiva de amor.

—¿Te encuentras bien? —repitió la pregunta, esperando en esa brisa; su cuerpo flotaba suavemente con el vaivén de una ola.

La paciencia de mi madre me molestaba y quería que desapareciera de mi vista. No quería que viera la vergüenza que sentía por tratarla así.

—Sí, estoy bien —respondí de mala gana.

Miró mi vientre y arrugó el ceño con expresión preocupada.

—¿Estás segura?

Pensé en el bebé. Seguía sin moverse. Pero no la había perdonado por dejarme. Fruncí los labios, entrecerré los ojos y apreté la mandíbula.

—Déjame en paz —le dije.

Mi madre inclinó un poco la cabeza y me miró con ojos llenos de tanto amor y compasión que casi me hace llorar.

—Está bien Kathy —se encogió de hombros, dio media vuelta y se dejó llevar por la ola de aire.

Observé a mi madre flotar hasta que se volvió un punto de luz diminuto. Cuando desapareció la luz, me senté en la cama, puse los pies en el suelo y me pasé la mano por el vientre. El bebé seguía sin moverse. Me puse de pie, me estiré y decidí que comería un poco del *chili* que había sobrado. Tal vez el picante llenaría de energía al bebé.

La abuela me miró cuando pasé a su lado rumbo a la cocina.

—Pensé que tenías sueño.

Apenas podía oírla por el zumbido de la máquina de coser y levanté un poco la voz para que me escuchara:

—Mamá vino a visitarme.

La máquina dejó de hacer ruido y la abuela saltó de la silla.

—¿Qué quería? ¿Qué dijo? —me tomó del brazo y me llevó al sofá. Luego me forzó a sentarme—: Cuéntamelo todo.

Tiré del brazo para que me soltara.

—Me miró el vientre y me preguntó si estaba bien —conté y me sobé la muñeca.

La abuela se llevó la mano a la boca y dio un grito ahogado.

—¿Se ha movido el bebé hoy?

Me encogí de hombros.

—No —fruncí el entrecejo, sobre todo porque me sentía avergonzada por no reaccionar a la falta de movimiento de mi bebé, y porque incluso mi madre muerta había tenido que cruzar la frontera entre la vida y la muerte para venir a preguntar por el estado de salud de su nieto por nacer, y aun así yo actuaba con indiferencia.

Los siguientes minutos fueron muy confusos. Antes de que pudiera hacer o decir algo, la abuela despertó al abuelo de su siesta, nos presionó para que subiéramos al automóvil y le ordenó al abuelo que "acelerara" para llegar a toda prisa al hospital.

La visita al hospital también fue una serie de acontecimientos confusos después de las pruebas iniciales de frecuencia cardiaca, reflejos y respiración del bebé. Un equipo de médicos y enfermeras corrieron para revitalizar a mi hijo, el cual se encontraba en un estado letárgico. Después de un torbellino de inyecciones, sondas, más pruebas y monitorización, los médicos finalmente le dieron el visto bueno al bebé. Me dieron de alta más tarde esa noche y me dijeron que si hubiera llegado unos minutos más tarde el bebé habría muerto.

Durante el viaje de regreso, la abuela me reprochó haber dejado pasar todo un día sin que el bebé se moviera.

—Por fortuna tu madre estaba ahí. ¡Qué suerte que siga cuidándote!

A la semana siguiente nació Brandon, sano y fuerte. La noche de su nacimiento, tomé a mi bebé en brazos y lloré por mi madre de una forma en que me había rehusado durante los últimos tres años. Lloré porque la amo. Lloré porque la echo de menos; lloré porque incluso en la muerte no me había traicionado. También le pedí perdón a Dios por dudar de Su cuidado y di gracias por mi hijo y mi mamá, el ángel que nunca ha dejado de velar por mí.

~Kathryn Y. Pollard

72

Visita nocturna

Papi estaba al pie de mi cama.

—No llores, Jeanie, estoy bien. Todo es hermoso aquí. No llores.

Lo miré mientras las lágrimas me escurrían por mis mejillas.

—Está bien —susurré.

Después de un momento desapareció. Me quedé ahí un buen rato. ¿Había sido un sueño? No, no estaba dormida. Lo vi, lo escuché. Estaba segura. Sé lo que me dijo y me hizo sentir mejor. Aunque el dolor me embargaba, la visita de mi padre me dejó en paz. Fue la noche anterior a su funeral.

Me quedé en cama hasta que la luz empezó a brillar a través de las ventanas, y luego me levanté a preparar café. Mi madre y mi hermano menor despertarían en cualquier momento y pronto comenzaría el día que más temíamos. No pensaba decirles nada sobre la visita de papi. Eso sólo los alteraría, ya fuera que me creyeran o no.

Mamá entró arrastrando los pies a la cocina y con manos temblorosas se sirvió café. Sabía qué estaba pensando, al igual que yo, que cada mañana papi siempre le llevaba el café a la cama, como su "despertador personal". Simplemente no podíamos imaginar la vida sin él.

Yo me había hecho todas las preguntas sobre el porqué: ¿Por qué Papi? ¿Por qué un hombre tan bueno? ¿Por qué si sólo tenía cuarenta y

No hay lamento en la Tierra que el Cielo no pueda sanar.

ANÓNIMO

cuatro años? Ahora estaba resignada a la realidad ya que no podía hacer nada para cambiarla y sólo podía dejar que ella me cambiara a mí.

Iba a hacer tanto calor como sólo ocurre en agosto en Atlanta. Fui a ver a mi hermano, y aún estaba acostado mirando el techo.

—¿Estás despierto? Ya es hora de comenzar a moverse.

—No voy a ir.

—Tienes que ir, Steve —me costó trabajo mantener la voz calmada y en un tono bajo cuando lo que en realidad quería era gritar. Ninguno de nosotros quería pasar por todo el proceso del funeral. Finalmente pronuncié las palabras que sabía que lo harían moverse—: Papi habría querido que estuvieras ahí.

Él afirmó con la cabeza, hizo una mueca para ocultar las lágrimas y se sentó. Entonces me di cuenta de que tal vez esto era más difícil para él que para cualquiera de nosotros. Tenía trece años.

Las palabras de papi me ayudaron a sobrellevar el día del funeral: la música y las flores, la gente llorando y las amistades que salían de la capilla y se quedaban de pie en la acera y en el pasto, y las caras de mi madre y hermano. Me la pasé pensando en que mi padre estaba en paz, que ya no sufría y recordé cómo resplandecía cuando me pidió que no llorara por él. Me ayudó. No quitó todo el dolor, pero sí ayudó. Sentía que estaba con nosotros o, por lo menos, conmigo.

Me di cuenta de que el duelo era para nosotros y no para él. Él estaba bien. El luto era para los que nos quedamos y teníamos que vivir sin él, para los que teníamos que luchar y llorar, tanto por nosotros mismos como por los años futuros, por los sucesos en nuestras vidas en los que habría un gran hueco porque él no estaría.

Uno de esos sucesos fue mi boda al año siguiente, cuando mi hermano aceptó a regañadientes llevarme del brazo por el pasillo central de la iglesia. Sólo en retrospectiva me di cuenta de que mi partida fue otro duro golpe en su corta vida. La carrera profesional de mi esposo como piloto de la marina nos llevó lejos de todas las cosas que nos eran conocidas, pues tuvimos que viajar por el país y luego a Japón. Estuvimos fuera casi tres años antes de poder volver a casa.

Una noche después de cenar, sentada con mi familia alrededor de la vieja mesa de arce de la cocina, comenzamos a hablar de todo lo que papi no había podido vivir. De pronto, a mi esposo se le escapó:

—¿Saben que visitó a Jeanie la noche anterior a su funeral?

Todos lo miraron y luego a mí para que confirmara lo dicho. Les expliqué que estuvo al pie de la cama y me aseguró que todo iba a estar bien; que estaba feliz y que no debía llorar por él. Entonces, Steve confesó en voz baja que papi también lo había visitado aquella noche, pero que se convenció a sí mismo de que había estado soñando. Entonces Mamá se limpió las lágrimas de los ojos y nos reveló que también a ella la había visitado para decirle que la amaba y que estaría esperándola, pero que ella aún tenía mucho que hacer para criar a sus hijos, en especial a mi hermano.

Todos hablamos al mismo tiempo, deseosos de compartir, por fin, esa experiencia entre nosotros. Siempre habíamos tenido miedo de que no nos creyeran, nos preocupaba que la visita de papi sólo provocara más dolor. Nos quedamos despiertos hasta la madrugada recordando cada detalle y la maravilla que todo esto implicaba. Qué alegría era poder hablar sobre aquellas visitas nocturnas y qué reconfortante fue saber que compartíamos algo tan extraño y hermoso.

Desde entonces, han pasado más de cincuenta años y aún recuerdo esos momentos como si hubieran pasado hace sólo algunos minutos. Su visita angelical fue el mejor regalo que me dio mi padre. Lo llevo siempre conmigo.

~Jean Haynie Stewart

73

¿Cómo lo supo?

Estaba en un crucero en otras tierras, lejos del accidente, cuando éste ocurrió. Mi prima y yo habíamos desembarcado en el segundo puerto y estábamos en el muelle esperando a mi padre y a mi hermano. Venían detrás de nosotros, pero no se les permitió desembarcar. Habían transferido a nuestro camarote una llamada desde el otro lado del océano. Mi padre tuvo que recoger un mensaje en la recepción antes de desembarcar, por lo que mi prima y yo estábamos esperando en el muelle a que llegaran.

Nos sentamos y conversamos sobre los lugares que queríamos visitar. Pasaron veinte minutos y mi padre y mi hermano aún no llegaban.

> Cuando lloramos la pérdida de un amigo, otros se regocijan de reencontrarse con él detrás del velo.
>
> JOHN TAYLOR

—¿Crees que ocurre algo malo? —preguntó mi prima—. Ya tardaron mucho.

—Por supuesto que no —respondí sin pensarlo dos veces—. Seguro es algo del trabajo de papá.

Mi prima asintió con la cabeza y continuamos charlando. Pasaron otros cinco minutos. Por fin, los vimos bajar del barco.

Por la expresión de sus caras me di cuenta de que había ocurrido algo. Mi hermano y mi padre salieron con el mismo semblante de preocupación e incredulidad. Corrí hacia ellos y les pregunté mientras el miedo se acumulaba dentro de mí:

—¿Qué pasó? ¿Qué ocurre? —mi hermano me llevó aparte. Papá se dirigió a Jenny y la abrazó. Le rogué que me dijera qué había ocurrido, a punto de caer presa del pánico.

—Me estás asustando. ¿Qué ocurre? —inquirí.

—Se trata de Terry. Murió —susurró mi hermano. Miré a Jenny, que seguía pidiéndole a papá que le contara lo que ocurría. Él trataba de llevarla de regreso al barco, a un camarote privado para poder contarle lo que le había ocurrido a su hermano. Yo miré a mi hermano y ninguno de los dos supo qué hacer o qué decir.

Llevamos a Jenny a un área privada, le pedimos que tomara asiento y le dijimos que su hermano había muerto. Era un joven oficial de policía de treinta y dos años, tenía esposa, un hijo de tres años y una pequeña recién nacida. Al principio supuse que lo habían matado en el trabajo, pero luego nos enteramos de que le ocurrió un accidente automovilístico, temprano por la mañana, de camino al trabajo, a unas calles de su casa. Los gritos de Jennie retumbaron en la habitación. La abracé y traté de calmarla.

¿Qué se le puede decir a alguien a quien le acaban de dar una noticia tan horrible? Entonces nos sentamos en silencio; ella lloró y yo le pasé el brazo alrededor del hombro en un intento por transmitirle todo el calor humano que podía.

Dejamos el crucero y viajamos de regreso a casa en el siguiente vuelo disponible. Al comenzar el descenso del avión, Jenny, que había estado callada todo el viaje, comenzó a llorar en silencio. Miré a mi prima deseando ayudarla, pero no sabía cómo. Aprendí que a veces no se necesitan las palabras. La abracé y lloré en silencio con ella.

Al llegar a Toronto la tragedia se volvió real. Enterarse de la noticia estando tan lejos hacía que todo pareciera una terrible pesadilla. Al aterrizar en Toronto regresamos a la realidad. Ya no estábamos en un crucero disfrutando del clima y comiendo deliciosos platillos; estábamos en casa para asistir a un funeral.

Varios meses después, viajé a Inglaterra. No podía olvidar la tragedia; a menudo pensaba en el día que nos dieron la noticia de la muerte de Terry. En las calles de Windsor recordé mi última conversación con él. Terry era mucho mayor que yo, por lo que no habíamos hablado mucho de niños. La única conversación larga que habíamos sostenido sucedió unos días antes del accidente. Yo estaba en casa de Jenny. Ella estaba ocupada cocinando y Terry y yo estábamos conversando en la sala. El tema sobre el que giró la conversación era la vida después de la muerte. Terry creía en esto. Creía que había un lugar a donde íbamos después de morir. Ahí nos reuníamos con nuestros seres queridos una vez más. Él creía firmemente en esto, aunque yo expresé mis dudas. Algunas veces lo creía y otras no. Me resultaba escalofriante que la última conversación con Terry hubiera sido sobre la vida después de la muerte y su creencia en el más allá.

Todavía pensando en esa conversación, me encontré frente a una iglesia. Entré y me senté en una de las bancas. Absorta en mis pensamientos, un hombre se me acercó. Era un anciano, tal vez de setenta años, llamado Stan. Me preguntó si podía sentarse conmigo. Sonreí y afirmé con la cabeza. Comenzó a contarme historias sobre la iglesia y los espíritus que se creía que rondaban por el lugar. Cuando terminó, me miró ansioso a los ojos y me dijo:

—Perdóname, pero percibo que estás triste. ¿Murió alguien de tu familia?

Me sorprendió su pregunta tan directa, pero contesté afirmativamente.

—Era un hombre joven que murió en un accidente automovilístico, ¿no es así?

Miré al hombre y me pregunté cómo sabía eso. Confundida, asentí y no dije nada; me crispaba los nervios que el extraño supiera tanto.

—Quisieras haberle dicho algo más el último día que lo viste y también que lo amabas —continuó el anciano.

Comencé a llorar. El extraño me tomó con suavidad de las manos.

—Tu primo sabe que lo amaste y quiere decirte que es dichoso y trabaja con los niños que llegan al cielo. Ama a los niños y es muy feliz donde está ahora.

Me quedé sentada ahí, tomada de las manos de un extraño y lloré. No soy una persona que llora con facilidad. Para los demás siempre soy "la fuerte", pero aquel día necesité que un completo extraño me diera apoyo emocional. Me despedí de Stan ese día, conociendo solamente su nombre.

Meses después Jenny me contó un sueño que tuvo la esposa de Terry. Fue tan vívido que sentía que Terry la había visitado en realidad. Él le pidió que no estuviera triste; que él era feliz porque hacía algo que amaba. Trabajaba con niños en el Cielo.

Yo no le había contado a nadie sobre la conversación que tuve en Windsor, Inglaterra, en una silenciosa iglesia con un anciano llamado Stan. Me había guardado todo y ésta es la primera vez que escribo al respecto. Es como si en verdad Stan hubiera hablado con Terry. ¿De qué otra forma pudo saber aquello? La extraña coincidencia del sueño y las palabras de Stan sobre la "nueva vida" de Terry me causaban escalofríos.

Han pasado años desde aquel día, y aún pienso en Stan. ¿Era un ángel? Quisiera poder verlo de nuevo y hacerle saber cuánto me consolaron sus palabras.

~Laurie Ann Mangru

74

Algunos ángeles usan sombreros

"Puedo hablar con los muertos." Para muchas personas esta afirmación sería prueba suficiente de una enfermedad mental. Pero quédense tranquilos: mi salud mental está intacta. Simplemente he tenido experiencias que no puedo explicar de otra manera, de lo contrario, créanme que lo haría. ¿Quién no querría evitar esas miradas preocupadas de amigos y familiares?

Mis encuentros no son como las experiencias terroríficas del pequeño niño Cole Sear de la película *El sexto sentido*. En su lugar, mis conversaciones se desarrollan mientras escribo y el diálogo ocurre en mi cabeza; los pensamientos van de un lado a otro como los diálogos rápidos de una película de Katharine Hepburn y Spencer Tracy, excepto que una de las personas que contestan no soy yo.

> Los ángeles nos hablan a todos, sólo que algunos escuchan mejor.
>
> ANÓNIMO

Hace años descubrí mi habilidad por accidente. Solía escribir en mi diario antes de dormir y en aquellas páginas enfrentaba los problemas de mi vida. Después de un tiempo, no sólo escribía sobre mis problemas, sino que también comencé a escribir algunas buenas soluciones. Por un buen tiempo, los problemas y sus soluciones se combinaron bien en la privacidad de mi diario y una noche quedé tan impresionada con una respuesta que se la leí a mi compañera Ann.

—Esa respuesta ni siquiera parece tuya —comentó ella—. Tú lo dirías de otro modo. Usarías otras palabras y frases.

Eso nos hizo pensar. ¿Qué tal si todas las respuestas venían de alguien o algo distinto a mí? Decidimos explorar la posibilidad y la siguiente noche, mientras escribía en mi diario, pregunté explícitamente: "¿Con quién hablo?".

No sabía entonces que la respuesta cambiaría mi vida.

—Soy tu abuelo Art, el que usaba sombreros.

El abuelo que usaba sombreros murió siete años antes de que yo naciera. Nunca tuvimos una relación. No sabía cómo sonaba su voz, por no mencionar que estaba… ¡muerto! Había tenido conversaciones maravillosas y había recibido grandes consejos, pero aún no estaba segura del verdadero origen.

—Pruébalo —reté yo, segura de que se trataba de mi imaginación, o mi subconsciente.

—De acuerdo —contestó la voz—, te contaré una historia que puedes verificar con alguien en quien confíes.

—Me parece justo —dije, mientras me preguntaba cómo iba a poder verificar cualquier cosa que me dijera. Nunca admitiría delante de nadie, excepto Ann, que creía estar hablando con mi abuelo muerto.

—Hace años —continuó él—, cuando vivíamos en nuestra granja en Wisconsin, había un cordero. Su madre murió dándolo a luz. Tu mamá y Toots tuvieron que hacerse cargo de él. Lo alimentaron con un biberón hasta que fue lo suficientemente grande para alimentarse por sí mismo.

Nunca había escuchado ese relato y como mi mamá murió cuando yo era adolescente, sólo había una persona viva que podía confirmar la historia: mi tía Vi.

Toots, como la llamaba su padre, era la única hermana de mi madre. Ella trató de llenar el vacío que dejó la muerte de mi mamá y confiaba en ella ciegamente.

—Ve y pregúntale al respecto. Mejor aún, haré que Toots te llame mañana —dijo con toda naturalidad.

Exhausta e intranquila por la experiencia, me fui a dormir. A la mañana siguiente le conté a Ann lo que había escrito. Estábamos fascinadas por la conversación, pero no sabíamos lo que podía ocurrir y luego tuvimos que dejar de charlar por las exigencias de las actividades del sábado.

Más tarde, ese mismo día, regresé a casa durante una hora para bañarme y cambiarme de ropa. El teléfono sonó y Ann contestó. Oí sus pisadas cuando se acercó a nuestra habitación. Me pasó el teléfono inalámbrico y susurró:

—Es tu tía Vi.

Mi expresión fue la misma que la de Ann: ojos bien abiertos y llenos de miedo. La banda sonora de *La dimensión desconocida* me retumbó en la mente al recordar la promesa del abuelo.

Levanté el teléfono.

—Hola Vi —saludé—, ¿cómo estás?

—Estoy bien. Estaba sentada pensando en ti, extrañándote, así que decidí marcarte para ver cómo van las cosas.

—Qué lindo detalle —le dije.

Después de unos minutos de comentar las noticias familiares, dirigí la conversación hacia los recuerdos de cuando ella y mi mamá eran jóvenes. No quería ir al grano de inmediato y contarle lo que había ocurrido la noche anterior. El lado izquierdo racional del cerebro no quería que pasara por loca y entonces se me ocurrió indagar:

—Cuéntame de cuándo vivieron en la granja. ¿Tenían mascotas mi mamá y tú?

—Bueno, pues teníamos un pastor alemán llamado Bruno. Cuando había tormenta, siempre se asustaba. Se escondía en el granero o en el retrete anexo a la casa. Después se nos dificultaba encontrarlo, por no hablar de tener que limpiarlo.

—¡Eso suena horrible! —comenté.

Ya había oído esa historia, así que intenté llevar la conversación en otra dirección.

—¿Tenían animales de granja también?

—Papá crió algunas vacas y uno que otro cerdo para sacrificarlos. Algunas veces me llevaba con él al corral del rastro en Saint Paul y me invitaba a almorzar. Cuando tenía diez años, quería ser mesera de ese restaurante cuando fuera grande. Me encantaban los uniformes blancos. ¿Puedes creerlo?

Ambas nos reímos. Quería mantenerla en el mismo tema y pregunté:

—¿Tuvieron ovejas en la granja?

—Creo que sí, pero no recuerdo bien.

Me sentí decepcionada. Entonces Vi continuó:

—Ah, sí, claro que tuvimos ovejas. Recuerdo una ocasión en que un pequeño cordero perdió a su madre y tuvimos que alimentarlo con un biberón. Una noche metimos a escondidas al cordero en la habitación y papá fingió no habernos visto.

Mis manos empezaron a temblar y la garganta se me cerró al tiempo que los ojos se me llenaron de lágrimas. No podía hablar y Vi se dio cuenta de que algo ocurría al otro extremo de la línea.

—Kris, ¿te encuentras bien?

Finalmente pude recobrar la compostura para hablar y contarle todo lo que había ocurrido la noche anterior. Cuando terminé mi errática historia, llena de lágrimas, sobre la conversación nocturna que tuve con su padre, Vi permaneció tan callada como yo lo estaba unos momentos antes. Estaba segura de que creía que yo estaba loca. Después de un momento que pareció durar una eternidad, dijo al fin:

—Bueno, pues dile a papá que Toots lo manda saludar y que lo extraño.

—Así lo haré —fue todo lo que acerté a decir.

Ésa fue mi primera experiencia proveniente de hablar con un "ángel", aunque ha habido muchas otras. Tal vez haya otra explicación, pero para mí esas experiencias hablan por sí mismas. Seguiré escribiendo las conversaciones, mientras trabajo para sentirme más cómoda de compartirlas con la gente, y dejaré las explicaciones racionales a los que siempre se muestran escépticos.

~Kris Flaa

75

El ataque de Bandido

Tenía catorce años cuando me perdí en el bosque. Apreté la empuñadura de acero de la pistola de mi padre y temblé de frío, ya que estaba anocheciendo. Me había caído de un risco de casi cinco metros de altura y rodé hasta un arroyo en el fondo. Tenía una herida profunda en el brazo izquierdo que sangraba mucho. No le di mucha importancia, ya que muchas veces antes me había cortado con rocas afiladas. Me senté en el tronco de un viejo árbol derribado a pensar qué iba a hacer.

Nuestra familia visitaba los bosques de Ozark desde que nací; mis dos hermanas mayores, mi madre y mi padre y ahora un hermano pequeño. La cabaña estaba al pie de las colinas junto al lago Ozark a donde llegábamos desde Kansas City, Missouri, para pasar cada fin de semana pescando, nadando, cazando y caminando en los bosques y formaciones rocosas del paisaje. Esta vez había salido solo. Mi padre me había dado la pistola para cazar ardillas o tal vez un conejo si llegaba a ver alguno, pero entonces sentí que su propósito sería algo más siniestro.

Más allá de la arboleda de olmos muertos, oí el crujido de las ramas en el suelo y el gruñido ronco de los jabalíes salvajes. Mi padre me había advertido sobre ellos. Se había enfrentado a una manada años antes y apenas había escapado con vida. Ahora ahí estaba yo, perdido y solo. El

> Los perros son milagros con patas.
>
> SUSAN ARIEL RAINBOW KENNEDY

sol ya se había ocultado detrás de la colina más lejana y la oscuridad empezaba a caer en el bosque.

Apunté la pistola frente a mí y me puse de rodillas. Había toda una manada de ellos alrededor. Sus ojos amarillos se abrían paso entre la oscuridad. La sangre de mi brazo era espesa y ya estaba seca, pero ellos debieron olfatearla. "Hay demasiados", pensé, pero de pronto perdí el miedo cuando recordé las palabras de mi padre: "Si alguna vez estás en problemas en el bosque, conserva la calma y haz lo que te enseñé. Sobrevive".

El jabalí más grande del grupo arremetió contra mí y pasó a sólo centímetros de mi brazo.

Me levanté con la pistola en la mano.

Los jabalíes gruñían, bufaban y se lanzaban mordiscos unos a otros.

Apenas podía ver el pelo espeso e hirsuto erizado, desde el lomo hasta el cuello. Los pateé y grité.

Tenía tres balas en la pistola. ¿Cuántos jabalíes eran? Tal vez seis.

Atrás de mí sentí movimiento en la maleza y luego uno de los jabalíes se abalanzó contra mi cuello. Me caí y solté la pistola.

Doblé las piernas hacia el pecho y me preparé para pelear por mi vida.

Entonces, súbitamente se oyó otro gruñido, pero éste era un sonido muy diferente. Era de un tono más grave que los chillidos excitados de los jabalíes, el cual provocó que todos nos quedáramos inmóviles. Vi la oportunidad de ponerme de pie y buscar la pistola que estaba a unos metros de distancia.

Al lanzarme por ella, lo vi. Era Bandido, el viejo sabueso negro y bronce de mi padre. Salió de la espesura del bosque, mostrando los dientes apretados, furioso y sin miedo alguno.

Recogí la pistola y corrí hacia él.

Dos jabalíes saltaron sobre el lomo del perro, los ojos dorados se tornaron verdes y se centraron en su presa. Bandido rodó como se le había enseñado.

Se cayeron del lomo y el perro se levantó de nuevo y se colocó frente a mí.

Levanté el arma y apunté. Disparé.

El ruido del disparo fue ensordecedor en medio de la quietud de la noche y reverberó hasta la ladera de las colinas, haciendo eco en el barranco. Los jabalíes salieron corriendo, pero Bandido los persiguió. Lo llamé mientras corría a ciegas por el bosque, siguiendo el ladrido del viejo sabueso. Subí una pequeña colina hacia el siguiente barranco. Bandido se alejaba cada vez más, pero yo seguía corriendo, tratando de alcanzarlo. Antes de darme cuenta llegué al claro donde había comenzado el día, a sólo unos noventa metros de la cabaña. Oí la voz de mi madre llamándome y corrí hacia ella.

Mi padre estaba a su lado; se estaba poniendo la chamarra para salir a buscarme. Abracé a mi madre y rompí en llanto, tratando de explicar lo que había sucedido. Sentí la mano de mi padre en mi hombro, mientras me decía que me calmara y que todo estaba bien. Lo miré y dije:

—Fue Bandido, papá. Él me salvó. Salió del bosque a toda velocidad, él…

—¿Bandido? —preguntó mi papá. Su expresión era de confusión y asombro—. David, Bandido murió hace dos años, ¿recuerdas? Lo enterramos entre esas dos colinas cerca del arroyo, junto al barranco. Debe de haber sido otro perro, hijo.

Les iba a decir a ambos que había visto su cara; que sabía que era él, pero algo me lo impidió. Mientras caminábamos juntos hacia la cabaña, oí un aullido en la distancia que venía de las colinas, cerca del pequeño barranco.

O sólo pudo haber sido el viento.

~David Magill

76

Una bailarina misteriosa

Unos meses después de la operación y el tratamiento de mi madre contra el cáncer de mama, se sintió lo suficientemente bien como para regresar a nuestras amadas clases de baile en el gimnasio local. Aún tenía que realizarse una serie de pruebas médicas, una en particular le preocupaba mucho. Pensé que tal vez si íbamos a nuestra clase habitual de los miércoles se tranquilizaría un poco, pero percibí su ansiedad cuando estábamos entre los asistentes esperando a que diera inicio la clase.

Me coloqué en mi lugar acostumbrado en la segunda fila, mientras que mi madre se paró delante de mí. De pronto, alguien se puso entre nosotras. Me sentí un poco frustrada de que alguien estuviera frente a mí, en especial esta mujer a quien no había visto antes. Evidentemente, era nueva. Presentí que iba a ser una mala noche. ¿Qué podía ser peor que tener a alguien nuevo frente a ti toda la clase, tropezándose y trastabillando porque no se sabía ninguno de los pasos?

Nuestra maestra subió al pequeño escenario de madera enfrente del salón y preguntó si había alguien nuevo en la clase. Algunas personas en el fondo levantaron las manos, pero, extrañamente, la mujer que estaba delante de mí no levantó la suya. Fue entonces que noté algo fuera de lo común. Esa mujer tenía un sentido de la moda que no había visto antes. Desde su esponjoso cabello castaño hasta sus grandes anteojos y shorts

> Los bailarines son los mensajeros de los dioses.
>
> MARTHA GRAHAM

estampados, ¡esta mujer estaba vestida como si hubiera salido de la década de los ochenta!

Subieron el volumen del estéreo y comenzamos el baile. Para mi sorpresa, la misteriosa mujer frente a mí conocía todos los pasos de cada canción. ¡No cometió un solo error! Nuestra maestra debió notarlo también. Por lo general invitaba al frente a algunos de los alumnos a bailar. Para una canción en particular la maestra hizo una selección que me pareció inesperada: ¡escogió a mi madre y a la mujer misteriosa!

Después de una hora que resultó larga y agotadora, mamá y yo estábamos de vuelta en el auto camino a casa.

—¿Viste a esa mujer? —preguntó mi madre maravillada, sin poder ocultar la emoción.

—Sí —contesté—. ¿Quién podría no haber notado a esa loca vestida con ropa estilo disco?

—Jess —exclamó mi madre—. ¡Esa mujer era muy parecida a la tía Pam!

Entonces mamá me explicó que cada detalle de esta mujer le recordaba a una de sus tías; alguien muy especial que había muerto años antes. Parecía como si esta mujer y la tía Pam fueran idénticas. Su ropa, su cabello, e incluso los dientes perfectos de la mujer misteriosa. Era como si en realidad la tía de mi madre hubiera estado a su lado todo el tiempo. Mi madre y su tía Pam habían sido muy cercanas durante la infancia de mamá. Vivieron en la misma casa y Pam fue como una segunda madre. Ella siempre le daba a mi madre consejos de belleza antes de que saliera con algún muchacho y siempre le brindaba apoyo.

Tristemente, la tía Pam murió después de una valiente lucha contra el cáncer que duró dos años. Mi madre había sido quien la había cuidado principalmente, la llevaba a sus citas con el doctor y a la quimioterapia, además de quedarse al lado de su cama en el hospital. Aunque habían pasado muchos años desde su muerte, las dos tenían algo muy especial en común: cáncer de mama.

De pronto, mi mamá abrió los ojos desmesuradamente.

—¿Crees que haya sido un ángel?

La pregunta hizo que me sintiera un poco desconcertada. Mi madre siempre se había sentido fascinada por las historias de ángeles, pero yo no era muy creyente. Todo esto debía de ser una coincidencia. ¡Un ángel que llega en la forma de la tía de mi mamá a la mitad de una clase de baile! Parecía un poco descabellado para una persona escéptica como yo.

Aunque tenía mis dudas, le contesté: "Tal vez, Mamá". Parecía tan animada por ese recuerdo de su tía que no quise quitarle la emoción, en especial porque había estado muy angustiada por las pruebas que debía hacerse. De seguro la mujer de shorts a cuadros regresaría, y no desaparecería de repente como los ángeles en las historias que me han contado.

Las semanas pasaron y pude notar una actitud más positiva en mi madre. Uno por uno, sus resultados regresaron "normales" y, como es lógico, la familia estaba muy contenta. La rutina de la vida continuó como antes, y juntas, mi madre y yo seguimos asistiendo a nuestra clase de baile. Cada noche de miércoles recorríamos con la mirada el salón antes de que empezara la clase, esperando a ver si aparecía la mujer misteriosa. Sin embargo, no volvimos a verla.

¿Puede ser que un ángel haya venido realmente a confortar a mi madre en la forma de una misteriosa mujer de cabello castaño un miércoles por la noche en la clase de baile? No estoy segura. Después de todo, soy escéptica. Pero ahora, creo que puedo decir que estoy empezando a creer.

~Jess Forte

77

La visita

Mi mamá Eva murió hace ocho años. Traté de soñar con ella durante largo tiempo, pero mis esfuerzos fueron en vano. Muchas noches veía las fotografías de nuestras reuniones navideñas, cantaba sus canciones favoritas, lloraba y rogaba mientras rezaba por la noche. Nada de lo que intentara funcionaba para que me visitara en sueños.

Mi mamá y yo éramos muy unidas. Nuestras casas estaban pared con pared y nuestras vidas estuvieron entretejidas desde mi nacimiento hasta su muerte. Tuvimos una bella y amorosa relación madre-hija, sobre todo porque compartíamos los mismos principios y valores sobre la iglesia, los hijos, la familia y el respeto propio. Ella era mi confidente y mi mejor amiga. Podía ser brutalmente sincera y franca conmigo cuando le pedía su opinión, pero siempre expresaba con cariño lo que tenía que decir.

> ¡Escuchad! La música
> de los ángeles
> Se aleja flotando y aún
> la oímos;
> Bendita música, el más
> dulce de los coros
> Jamás cantados al oído
> mortal.
>
> FANNY CROSBY, "MUSIC OF
> THE ANGELS"

Aquella tarde del 6 de enero no tenía nada de extraordinario: cena con mi nieto de dos años, el ritual del "juego a la hora del baño" y, finalmente, sentarme en mi sillón favorito para ver un poco de televisión. Como siempre, vi el noticiario de las once y a las once y media decidí irme a acostar.

Fui a mi habitación a quitar el edredón y a poner el despertador. Cuando me estiré sobre la cama para alcanzar el otro extremo del edredón, sentí la presencia cálida de mi madre en la habitación. De inmediato reconocí a la visitante y sonreí.

—Mamá, ¡estás aquí! —dije—. Te amo. Te siento aquí. Te amo —por alguna razón pensé que sería una visita breve. No sentí la necesidad de hablar. Sólo sentí una gran sensación de aceptación y felicidad. Luego desapareció.

La visita me dejó mareada.

A la mañana siguiente, le conté de la "visita" nocturna a mi hija, que también extrañaba mucho a su abuela. Ella siempre la había apoyado.

Esa mañana conduje hacia la escuela totalmente envuelta en la experiencia. Mis clases salieron bien durante el día y conservé la cálida sensación de la visita. Sin embargo, cuando regresé a casa por la tarde, recibí una llamada perturbadora de Marie, mi amiga más cercana desde hacía casi cuarenta años. Me contó que la noche anterior su padre había muerto.

En mi esfuerzo por consolarla, le conté brevemente acerca de la visita de mi madre la noche anterior. Hicimos reminiscencias sobre la larga amistad de nuestros padres; una amistad que compartieron desde que Marie y yo comenzamos la preparatoria. Tanto mi padre como el de ella pertenecían a la orden de los Caballeros de Colón, capítulo Santa Teresa, y disfrutaban de los bailes y eventos sociales.

Cuando colgué el teléfono, no pude dejar de pensar en la coincidencia de la visita de mi mamá la misma noche en que murió el padre de Marie. Me imaginé a mi madre y al papá de Marie bailando juntos en la pista de baile de los Caballeros de Colón.

Al día siguiente asistí al velorio del papá de Marie y ofrecí mis condolencias a ella y a su familia. No fue sino hasta que hablé con la hija de Marie que tuve el valor de preguntar a qué hora había muerto su abuelo. Con lágrimas en los ojos contestó: "El abuelo murió entre las 11:30 y las 11:45 de la noche". Anticipé esa respuesta; en mi corazón sabía que la visita de mi madre había ocurrido al mismo tiempo. Sabía que mi mamá era el ángel escogido para llevar al padre de Marie a la eternidad.

~Roberta Cioppa

78

Un mensaje del Cielo

—Hay toda clase de bocadillos —anunció nuestra anfitriona, Connie Bender—. Sírvanse con toda confianza —la gente comentaba que se sentía muy relajada después de experimentar una sanación de manos espiritual.

Yo estaba sentada frente a una mujer llamada Betty, hablando sobre las noticias matutinas. De pronto, una luz blanca se materializó detrás de Betty y apareció un ángel. Miré alrededor de la mesa, donde diez personas estaban sentadas en esta granja de Manitowoc, Wisconsin, para ver si alguna de ellos veía al ángel. No fue así. Estaban muy ocupadas socializando.

Agité la mano para tratar de llamar la atención de Connie. Si alguien tenía conocimiento de este tipo de fenómenos, era ella. Connie realizaba en su casa estas sanaciones *reiki*, a puertas abiertas, desde hacía veinticinco años, a las que acudían personas

> De nuestras almohadas
> surgen escaleras
> doradas.
> Y por todos los cielos,
> con sandalias aladas,
> los ángeles van y
> vienen, ¡los mensajeros
> de Dios!
>
> RICHARD HENRY STODDARD

de todo el estado y también de los estados aledaños. Pero mi anfitriona, preocupada con el diálogo en la mesa, ni siquiera se dio cuenta de que quería llamar su atención.

Volví mi atención a Betty y noté que el ángel seguía ahí. Esta vez pude ver con claridad su forma física. El ángel era un muchacho de entre diecisiete y diecinueve años. Medía más o menos uno ochenta de estatura y tenía el cabello negro ondulado. Su túnica blanca con un cinturón trenzado de color dorado en la cintura acentuaba su esbelta figura. Sus alas eran magníficas. Estaban hechas de capas aperladas enormes de plumas satinadas. Emanaba un rayo de luz dorada de este mensajero alado. Absorta en esta visión deslumbrante que tenía frente a mí, oí vagamente a alguien decir:

—Disculpa, ¿ocurre algo malo?

Aún pasmada por lo que acababa de ver, respondí:

—Lo siento, Betty, no te estaba viendo a ti. Estaba viendo al glorioso ángel que está parado detrás de ti y no podía quitarle la mirada de encima.

Sorprendentemente, ella exclamó:

—¡Un ángel! ¿Con alas y todo? Me encantan los ángeles. ¿Qué apariencia tenía?

Cuando le describí lo que vi (mientras el ángel se desvanecía lentamente), Betty se tapó la cara con las manos y comenzó a llorar.

—Lo siento mucho, Betty —ofrecí, sintiendo remordimiento por haberlo mencionado—. No quería hacerte sentir mal.

Ella levantó la mirada, tomó mi mano en la suya y dijo:

—No, querida, no tienes nada de qué disculparte. Estoy muy feliz de que hayas compartido esto conmigo. Verás, la aparición angelical que acabas de describir era mi hijo de dieciocho años que murió en un accidente de motocicleta el año pasado. Le había pedido que me diera una señal de que se encontraba bien. Y precisamente acabas de dármela. Gracias por el mensaje.

~Sylvia Bright-Green

79

El ángel de mi pequeña

Nada podría haberme impresionado más que la expresión del rostro de Tim cuando abrí la puerta tan temprano aquella mañana de mayo.

—¿Qué pasa? ¿Qué ocurre? —pero él no decía nada. Lo sacudí de los hombros y empecé a llorar, sólo de ver su cara de dolor. Había algo que le dolía demasiado como para poder hablar, que me iba a lastimar demasiado como para que lo escuchara.

—Kim murió —musitó él, rompió en llanto y me abrazó.

Kim era el tipo de amiga que siempre me hacía sonreír. Era amable con todos, vivaz y animosa para todo. Siempre supe que su personalidad le abriría las puertas para grandes cosas en la vida, porque no era posible conocerla y no amarla.

> Estoy convencido de que estos seres celestiales existen y que nos brindan ayuda, aunque sean invisibles para nosotros.
>
> BILLY GRAHAM

No pude comprender lo ocurrido ese día, esa semana o ese año. Kim tenía sólo diecinueve años. Pasé mucho tiempo en la capilla de la universidad, llorando en silencio. Sabían que debían dejarme sola, con el tiempo saldría y me ocuparía de las actividades del día. Poco a poco, encontré la fuerza para seguir adelante con mi vida. Cada uno de nosotros lo logró a su manera.

Pensé en Kim en cada momento importante de mi vida: en la graduación, cuando conseguí mi primer trabajo verdadero y cuando me casé.

Ella no tuvo la oportunidad de hacer nada de esto. Esta injusticia me dolía mucho.

Entonces me embaracé de mi primera hija. Kim habría sido una gran madre. Nunca tuvo la oportunidad. En cuanto me enteré de que el bebé era niña, lo supe. Se llamaría Kim.

Nuestra hermosa niña nació una noche de verano cuando todas las flores estaban abriendo, como la noche que murió Kim. Era perfecta, y le dimos el nombre de Kim. Después de que todas las enfermeras salieran esa noche y la habitación quedara en paz, le susurré a mi pequeña hija la historia de Kim. Ella me escuchó y nos quedamos dormidas juntas.

En algún momento de la noche, sentí una mano en el hombro que me movía para que me despertara. Estaba cansada por la labor de parto y dormía apaciblemente. Sin embargo, la mano me apretó el hombro y ya no pude ignorarla. Pensando que se trataba de una enfermera, abrí lentamente los ojos.

Kim estaba de pie junto a la cama. No ella, en realidad, sino una especie de neblina, pero dentro de ella vi la cara de Kim. La reconocí de inmediato. Una sensación de calma y paz reinaba en la habitación. No cruzamos palabra alguna. En mi mente escuché la voz de Kim y ella me dijo que amaba a esta niña y que siempre cuidaría de ella. Mi bebé, en mis brazos, parecía bañada de paz. Sentí el amor y la paz que venían de Kim. Y sabía que ella comprendía que ésta era mi forma de honrar todas las cosas que no pudo hacer en la Tierra.

Y luego desapareció.

Han pasado quince años. A mi hija le encanta su nombre. En muchas ocasiones la gente ha dicho y hemos pensado que un ángel guardián la cuida. Y así es.

~Sarah Clark Monagle

80

Un mensaje de mamá

Después de que murió mi madre, a los sesenta y dos años, luego de una larga enfermedad, quedé con una profunda y dolorosa sensación de pérdida. Desesperada, quería recuperarla a toda costa. Ella era mi más grande admiradora y nadie podría amarme tanto como ella. "Eres muy bella", me decía una y otra vez. De joven mi mamá se parecía mucho a la actriz Rita Hayworth. Era bellísima. Yo contestaba: "¡No tan bella como tú, mamá!". La sensación de pérdida era especialmente fuerte porque su muerte, a causa de un cáncer incurable, llegó muy pronto. He aprendido que uno nunca está realmente listo para la muerte de uno de sus padres. Fue un golpe terrible y el recuerdo de cómo sufrió aún me atormenta.

> La música, como bien se dice, es el discurso de los ángeles.
>
> THOMAS CARLYLE

Sin embargo, no estaba en su naturaleza quejarse y no se concentraba en el dolor y el miedo. Tampoco estaba en una etapa de negación.

—Tú abuela siempre me dijo que no me preocupara, que ella siempre cuidaría de mí —manifestó—. No te preocupes por mí. ¡Sé feliz en la vida y sigue tus sueños! —esbozó una tenue sonrisa impregnada de tristeza y luego me aseguró que nuestro vínculo también seguiría aunque hubiera años de separación—. Siempre estaré contigo cuidándote —me repetía.

Cuando le diagnosticaron cáncer de ovario, dejé mi trabajo y mi hogar en Florida para ayudar a mi familia a cuidarla en casa. Fue difícil, pero vivió dos años, más de los seis meses que el médico pronosticó cuando le dijo que todo estaba en las manos de Dios. Durante ese tiempo pasamos grandes momentos juntas. Fuimos de compras, sembramos flores, compartimos secretos y recordamos aventuras. Un día de verano, algunas semanas antes de que muriera, estábamos sentadas en un jardín de flores cerca de un lago; ella colocó su suave mano en la mía y me susurró:

—No quiero dejar este lugar, ni a ti.

Aunque estábamos muy abatidas, aún nos aferrábamos a la esperanza. Rezábamos a menudo para pedir valor, y también nuestros familiares, amigos y compañeros de la iglesia. También hubo cadenas de oración de personas que ni siquiera conocíamos. Yo sabía que pasar por terribles tratamientos de quimioterapia no era fácil para ella, por lo que hacía todo lo posible por reconfortarla. Fue muy valiente, incluso cuando los tratamientos la dejaban agotada. En ese tiempo, el hospital donde le daban los tratamientos de quimioterapia no era un lugar agradable. Era oscuro y lúgubre, muchos de los empleados eran muy poco amables y los doctores no sentían empatía por los pacientes con cáncer. En las salas de espera, pequeñas y abarrotadas, nadie sonreía ni hablaba con los demás y a los pacientes se les trataba como números y no como personas.

Hace poco visité a una amiga en el mismo hospital. Lo renovaron y ahora era un lugar completamente diferente. Abrir la puerta principal era como tirar de la cinta de un regalo inesperado. Era un edificio hermoso y brillante donde se le daba la bienvenida a cualquiera que cruzara por sus puertas. El personal, los empleados y voluntarios eran corteses y serviciales.

Ese día, al salir del hospital, una joven de cabello oscuro que tocaba el piano en el vestíbulo me llamó la atención. Estaba tan concentrada en su música que uno podía notar que tocaba con el corazón. Me conmovió profundamente. Muchas otras personas se detuvieron también a escucharla.

—¿No es hermoso? —me preguntó una señora de cabello platinado que contrastaba con su bonita camiseta rosa.

—Ah, sí —contesté, sorprendida por su voz serena que me resultaba familiar, y recordé que mi madre, a la que le encantaba el color rosa, a menudo decía esa misma frase.

—Toca de memoria —agregó la señora, muy sonriente.

Quería preguntarle cómo lo sabía, pero los ojos se me llenaron de lágrimas. Le di la espalda a la señora un momento y cuando volví a girar hacia ella, ya no estaba. La busqué por todas partes, e incluso le pregunté por ella a algunas personas a mi alrededor que escuchaban a la pianista.

—Aquí no había nadie con una camiseta rosa —me dijo una señora.

—No había nadie a su lado —me dijo otra.

—Pero si estaba conversando con ella —repuse.

—No —aclaró un muchacho—. Estabas hablando sola.

En ese preciso momento, me pareció que la misma voz me habló desde dentro: "Es una señal angelical; un recordatorio de que siempre estás conectada con aquellos a quienes amas, y que tus seres amados siempre están contigo". Súbitamente, todas las cosas que tenía que hacer ese día dejaron de tener importancia. Me senté en una banca y le di gracias a Dios no sólo por todas las bendiciones en mi vida, sino también por los ángeles que nos prodigan su amor.

~Kathryn Radeff

81

En bici por el Haleakala

No podía dormir de la emoción y salté de la cama cuando mi reloj marcó las dos de la mañana. Me puse unos shorts y una camiseta, eso era más que suficiente para el clima caluroso que habíamos disfrutado en los últimos seis días en Maui. Sin embargo, la temperatura en la cima del volcán Haleakala sería mucho más baja, por lo que empaqué una camiseta de manga larga, mallas y una chamarra en la mochila que me colgué al hombro.

Bajé en silencio las escaleras de nuestro condominio, pero los escalones crujieron. Mi nieta de dos años, que dormía en una de las habitaciones, gimió y luego volvió a quedarse callada. Mi hija, acostada en el sillón como si fuera aún una niña abrió un ojo.

—Qué te diviertas, mamá —dijo y luego se dio vuelta para seguir durmiendo.

Esperaba que ella o alguno de mis dos hijos me acompañaran a mi excursión para ver el amanecer en el Haleakala; iríamos en camioneta hasta el borde del cráter y haríamos el descenso en bicicleta. Sin embargo, mis hijos consideraron que estaría a salvo con un grupo de turistas y por nada del mundo querían levantarse a la mitad de la noche.

> ¿Alguna vez has sentido el aliento de un ángel en la suave brisa? ¿Una lágrima en la lluvia?
> ¿Has escuchado un susurro entre la hojarasca?
> ¿O te ha besado un copo de nieve solitario?
> La naturaleza es el escondite favorito de los ángeles.
>
> TERRI GUILLEMETS

De ordinario, mi esposo me habría acompañado, pero el trabajo le había impedido ir con nosotros al viaje de una semana a Maui.

Unos amigos me dijeron que tenía que ver el amanecer desde el Haleakala. Pensé que bajar por la montaña en bicicleta con un pequeño grupo de aventureros sería divertido. Me peiné, me puse un poco de lápiz labial y salí a esperar la camioneta; sentía el estómago un poco revuelto por los nervios.

El estacionamiento estaba menos alumbrado de lo que esperaba, pero la oficina estaba iluminada y me dirigí ahí para esperar. Un guardia de seguridad me acompañó y conversamos unos minutos. Luego regresó a su puesto. Me senté en una banca y aspiré profundamente el aire húmedo y salado, el ruido de las olas al romper me tranquilizó. Iba a subirme a una bicicleta extraña con personas que no conocía y bajaríamos desde una montaña a la tenue luz del amanecer. ¿Y qué? Estaría bien.

Se aproximó una camioneta para doce pasajeros que tiraba de un remolque de bicicletas. El conductor se apeó, me tendió la mano y saludó:

—Hola, soy Aaron —en seguida me abrió la puerta trasera. Me acomodé en el asiento de en medio con mi mochila en el regazo y nos dirigimos a recoger a los otros pasajeros.

Una madre y su hija abordaron la camioneta en un hotel.

—Me da gusto que haya alguien más que sea mayor de cincuenta años —comentó la madre con una cálida sonrisa.

En realidad, parecía ser una excursión para jóvenes. Sentí una opresión en el pecho. Tal vez el descenso en bicicleta era más difícil de lo que esperaba. Por lo general, me era sencillo convivir con personas extrañas; sin embargo, en ese momento me sentí sola.

Aaron recogió a un segundo guía del recorrido, Manny, y después de hora y media llegamos a la cumbre del Haleakala. Nos pusimos nuestra ropa abrigadora y seguimos a nuestros guías por un campo de lava. Me tropecé con las rocas negras que llenaban la colina por las muchas erupciones del volcán y pensé en mi familia arropada en el condominio. Se perderán el amanecer, pensé, y también el descenso en bicicleta.

Nos quedamos en las rocas más planas que pudimos encontrar y esperamos el amanecer. La gente se reunió en grupos de dos o tres a conversar y, de nuevo, me invadió una sensación de soledad. Las voces se convirtieron en susurros cuando el cielo comenzó a iluminarse y a llenarse de jirones translúcidos de un tenue color rosado. Los tonos anaranjados no tardaron en teñir el amanecer. Estábamos sentados en la cima del mundo y nos pusimos anteojos oscuros cuando el sol se levantó con deslumbrante intensidad. Mis amigos tenían razón. La magnífica vista era inolvidable.

Cuando el sol aclaró el horizonte, Aaron nos preguntó si estábamos listos para emprender el descenso. Yo temblé más por la angustiante expectación que por el frío.

Después de un breve descenso en la camioneta, todos bajamos del vehículo y Aaron y Manny descargaron las bicicletas. Éstas eran negras y pesadas, con neumáticos anchos y asientos tres veces más grandes que el de mi bicicleta en casa. Cuando Aaron me pasó una bicicleta, me subí.

—Es demasiado pequeña —observé.

—Así debe ser para que te puedas levantar con facilidad —explicó él; sin embargo, me sentía incómoda y fuera de equilibrio con las rodillas flexionadas en ese ángulo—. Pedalea hacia atrás para frenar o detenerte —indicó Aaron. ¿No tenía frenos de mano? Bueno, para tranquilizarme recordé que había usado una bicicleta con frenos de pie cuando era niña. Sin embargo, me tambaleé cuando nos pusimos en marcha y pensé en un accidente en bicicleta que tuve hace algunos años. Estaba oscuro, golpeé el borde de la acera y caí con fuerza. El médico del servicio de urgencias temía que me hubiera roto la cadera. No fue así, pero ¿y si me lastimaba ese día? Recé para que Dios me acompañara y continué pedaleando.

Manny iba al lado en su bicicleta, sosteniéndose en los pedales como si estuviera sentado en una silla de montar, y vigilaba al pequeño grupo. Una y otra vez nos hizo orillarnos para dejar pasar a los vehículos y luego seguir adelante. Una mujer pidió regresar a la camioneta porque el camino era muy difícil para ella. Aunque sabía que debía tener seguridad en mí misma, el miedo comenzó a apoderarse de mí. Recé de nuevo para pedir la ayuda divina. El corazón me latía con fuerza y sujeté el manubrio como si la bicicleta fuera a convertirse en un caballo salvaje.

Entonces miré a un lado, y luego otra vez. Ahí estaba Annie, mi Golden retriever, corriendo a mi lado. Dos meses antes le habíamos dado amorosa sepultura en nuestro jardín. Ahí en Maui, corría con facilidad a mi lado, llevaba la lengua de fuera, las orejas agitadas por el viento y las patas apenas rozaban el suelo.

—Annie —susurré—. Eres tú —las lágrimas rodaron por mis mejillas.

Ella había sido mi mejor amiga durante trece años y me acompañaba a todas partes. Cuando ya no podía saltar al automóvil, aprendí a subirla en brazos para que pudiéramos seguir juntas. Me acompañó cuando tuve que adaptarme a un nuevo matrimonio y a seis hijastros, y durante el inicio de mi nueva carrera como escritora. Se mantuvo vigilante al pie de mi cama mientras sanaba de un accidente de esquí en el que sufrí una lesión grave de la rodilla. Y sobre todo, me enseñó a ser valiente, puesto que tuvo que luchar con la artritis desde muy temprana edad, pero eso no le impidió levantarse con suma dificultad hasta el final para seguirme adondequiera que iba.

Era típico de ella estar a mi lado en ese momento; podía verla con la misma claridad que a los demás turistas en sus bicicletas. Había venido a recordarme que fuera valiente y a asegurarme que bajaría la montaña y llegaría sana y salva.

El miedo desapareció por completo.

Entonces ya no pude ver a Annie, pero la sentí a mi lado un rato más. Nuestro grupo cruzó la región alta de Maui, las fértiles laderas del Haleakala donde se cultivan las frutas y legumbres más frescas de Maui. Nunca había visto árboles de mango o campos de piña. La paz y la alegría llenaban mi pecho. No estuve sola después de todo. Nunca lo estaría. "Gracias, Annie", murmuré. "Gracias, Dios."

~Samantha Ducloux Waltz

82

Ángeles en el Cielo
y en la Tierra

Estaba solo en la habitación donde mi hermano mayor acababa de morir. Y, a cientos de kilómetros de distancia, Nancy estaba sola en la habitación donde su hermana mayor acababa de morir. No nos conocíamos.

Desde mi cabaña en la playa oí el rugido del mar que no cesó en varios días después de la muerte de mi hermano Timothy. Una mañana salí a caminar muy temprano, iba pensando en él y en el accidente de motocicleta que le costó la vida. Me preguntaba si esta tragedia había sido realmente un accidente.

Pensé en Rebecca, quien había sido el más grande amor de Timothy. Se conocieron durante su primer año en la universidad; luego Rebecca enfermó y tuvo que mudarse lejos con la esperanza de una cura milagrosa. Por razones que sólo ellos conocían, Timothy no fue con ella. Aunque siguieron amándose, Timothy y Rebecca no volvieron a estar juntos. Creo que Timothy pensaba en Rebecca y no en el camino cuando tuvo el accidente fatal.

Mientras la arena formaba escarolas alrededor de mis pies, recordé cuando mi hermano y yo caminábamos durante horas por este mismo terreno. La mayoría de nuestras conversaciones giraban en torno al amor. A menudo Timothy se refería a mí como "su romántico y amoroso hermano menor que algún día encontraría su ángel especial en la Tierra". Me

> Si tengo libertad para amar,
> Y en mi alma soy libre,
> Los ángeles en las alturas,
> Disfrutan de la misma libertad.
>
> RICHARD LOVELACE

encantaba que me leyera las cartas de amor que se escribían Rebecca y él. A través de su amor, me emocionaba al pensar en el día que encontrara a mi "propia Rebecca".

Recuerdo que Rebecca mencionó a su hermana menor, a la que también describía como "su hermana menor romántica y amorosa".

Al recordar estas cosas, ocurrió el primer milagro del día. En medio del dolor, escuché la voz de Timothy, la cual surgió del mar y me habló con palabras inspiradoras: "Los ángeles crean nuestras relaciones más bellas... ¡en el Cielo y en la Tierra!". Me quedé pasmado. Levanté la vista al cielo mientras me escurría una lágrima y comprendí que mi hermano era ahora un ángel. Un ángel que nos guiaría a nuestros propios ángeles especiales en el Cielo y en la Tierra.

¡Me sentí revitalizado! Me quedé acostado en la playa y divagué. ¿Quién era mi ángel en este mundo? ¿Estaba vinculada tal vez al ángel de Timothy, a Rebecca? Tendría que esperar. Estas revelaciones me habían dejado maravillosamente agotado. Caminé en silencio hacia mi cabaña y me quedé dormido.

Concilié el sueño con facilidad. Me pareció que sólo habían transcurrido unos minutos cuando oí un suave golpe en la puerta. ¿Quién podría ser? El segundo milagro del día estaba a punto de ocurrir.

En mi puerta estaba la mujer más hermosa que había visto en mi vida; una mujer que irradiaba belleza desde el interior. Tenía un aspecto encantador y modesto; se echó el cabello hacia atrás y se presentó:

—Me llamo Nancy López. Soy hermana de Rebecca López. Quiero hablar con Timothy —no podía creer lo que escuchaba y veía—. Perdóname por venir sin avisar —se disculpó.

—No te preocupes —respondí—. Soy el hermano de Timothy. Por favor, pasa y siéntate. Es un placer conocerte, Nancy. Rebecca y Timothy compartieron tanto en el breve tiempo que pasaron juntos.

—Así es —repuso ella, un poco esquiva—. ¿Se encuentra Timothy?

No supe qué decir.

—N-no, no está... es que...

Nancy no me facilitó las cosas. Se acercó un paso, como para hablarme en confianza.

—Tengo malas noticias —dijo. No podía imaginar lo que me iba a decir. Me quedé inmóvil, conteniendo la respiración—. Mi hermana Rebecca, el gran amor de Timothy, falleció.

Me dejó atónito. Respiré profundamente. Empecé a llorar. Nancy debió haber presentido lo que yo no podía decir, porque de inmediato su hombro fue mi salvación. Oí sus sollozos mientras me consolaba.

—Rebecca me dijo que tenía que hacer algo con urgencia —susurró—, y que era preciso hacerlo el 23 de junio a las ocho de la noche. En ese momento no tenía idea de lo que quería decir, pero ahora lo sé… ¡Lo sé porque es el día y la hora en que mi hermana Rebecca murió!

Se me secó la boca y estuve a punto de desmayarme.

—¿Dijiste el 23 de junio a las ocho de la noche? —susurré a mi vez—. ¡Timothy murió ese día, a la misma hora!

Nancy se quedó helada.

—¡Dios mío!, ¿quieres decir que ambos murieron? —su expresión dejó traslucir la tensión de los últimos días y comenzó a llorar de nuevo.

De pronto tuve dos sentimientos claros: por un lado, el dolor por Timothy y Rebecca, y por el otro, la necesidad de consolar a Nancy. Abrí los brazos para reconfortarla. Ella lloró en mis brazos.

—Sí, ambos murieron, Nancy, pero por fin están juntos. Ahora lo sé —mis palabras no necesitaban respuesta. Los ojos de Nancy me revelaron que de igual manera lo había comprendido.

Habíamos vivido toda una vida en cuestión de minutos, pero lo más milagroso estaba por llegar.

En un instante y con la intensidad del momento, escuché de pronto la voz fuerte e inspiradora de Timothy que me decía: "Los ángeles pueden estar con sus ángeles, en la Tierra o en el Cielo. He encontrado a mi ángel, Rebecca, ¡en todo su esplendor celestial! ¡Tú también puedes tener la oportunidad de tener el cielo en la tierra con tu ángel!".

Estaba pasmado, sobrecogido. Mis ojos, llenos de lágrimas, conectaron con los ojos de Nancy. Sabía que ella también había sentido algo tan maravilloso y sobrenatural como lo que yo había experimentado. Al acercarme y compartir con ella las hermosas palabras de Timothy sobre los ángeles, escuché sorprendido a Nancy.

—¡Yo oí las mismas palabras al mismo tiempo, pero con la voz de Rebecca! —exclamó.

¡Dios mío! ¡Nancy y yo habíamos tenido la misma revelación transformadora y desconcertante! Y en cuestión de minutos, Nancy y yo dejamos de ser extraños. ¿Realmente importa si encontramos el amor en el Cielo o en la Tierra? Lo más importante es que gocemos del amor cuando lo encontremos y no permitamos que nunca se vaya. Compartiendo la emoción de las palabras que escuchamos, Nancy y yo caminamos de la mano por la playa, sabiendo de alguna manera que Timothy y Rebecca caminaban de la mano a nuestro lado.

~Al Cole

Caldo de Pollo para el Alma

9

CAPÍTULO

Ángeles entre nosotros

Ángeles guías

83

El líder del grupo

L a noche estaba cayendo sobre las montañas de Carolina del Norte y llovía a cántaros cuando Danny, el líder de nuestro grupo de cinco motociclistas, señaló que iba a dar vuelta. "Gracias al cielo", pensé, ya que era motociclista novata y no tenía experiencia en conducir en esas condiciones. Estaba empapada, tenía frío y me sentía exhausta y sí, estaba más que asustada. Pero la señal para dar vuelta de Danny casi de seguro significaba que habíamos llegado a la salida de Blue Ridge Parkway, la cual llevaba al motel donde nos hospedábamos. Una ducha caliente, ropa seca y una buena cena estaban a unos cuantos minutos.

> Confiamos en la procesión emplumada Porque así van los ángeles uno tras otro en fila, al mismo paso Con uniformes de nieve.
>
> EMILY DICKINSON

Pero no. En lugar de una autopista transitada de cuatro carriles, nos encontramos en una zona de picnic desierta. Estacionamos nuestras motos y caminamos entre el lodo hacia un cobertizo y nos quitamos los cascos.

—Lo siento, muchachos —se disculpó Danny, avergonzado—. Estaba lloviendo tan fuerte que creo que se me pasó la salida.

Sacó un mapa empapado de la chamarra y lo iluminó con una linterna de bolsillo. Nos habíamos pasado casi veinticuatro kilómetros de la salida que debíamos tomar. Hice todo lo posible por no llorar. Transitar por este segmento empinado y lleno de curvas habría sido fácil en un día soleado. En una noche de lluvia, necesitaríamos por lo menos otra hora para recorrer veinticuatro kilómetros.

—No te preocupes —respondimos—. La visibilidad es prácticamente nula. A cualquiera le pudo haber pasado.

—¿Alguien más quiere ir de líder? —preguntó Danny.

—No —atajó George, mi esposo—. Lo estás haciendo muy bien. Sigamos en el mismo orden. Tú, Jennie, yo, Tim. Keith, ¿estás de acuerdo en ir hasta atrás?

Keith asintió con la cabeza.

—Descansemos un momento para ir al baño antes de seguir —propuso George—. Si nos separamos en la salida, recuerden que el Hampton Inn está a unos ochocientos metros a la derecha.

Todos estaban listos cuando salí del baño de mujeres. Me puse el casco y los guantes y recé un poco mientras arrancaba la moto. "Por favor, señor, guíanos a través de este camino traicionero", rogué.

Vi las luces de la motocicleta de Danny al final del estacionamiento. Me coloqué detrás de él y vi por los espejos que los otros tres tomaban sus puestos detrás de mí. Todos hicimos la señal de estar listos y entonces, lentamente, regresamos al camino. Ya estaba completamente oscuro. La lluvia caía con más fuerza que antes. Se formaban riachuelos que escurrían por mi parabrisas y salpicaban el visor de mi casco. ¡Veinticuatro kilómetros más de esto! ¡Veinticuatro kilómetros que ya habíamos recorrido! Pero ya no servía de nada quejarse.

Lo único que podía hacer era concentrarme en la luz roja de la motocicleta de Danny que iba delante de mí.

El camino parecía tener más curvas y el pavimento estaba más resbaloso que hacía un rato. En esos momentos, a la luz grisácea del crepúsculo, me habían maravillado las paredes verticales de piedra junto al carril interior. Y también me impresionaron los desfiladeros que bordeaban el carril exterior, por el que íbamos ahora. Un pequeño error y podíamos caer por el barranco y matarnos.

"¡Ya basta!", me reproché. "No pienses. Relájate y concéntrate en la luz trasera de Danny."

La luz trasera roja me guió a lo largo de los veinticuatro kilómetros más difíciles que había recorrido en motocicleta hasta entonces; al final, llegamos a nuestra salida. Danny prendió una direccional y yo suspiré aliviada. Nuestro motel se encontraba a tiro de piedra. "¡Gracias, Dios mío!", musité, mientras aceleraba al llegar a la autopista de cuatro carriles para no alejarme de la motocicleta que iba delante a mí. Adelante y a la derecha, justo como George había dicho, estaba el letrero azul brillante del Hampton Inn.

Bajé una velocidad y me preparé para girar. Pero al hacerlo, me di cuenta de que la moto delante mí no disminuía la velocidad. Siguió derecho, pasó de largo por la entrada del motel y continuó por la autopista. Me detuve en el área del estacionamiento cubierto frente al lobby del motel, levanté el visor y observé a mis compañeros llegar detrás. George, Tim, Keith y Danny. ¿Qué? ¿Cómo podía ser que Danny fuera el último de la fila? Si lo acababa de seguir veinticuatro kilómetros.

Nos quitamos los cascos y nos miramos con ojos muy abiertos.

Finalmente, George habló:

—¿Cómo es que te quedaste hasta atrás, líder del grupo?

—No lograba arrancar mi motocicleta cuando estábamos listos para salir del área de picnic —explicó Danny—. Hice sonar la bocina y grité, pero nadie se dio cuenta. Llevo diez minutos detrás de todos hasta que llegamos a la autopista.

Entonces, todos se volvieron a mirar a la motociclista novata, es decir, a mí.

—¿Así que tú nos guiaste hasta aquí? —preguntó Keith—. ¿En la oscuridad y la lluvia?

—Por supuesto que no —respondí, al tiempo que negaba con la cabeza—. Yo no iba en la delantera. Pero sé quién sí.

~Jennie Ivey

84

¿Qué puedes hacer?

reo en los ángeles, pero no creo que anden revoloteando sobre nuestras cabezas cuidándonos a cada paso, como el ángel de la famosa pintura del *Ángel de la guarda*. Tenía mis dudas respecto a acompañar a mis tres cuñadas a un taller espiritual donde las "lecturas sobre los ángeles" eran parte del proceso. Al final, decidí asistir, sólo por ser parte de la familia.

Depositen en Él toda ansiedad, porque Él cuida de ustedes.

1 PEDRO 5:7

Cuando las lecturas comenzaron, puse los ojos en blanco mientras el lector les decía a todos exactamente lo que querían escuchar. ¿Quién no querría un guardián extraterrestre que tiene el oído de Dios y piensa siempre en lo que es mejor para nosotros? Me parecía ridículo. Me dio una jaqueca muy oportuna y me fui antes de que acabara.

Un año después volví a acompañar a mis cuñadas a un curso de meditación, que es algo en lo que sí creo. La instructora era muy reconocida y tenía mucha experiencia en enseñanza y terapia clínica. De hecho, un médico al que veía la había mencionado específicamente. Tenía muchas ganas de experimentar la sensación espiritual de escapar por medio de la meditación. Se nos ha enseñado que la meditación es cuando nuestra mente está suficientemente relajada y en silencio para oír que Dios nos habla.

Las sesiones fueron provocadoras en el aspecto intelectual, y cuando Nancy, la instructora, "nos guió para adentrarnos en la meditación", sentí la fuerza de todo el proceso de paz y tranquilidad.

En la tercera sesión, Nancy nos enseñó a profundizar más la meditación.

—Esta tarde —anunció—, vamos a buscar a nuestros guías espirituales.

"Ay, no", pensé. "¡Aquí vamos de nuevo al mundo de los chiflados!"

Nancy comenzó su monólogo hablándonos mientras meditábamos. Nos relajamos y nos dejamos ir; estábamos en una playa; nuestros cuerpos se volvieron más ligeros.

—Busquen a sus guías espirituales. Están ahí por algún lado. Puede ser alguien a quien amen que murió —su voz era suave, meliflua, seductora.

Me hallaba en la playa que ella describió. Sentía la brisa y podía oler la sal en el aire. Había alguien a quien realmente quería ver. Busqué a mi padre. Cuando nos dijo que buscáramos a lo lejos en la playa, escudriñé el horizonte, deseosa de verlo. Él había sido la persona más importante en mi vida y lo extrañaba terriblemente, así como sus consejos. Quería contarle sobre mi hijo, que tenía dificultades en el trabajo. Sin importar lo lejos que buscara en esa hermosa playa, estaba vacía. "Dime qué hacer", recé. "¿Cómo puedo ayudar a mi hijo?"

La suave voz de Nancy interrumpió mis pensamientos.

—Miren a la derecha —ordenó. Hice lo que pidió y ahí estaba... un ángel. ¡Un ángel! Me sorprendió tanto que casi grité, pero la belleza y serenidad del adorable ser frente a mí me atrajo. No sabía si la figura era masculina o femenina; parecía estar hecha completamente de color y luz, una melena rubia y una túnica verde. Y las alas... Las alas eran blancas, plegadas en la espalda de la milagrosa criatura. Nunca, nunca esperé ver un ángel y bueno, las alas, estaban más allá del dominio de la lógica. Pero al mismo tiempo, dentro de la meditación, quería abrazarlo, o abrazarla, pero estaba estupefacta por la majestuosidad de la aparición.

Supe sin que me lo dijera que era mi guía espiritual.

Nancy nos dijo que dejáramos nuestros problemas ante nuestro guía si teníamos la fortuna de verlo. Sin palabras, le pregunté cómo podía ayudar a mi hijo, e igualmente sin palabras me llegó la respuesta: "¿Qué puedes hacer?". No entendí la pregunta. No había inflexión en lo absoluto. Cada palabra tenía el mismo énfasis sin expresión.

Nancy nos sacó de la meditación. Yo regresé a regañadientes. Estar en aquella playa, en presencia del ángel, era un pedazo de paraíso que nunca esperé experimentar y no quería irme.

Otros en la clase se quejaron porque no habían visto ni sentido nada; otros hablaron sobre una gran sesión. Yo no quise compartir mi experiencia con nadie. Era demasiado personal, demasiado íntima, demasiado milagrosa. Además, ¿quién me iba a creer?

Me reservé mi experiencia para esa noche, cuando la compartí con mi esposo, Bill.

—¿Qué puedo hacer? —le pregunté—. ¿Cómo puedo ayudar a nuestro hijo con sus problemas? Él está al otro lado del país. No conozco a nadie en su campo de trabajo. No sé nada sobre el tipo de trabajo que hace. El ángel me preguntó: ¿qué puedes hacer?

Bill me miró.

—Tal vez estás poniendo el énfasis en la palabra incorrecta —planteó—. No es "¿Qué puedes hacer TÚ?", sino "¿Qué PUEDES hacer?" Algunas veces hay que conocer la diferencia. Siempre piensas que puedes resolver cualquier cosa, o al menos que deberías ser capaz de hacerlo. Debes aceptar que, a veces, no hay nada que puedas hacer y tienes que dejarlo en manos de Dios. No deberías necesitar un ángel para que te dijera esto.

Parece ser que sí lo necesito. Esa simple pregunta se ha vuelto la base de mi propia plegaria de serenidad: ¿qué puedo hacer? Si hay algo que esté dentro de mis posibilidades para ayudar a alguien, entonces lo hago. Si hago la pregunta y no hay nada que pueda hacer, debo dejárselo a Dios.

Y aunque agradezco a mi ángel un consejo tan sencillo y profundo, también le pido la sabiduría para conocer la diferencia.

~Rosemary McLaughlin

85

Un ángel en el aeropuerto

Era la primera vez que viajaba en avión por mi cuenta y estaba un poco nerviosa. Debía hacer dos escalas, una en Phoenix y otra en Houston, y en ambos lugares los aeropuertos eran inmensos. Tenía poco tiempo entre los vuelos. Mi avión de Yuma, Arizona, aterrizó en el aeropuerto internacional de Phoenix. Bajé del avión y recogí mi equipaje. Sólo tenía veinte minutos para llegar a la siguiente puerta y tomar el vuelo de Phoenix a Houston. Memoricé la puerta, E-27, y guardé el boleto en el bolsillo, ya que debía usar las dos manos para cargar bolso, equipaje y portafolio.

> La fe hace posibles las cosas, no sencillas.
>
> ANÓNIMO

En pocos minutos estaba completamente perdida y empecé a dejarme llevar por el pánico. De alguna manera, acabé a la mitad de una sala cavernosa ¡sin nadie a mi alrededor! Mientras daba vueltas para ver si había alguien que pudiera ayudarme, comencé a rezar: "Por favor, Dios mío, estoy perdida y sólo dispongo de unos minutos para llegar a mi avión. ¡Ayúdame, por favor!".

Traté de contener un sollozo y volví a dar vuelta. A mi lado se hallaba un joven alto y bien parecido, de cabello y ojos oscuros, vestido con un uniforme azul. No lo había visto entrar en la sala.

—¿Puedo ayudarla, señora? —preguntó.

—Sí —sollocé—, estoy perdida y sólo tengo unos minutos para llegar a mi siguiente vuelo.

El joven sonrió.

—Sígame —pidió.

Me llevó por unas escaleras y una puerta hasta donde estaba un autobús de pasajeros.

Cuando el conductor abrió la puerta, el joven le dijo:

—Llévala a la puerta E-27 y apresúrate; sólo tiene unos minutos para llegar.

Subí los escalones del autobús y luego me detuve. Giré para darle las gracias al joven, pero ¡no había nadie!

Me senté y miré por la ventana. No lo vi por ninguna parte.

Estaba desconcertada, pero me sentía tan angustiada por llegar a la puerta de salida de mi vuelo que ya no pensé más en eso.

Apenas logré llegar a tiempo. Cuando saqué el boleto del bolsillo para dárselo al hombre de la puerta, me vino a la mente que no le había enseñado mi boleto, ni le había dicho al joven a qué puerta tenía que ir.

Pensé en esto durante el corto viaje a Houston. Cuando bajé del avión me di cuenta de que en esta ocasión sólo tenía quince minutos para llegar al siguiente vuelo y tenía que recorrer veinte puertas para llegar.

—Ay, no —gemí—, ¡no otra vez!

—¿Le puedo ayudar, señora? —escuché una voz familiar.

Al girar, ahí estaba el joven alto y bien parecido, de cabello y ojos oscuros, que llevaba puesto un uniforme azul. Estoy segura de que me quedé parada como tonta con la boca abierta.

Me sonrió.

—Sí, necesito tomar un vuelo a Tulsa, Oklahoma —farfullé— y sólo tengo quince minutos para llegar.

Salió al pasillo y llamó un carrito.

—Llévala a la puerta 22 —le dijo al conductor—. Sólo tiene unos minutos.

Subí al carrito y miré atrás, pero por supuesto no había nadie.

Después de que me acomodé en mi asiento y el avión despegó, pensé en estos dos sucesos extraños. O el joven tenía un gemelo, o me había ayudado un ángel; el mismo ángel en ambos aeropuertos. Sólo había una explicación. Había rezado y le había pedido a Dios que me ayudara. Él envió a un ángel disfrazado de un joven alto y bien parecido para que me ayudara con mi vuelo a Houston y el mismo ángel me esperó ahí para ayudarme a tomar mi vuelo a Tulsa.

Una sensación de paz me llenó al darme cuenta de que Dios siempre responde a las plegarias y envía a un ángel o a alguien para ayudarnos en el camino.

~Pat Kane

86

Un ángel en un Buick amarillo

Me encanta mi trabajo como terapeuta de desarrollo de niños con necesidades especiales. Utilizo juguetes educativos, como rompecabezas y libros, y trato de lograr que hablen, sigan instrucciones sencillas y se comporten en formas más apropiadas para su edad. A menudo, las sesiones de terapia son más productivas cuando los niños están en sus ambientes naturales, los cuales son, por supuesto, sus hogares. Aunque me fascina mi trabajo, a veces me lleva a algunos vecindarios peligrosos.

> Los ángeles y los ministros de la gracia nos defienden.
>
> WILLIAM SHAKESPEARE

Un día, acababa de terminar mi última cita y ya había oscurecido. Caminé de prisa hacia mi auto, me subí y puse el seguro de la puerta. No me sentía muy cómoda en este vecindario durante el día, y ahora que estaba oscuro, me sentía mucho más insegura. Para colmo, ésta era mi primera visita a esta casa en particular y no sabía cómo llegar a la avenida principal.

Me alejé de la casa, di vuelta en una calle lateral e hice algunos otros giros antes de darme cuenta de que estaba completamente perdida y el vecindario había empeorado mucho.

Seguí conduciendo con la esperanza de ver algún punto de referencia reconocible. Sin embargo, mientras más conducía, más confundida y extraviada me sentía. Doblé otra calle y me di cuenta demasiado tarde de que era un callejón sin salida. Estaba tratando de dar la vuelta al automóvil cuando varios adolescentes de aspecto peligroso comenzaron a caminar hacia mí. Esta parte de la ciudad era conocida porque había muchas pandillas y cuando en los noticiarios se hablaba de delitos violentos, éste era el lugar donde casi siempre ocurrían. Al acercarse, los muchachos comenzaron a gritarme cosas vulgares.

"Por favor, Dios, por favor, muéstrame cómo salir de aquí", recé. "Protégeme de estos muchachos y sácame de aquí."

Para entonces, los muchachos se habían desplegado por la calle. La única forma de salir sería atropellándolos. Entonces alcancé a ver el brillo de algo metálico. Me di cuenta de que uno de los muchachos llevaba una pistola u otro tipo de arma. Las lágrimas y los rezos brotaron de inmediato.

"Necesito Tu ayuda, Dios", murmuré mientras se acercaban.

Entonces, de la nada, un auto salió de una cochera cercana. El auto salió en reversa frente al mío y quedó entre los muchachos y yo. El conductor empezó a avanzar, despacio al principio y luego acelerando un poco. Me di cuenta de que los adolescentes tendrían que moverse o arriesgarse a que los atropellara ese auto. Sin pensarlo, pisé el acelerador y lo seguí. Los muchachos se quitaron de en medio y yo pasé velozmente junto a ellos.

Aunque me sentía aliviada por haber escapado de estos chicos en el callejón, seguía perdida en el vecindario. El auto seguía delante de mí, y fue entonces cuando noté una calcomanía pegada en la defensa del auto que decía: "Dios es mi copiloto".

De nuevo se me llenaron los ojos de lágrimas cuando comprendí que Dios había respondido a mis plegarias. Murmuré unas rápidas palabras de agradecimiento y decidí seguir al auto. Me guió fuera del vecindario y me llevó a la avenida principal que necesitaba tomar para llegar a casa. En cuanto llegamos a la avenida principal, el auto se detuvo en el arcén y el conductor me saludó con la mano. Yo le devolví el saludo y me fui a casa.

Durante mi siguiente visita a ese vecindario, le mencioné a la familia de mi estudiante lo que había ocurrido.

—Pensé que algo terrible iba a suceder, pero entonces un auto, un Buick amarillo brillante, se interpuso entre los muchachos y yo —relaté.

—¿Dónde estabas? —preguntó el padre de mi alumno—. Porque nunca he visto un auto así en este vecindario.

—Pues salió de una de las cocheras de las casas en un callejón sin salida —respondí.

Pero el padre negó con la cabeza.

—No lo creo, Diane. Sólo hay un callejón sin salida en este vecindario y la mayoría de las casas de esa calle están tapiadas. Nadie vive ahí debido a que los problemas con las pandillas han empeorado.

—Pero el Buick amarillo... —protesté.

Finalmente, el padre de mi alumno me convenció de ir al callejón sin salida con él. Yo estaba segura de que se trataba de la misma calle en la que había estado la semana anterior. Pero él tenía razón. Nadie vivía ahí, incluso la casa de donde salió el Buick, estaba tapiada. Nadie vivía ahí desde hace mucho tiempo.

—Entonces, ¿cómo...? —comencé a preguntar, pero entonces la vi.

Pegada en la puerta sucia de una de las casas había una calcomanía pegada que me resultó conocida.

Entonces caí en la cuenta que el conductor del Buick amarillo no era un hombre común y corriente. Dios lo había enviado para protegerme, guiarme y alejarme del peligro.

Incliné la cabeza y agradecí a Dios su amor y protección, y por enviarme a un ángel en un Buick amarillo.

~Diane Stark

87

Ve a casa

—¡Jim! —grité aterrorizada cuando di vuelta y entré en la cocina, justo a tiempo para ver las voraces llamas que tocaban la parte inferior de la alacena—. ¿Qué estás haciendo?

—Estoy preparando pan tostado, mami —respondió con orgullo. Como no había encontrado el pan, llenó el tostador de galletas.

Con las manos temblorosas, desconecté el tostador, lo arrojé al fregadero y le eché agua. Siempre le había tenido miedo a los incendios en la cocina. Ahora casi ocurría uno.

> Porque su Padre
> sabe lo que ustedes
> necesitan antes de que
> se lo pidan.
>
> MATEO 6:8

Sin embargo, por esta vez pude evitar un desastre. Sentía que las rodillas se me doblaban y apenas conseguí llegar a una silla, en la que me desplomé. Levanté la mirada al cielo y en silencio reclamé a mi esposo recién fallecido por abandonar a su familia y dejarme con todas las responsabilidades.

Por supuesto, esta actitud no era nada racional. Su muerte a manos de un conductor ebrio no calificaba su ausencia de nuestra familia como abandono, pero yo no pensaba de manera racional en esos momentos. La responsabilidad de mantener a salvo a este niño travieso de tres años me pesaba mucho.

Una semana antes fui a su cuarto a sacudir el edredón, esperando verlo flotar sobre la cama y, en cambio, dos huevos crudos y una lata abierta de jarabe de chocolate salieron disparados por la habitación. ¡Puf! Las paredes, los zócalos y la alfombra de su cuarto requirieron un serio trabajo de limpieza por esa travesura.

Y luego también estaban esos momentos de enorme angustia en que oía el temido resuello provocado por el asma. Fui a buscarlo y lo encontré en el pasillo: la espuma del limpiador de baños le escurría por la frente y estaba a punto de llegar a los ojos.

—¡Me puse aerosol en el cabello como tú, mami! —me informó alegremente.

¿Ésa fue la semana, o después, cuando tomó las tijeras para colocárselas peligrosamente cerca de los ojos porque quería cortarse sus hermosos rizos rubios? Era fácil perder la cuenta de todas las crisis que provocaba.

Hoy, francamente me sentía abrumada. Extrañaba la conversación, la compañía y el comportamiento predecible de un adulto. De pronto pensé: "Puro trabajo y nada de juego, me vuelve aburrida". Me dejé caer en el sofá.

Comencé a cambiar de canales sin prestar atención en realidad. Me llamó la atención *Plaza Sésamo*.

—¡Kim! ¡Jim! —grité—. ¡Vengan a ver lo que hace Abelardo! —tal vez Jim se entretendría el tiempo suficiente para permitirme lavar el auto; otra tarea masculina que se había vuelto mía.

Una vez afuera, comencé a lavar el auto. Después de unos minutos, oí que sonaba el teléfono y cerré la llave de agua.

Kim, de cinco años, me llamó:

—Mamá, es para ti.

Me llamaba un amigo al que no había visto en mucho tiempo.

¿Que si quería verlo para cenar? ¿Sólo para salir de la casa un rato? ¡Claro que quería! Llamé a la niñera y pasé el resto de la tarde arreglándome para salir.

Preparé la cena de los niños, mientras Jim corría por toda la casa disfrazado del Hombre Araña, atormentando con constantes interrupciones a su hermana, que trataba de producir una obra de arte con crayones y papel.

"A veces quisiera saber de dónde saca Jim tanta energía", pensé y moví la cabeza. "¡Quisiera encontrar su fuente de energía!"

Llegó la niñera y después de darle las instrucciones acostumbradas que dan los padres, besé a Kim y a Jim y salí para encontrarme con mi amigo.

El restaurante era especialmente pintoresco. La luz de una vela le daba a los cubiertos un cálido resplandor. La vajilla de color hueso me recordó la luz de la luna pintada en un plato. Y la comida era perfecta.

Nos sentamos y conversamos. Luego, de la mesa nos dirigimos al bar, donde conversamos un poco más. Sentí cómo me relajaba. ¡Cuánto necesitaba pasar un rato así!

Entonces me vino un pensamiento: "Ve a casa ahora, Jim te necesita".

El pensamiento me vino súbitamente y acabó con mi sensación de bienestar. ¿Tendría algún fundamento? No creí que fuera posible que supiera desde lejos si Jim me necesitaba. Traté de quitarme la idea de la cabeza y concentrarme en la historia que me estaba contando mi amigo.

"Jim te necesita, ve a casa." Ahí estaba de nuevo. ¿Era yo misma, o alguien más? La sensación apremiante y la inquietud fueron más de lo que podía tolerar y me disculpé.

—Lo siento, no comprendo qué me pasa, pero creo que debo ir a casa. Tengo el presentimiento de que Jim me necesita.

El camino a casa me pareció eterno. Mi amigo, preocupado, fue conmigo. Bajé corriendo del auto hacia la casa y al entrar encontré a la niñera dormida en el sofá. La habitación de Jim estaba vacía.

Comencé a buscarlo y lo encontré dormido sobre mi cama; su hermoso cabello rubio estaba empapado de sudor debido a la fiebre. Era evidente que había ido a buscarme cuando se sintió mal y, como no me encontró, buscó confort en mi habitación.

La piel alrededor de los ojos y la boca tenía un color azulado. Un débil sonido sibilante salía de su boca. Estaba haciendo muy poco esfuerzo al respirar. Aterrorizada, lo levanté y lo sacudí, llamándolo por su nombre. Abrió los ojos un momento y luego los cerró.

Lo llevamos a toda prisa al hospital, donde el personal de urgencias lo atendió; mientras tanto, me quedé dando vueltas de un lado a otro en la sala de espera. Cuando por fin me dejaron verlo, Jim estaba despierto. Tenía puesta una máscara de oxígeno y se veía pequeño, débil e indefenso. El médico me dijo que las radiografías indicaban que Jim tenía neumonía en ambos pulmones. Durante casi toda la semana siguiente, estuvo en una carpa de oxígeno.

Finalmente, una tarde, durante el horario de visita, lo encontré corriendo por toda la sala de pediatría creyéndose de nuevo el Hombre Araña. En ese momento estuve más segura que nunca de que ser mamá es la ocupación más feliz que una mujer tiene el privilegio de tener.

Nunca comprenderé cómo pasó de estar tan activo, sin señales de la enfermedad cuando me fui a ver a mi amigo, a estar tan cerca de la muerte cuando llegué a casa y lo encontré. Sin embargo, esto es lo que sí comprendo: nunca estuve realmente sola y sin ayuda criando a mis hijos. Nunca llevé a cuestas todo el peso yo sola, como creía. Ahora sé que recibí ayuda invisible. Aprendí eso cuando escuché que un ángel me decía: "Ve a casa, Jim te necesita".

~Carol A. Gibson

88

En búsqueda de mi camino

A veces, la ingenuidad es esencial para una aventura, porque cualquier persona con experiencia sería más prudente. A los diecinueve años era tan ingenua como una niña. Crecí en un pequeño pueblo de Oklahoma con una población de 3,000 habitantes y rara vez viajé de niña. No conocí el mar sino hasta que tuve diecisiete años. Por eso, cuando un amigo europeo me escribió para decirme que lo iban a operar y no iba a poder ir a Estados Unidos en diciembre, decidí ir a visitarlo a Europa.

Sola.

Hice mi equipaje: dos maletas enormes y una mochila, ya que esto era lo que permitían las aerolíneas en aquel entonces, y partí hacia mi aventura.

Viajé hacia Alemania, aunque Zurich, en Suiza, era mi destino final. Era más barato volar a Alemania y yo era estudiante universitaria, así que lo más barato siempre era el factor decisivo. Tenía un boleto de avión, suficiente dinero para el viaje redondo entre Frankfurt y Zurich y cincuenta dólares para gastar.

Me puse de acuerdo con mi primo, que estaba en el ejército, para que fuera por mí al aeropuerto y me llevara a la estación de trenes. Así sucedió y todo iba según lo previsto. Me mostró mi tren, se despidió y se marchó.

Ahí estaba yo, con dos grandes maletas y una mochila, todo lo cual me pareció una gran idea cuando estaba en Oklahoma. No lo fue tanto

> Nunca estamos tan perdidos como para que nuestros ángeles no puedan encontrarnos.
>
> STEPHANIE POWERS

cuando me di cuenta de que debía cargar con todo eso en el tren y también hacer un transbordo.

Se me dificultó bajar por unas escaleras eléctricas, mientras trataba de equilibrar lo que parecían ser todos mis bienes terrenales, hasta llegar al andén que pensé que mi primo me había indicado y esperé. No llegó ningún tren.

Cuando estaba ahí parada, un hombre se me acercó y sin preguntar a dónde iba o si necesitaba ayuda dijo en un inglés impecable:

—Creo que te equivocaste de andén —entonces me indicó a dónde debía ir. Le agradecí y partí.

Logré abordar el tren correcto y llegué bien a Zurich.

No fue sino hasta después, cuando ya era una viajera experimentada y residente de Zurich (ésa es una historia para otro día), que recordé esta aventura y me pregunté: si aquel hombre no me hubiera dado ese consejo espontáneo, ¿habría perdido el tren y no hubiera tenido idea de cómo tomar otro? Además, no tenía dinero suficiente para comprar otro boleto o para quedarme en un hotel. Entonces, ¿quién era ese hombre? ¿Cómo supo que me había equivocado de andén? Y lo más extraño de todo, sin preguntarme a dónde iba, ¿cómo supo qué tren debía tomar?

Siempre oímos hablar de que hay ángeles entre nosotros. Ese día, por fortuna, parece que uno ayudó a una viajera con espíritu de aventura, pero mal preparada para encontrar su camino.

~C. D. Jarmola

89

El ángel del kilómetro 40

Me encontraba en Yokayo Valley para competir en el Maratón del Russian River e intentar lograr mi primer maratón en menos de tres horas. No había podido alcanzar este objetivo en dos carreras anteriores, pero estaba seguro de que el Russian River iba a cambiar la situación.

Una voz a través del amplificador nos indicó que nos colocáramos en la línea de salida. Los corredores se quitaron los pants, se estiraron y se colocaron su número. Los primeros rayos de luz acariciaban el cielo cuando faltaban unos segundos para que diera inicio la carrera. El ruido del disparo de inicio retumbó en mis oídos y comenzó la carrera.

> Todos somos ángeles con un ala y sólo podemos volar si nos abrazamos unos a otros.
>
> LUCIANO DE CRESCENZO

Durante un corto periodo, el grupo de corredores avanzó de manera compacta. Sin embargo, pronto se dispersó: los corredores de elite se adelantaron, los competidores con menos condición se rezagaron y otros simplemente mantuvieron el paso. Respiré con un poco de dificultad durante los primeros kilómetros, mientras mi cuerpo se ajustaba al trote. Para el tercer kilómetro, comencé a aflojarme. El ritmo se volvió rápido y fácil. La respiración se asentó y las piernas empezaron a moverse sin esfuerzo. Eché a volar la mente.

Si alguien pidiera que se diseñara la ruta ideal de un maratón, lo más probable es que esta cruzara el Yokayo Valley en Ukiah, California.

Al avanzar por el camino, los corredores pasan por incontables filas de viñedos en la bruma matutina. Se deleitan con los ciruelos y se maravillan con las flores de tonos rosados y blancos que adornan los árboles frutales. La intensa belleza natural de la carrera de 42 kilómetros se queda grabada en la mente.

Correr un maratón es como escribir prosa. Es cuestión de introspección. Un buen maratonista siempre está pendiente de sus signos vitales. La hidratación y la respiración son importantes. El ritmo cardiaco y la condición de los muslos y pantorrillas también deben cuidarse. Las preguntas internas nunca terminan: ¿qué tiempo hice en el último tramo? ¿Debo tomar agua en la próxima estación de ayuda? ¿Debo bajar un poco el ritmo y guardar algo para el final?

Desafortunadamente, no presté atención a nada de eso aquel día. Aumenté la velocidad, silenciosa y confiadamente. Los kilómetros pasaban sin esfuerzo. Tenía una visión en mente: eran los últimos kilómetros de la carrera y yo estaba a la delantera. Sólo había un corredor cerca, retándome. Se colocaba a mi lado y teníamos que acelerar al máximo para llegar a la meta. Los espectadores aplaudían y gritaban mi nombre. ¡Yo hacía un esfuerzo heroico, me adelantaba, rompía la cinta de meta y ganaba!

Mi fantasía transformaba mi realidad. O al menos eso es lo que trataba de hacer. Sin fijarme en los kilómetros que faltaban, corrí a toda velocidad, me adelanté y rebasé a otros competidores más sensatos. Corrí como poseído. Era un momento trascendental. Mi cuerpo se convirtió en una máquina. De pronto, hacer un maratón en menos de tres horas se volvió algo sumamente sencillo. Le restaría treinta, no, cuarenta minutos a mi mejor tiempo.

Sin embargo, en la última parte de la carrera se presentó una complicación. Se me acabó la energía antes de terminar. De pronto, las piernas se me entumecieron y parecía que la sangre no circulaba por ellas. Mi cuerpo comenzó a temblar por la fatiga, como trompo que empieza a tambalearse. En los maratones, esto se conoce como "la pared", un momento impreciso en el camino donde termina lo familiar y todo se vuelve extraño. La pared es un umbral de dolor que pocos se atreven a cruzar.

Un corredor serio llega a considerar la fatiga como los habitantes de una ciudad piensan en las alarmas de los autos. Uno sabe que supuestamente indican que algo malo está ocurriendo, pero las ha oído tantas veces que echas en saco roto la advertencia. Mi decisión fue terminar. Tendría que soportar la sensación de ardor en las piernas y continuar. En los siguientes kilómetros la sensación punzante que comenzó en las piernas se extendió a todo el cuerpo. Empecé a perder la capacidad de concentrarme. Además, tenía cólicos estomacales fuertes. Corrí agarrándome el estómago, haciendo muecas, gimiendo y doblándome.

Inventé una estratagema mental para mantenerme en movimiento. Imaginaría que la línea de meta estaba a sólo un par de kilómetros de distancia. Cuando recorriera esa distancia, lo haría de nuevo. Sin embargo, muy pronto empecé a sentir una fatiga indescriptible. Al pasar por la última estación de ayuda en el kilómetro 40, sentí que todo estaba perdido. Tomé agua; oí voces. El mundo se oscureció y caí en la orilla del camino.

Desperté lentamente, mirando el azul del cielo, aún vivo y con toda la intención de seguir así. Ya no sentía vergüenza por no terminar la carrera. Me había ganado que me llevaran a la meta. Esperé pacientemente a que llegaran los paramédicos y me levantaran.

Entonces oí que alguien me ordenaba: "¡Vamos, levántate!". Recuerdo que estaba totalmente desconcertado, primero por la orden y luego por lo infeliz que me hacía sentir la perspectiva de levantarme. Miré el camino. Ahí estaba un corredor, doblado, con las manos en las rodillas.

—Vamos —me alentó—. Terminaremos juntos —al hablar, el cuerpo del corredor se bamboleó.

¿Qué poderosas fuerzas reavivaron el fuego que se había apagado por el intenso dolor y fatiga? Nunca lo comprenderé. Sólo sé que las palabras de ese corredor fueron como un bálsamo curativo y su determinación como una dosis de adrenalina. Me ayudó a ponerme de pie y juntos, como los soldados entumecidos y exhaustos de Napoleón, corrimos, caminamos y nos arrastramos por el camino. Cuando vi la línea de meta sentí una oleada de energía. Aceleré, dejé a mi compañero atrás y crucé la línea final muy contento, asombrado y exhausto al mismo tiempo.

Me quedé ahí, esperando a mi amigo. Quería darle las gracias. Quería compartir una cerveza fría y unas risas mientras revivíamos la carrera. Sin embargo, nadie cruzó la meta detrás de mí. Revisé la rampa final, busqué entre la multitud y también en el estacionamiento. Fui a la pista a buscarlo. Nada. Fue como si mi compañero se hubiera esfumado en el aire. Un ángel había venido en mi rescate.

Desde entonces, he competido en muchos maratones, pero nada me ha dado una conciencia más profunda de mis límites emocionales y físicos. De forma más importante, gracias al ángel del kilómetro 40 aprendí una lección invaluable sobre la amistad y la camaradería; una lección que continúo transmitiendo a los demás.

~Timothy Martin

90

Perdida

La película del viernes por la noche llegó a su final y sonreí. El brillo de la televisión se veía reflejado en las caras de mis amigos y me di cuenta de que habían disfrutado de la película tanto como yo. Era una chica de diecisiete años y no había nada como salir con buenos amigos y chicos apuestos.

—¡Aaaah, estuvo fabulosa! —exclamó Jake.

La conversación y las risas llenaron la habitación. Vi el reloj. Eran las doce y media de la noche. Debía volver a casa.

Jake se acercó y se sentó conmigo en el sillón.

—Oye, ¿me puedes llevar a mi casa?

El corazón me empezó a latir con fuerza. Aunque era buena conductora y llevaba seis meses de práctica, tenía muy mala orientación. Había seguido instrucciones impresas muy detalladas para llegar a esta casa y contaba con un segundo conjunto de instrucciones para regresar a casa.

—No lo sé —respondí, vacilante—. No soy muy buena para orientarme.

—Es muy fácil —repuso él—. Vivo junto a la autopista.

Contuve la respiración y miré a los demás que estaban recogiendo sus cosas. ¿Quién más podía llevarlo? Quedaría como idiota si le decía que no al grandote, inocente y adorable Jake. Nadie comprendería mi miedo a perderme.

> Llamarás, y el Señor responderá; pedirás ayuda, y Él dirá: "¡Aquí estoy!"
>
> ISAÍAS 58:9

Me volví a ver a Jake y su mirada llena de esperanza. Era el muchacho más lindo que existía. ¿Qué tan difícil podía ser?

—Está bien —acepté.

El brazo fuerte y pecoso de Jake me envolvió.

—¡Gracias, Jenny! Es muy fácil. Ya verás.

El pequeño grupo se dispersó y Jake y yo subimos al auto de mis padres. Conduje a su casa que, por fortuna, estaba muy cerca de la autopista. Después de dejarlo en la esquina de su casa, le pedí que me ayudara con las indicaciones para regresar a mi casa.

—Sólo tienes que dar la vuelta en U e irte todo derecho hasta llegar a tu casa —respondió él.

—¿No voy a encontrarme con salidas o desviaciones donde tenga que escoger un lado u otro?

—Ninguna.

—¿Estás seguro?

—Completamente.

—Está bien. Buenas noches —lo vi caminar a su casa y respiré hondo mientras me decía: "Tú puedes". Di la vuelta en U para regresar a la autopista. Después de conducir un rato sin reconocer nada, una mirada ansiosa al reloj del tablero me informó que ya era la una y cuarto de la mañana. Me concentré en el camino y estudié cada señal y punto de referencia, desesperada por ver algo que reconociera. Miré fijamente dos grandes letreros verdes a los que me aproximaba rápidamente. Ay, no, no.

Una desviación.

¿121 Norte o 121 Sur? ¿183 Este u 820 Oeste?

Los nombres me resultaban familiares, pero no tenía la menor idea de cuál tomar. Sentía que el corazón se me salía del pecho. "Tú puedes lograrlo", me dije a mí misma. "Escoge uno, si no es el correcto podrás dar la vuelta e intentar otro".

Escogí un camino.

Iba hacia el sur. ¿O era al oeste? Me concentré en respirar con calma y seguir adelante, mientras buscaba algún edificio o zona que reconociera. Por fin, ya no pude negarlo; me había equivocado de camino.

"Está bien, está bien; sólo da media vuelta." Miré hacia adelante a la siguiente salida, mientras pensaba en qué estarían haciendo mis papás. ¿Estarían asustados o ya se habrían dormido desde hace horas pensando que llegaría a casa a tiempo como siempre? Como no tenía teléfono celular, no había forma de averiguarlo.

Tomé la siguiente salida. El camino seguía una curva pronunciada a la derecha y me di cuenta de algo estaba muy mal. Otro error. Uno grave.

Solté un grito de susto cuando me di cuenta de que no había tomado una salida, sino una especie de trébol.

Mis gritos se volvieron plegarias desesperadas en voz alta. En cuanto salí por la rampa, me orillé y miré atrás, por donde venía. Me tranquilicé mientras recorría con la mirada y analizaba mentalmente el laberinto de autopistas y letreros convergentes que se unían en una especie de círculo por medio de puentes y pasos a desnivel.

¡Dios mío, ayúdame!

Observé a mis alrededores. La zona estaba muy poco iluminada. Revisé que todas las puertas tuvieran puesto el seguro. Todos los edificios estaban en completa oscuridad, excepto uno.

Todas las escenas de las películas de terror que había visto pasaron frente a mis ojos, pero sabía lo que debía hacer. "Está bien, Dios", recé. "Confío en ti. Sé que no puedo quedarme aquí a la orilla del camino toda la noche. Por favor, protégeme. Confío en ti. Sin importar lo que suceda, confío en ti."

Estremecida y temblorosa, me estacioné frente a una pequeña cafetería que estaba abierta las veinticuatro horas. A través de las ventanas ahumadas sólo pude ver a hombres fuertes y atezados.

No había ni una mujer a la vista.

Con determinación estacioné el auto y abrí la puerta. Sentí que las piernas me temblaban, recé de nuevo y caminé hacia la entrada. Al llegar a ésta, la puerta se abrió y salió un hombre vestido completamente de blanco.

Entrecruzamos miradas y me impresionó su mirada compasiva. No le sorprendió encontrarme ahí y, por el contrario, parecía enterado de mi situación.

—¿Te puedo ayudar?

Su expresión era sincera y protectora, y su comportamiento dejaba traslucir calma y seguridad. Mientras lo observaba, me di cuenta de que mi miedo había desaparecido.

—Estoy perdida y necesito un teléfono para llamar a mis padres.

—¿A dónde necesitas ir?

—Al área de Hurst-Euless-Bedford.

—Bueno, pues ya me iba a casa, que está en Euless. ¿Quieres seguirme hasta que sepas dónde estás?

Me le quedé viendo y al contemplar su presencia reconfortante, su ropa blanca y su aparición tan puntual, además de la coincidencia de encontrar a alguien que, por casualidad, vivía en mi vecindario cuando me hallaba tan lejos de ahí, sentí el urgente deseo de preguntar: "¿Eres un ángel?". Sin embargo, lo único que dije fue:

—Muy bien, muchas gracias. Me parece bien.

Lo seguí un buen rato hasta que los alrededores pasaron de ser completamente extraños a vagamente conocidos y, al final, a "ya sé dónde estoy". Le agradecí a Dios una y otra vez y disfruté de una maravillosa sensación del alivio.

Cuando llegué a mi salida, dejé la avenida y no tardé en llegar a casa. Cerré la puerta tras de mí y aspiré el aroma familiar de mi hogar.

Sabía que ahora tenía una historia de terror que contarle a mis padres por la mañana y que pronto tendría un nuevo celular.

Y siempre me preguntaré: ¿acaso vi un ángel?

~Jenny Snow

91

"¡Atrás!"

Mi hijo Ryan era un niño de diez años, fanático del futbol, a quien rara vez se le veía sin un balón en los pies.

Una tarde fui a recogerlo de una práctica. Ya estaba oscuro y las luces brillantes proyectaban sombras enormes sobre el campo.

El viento comenzó a soplar del sureste. Se avecinaba una de las típicas tormentas eléctricas del centro de Florida.

> Todo se reduce a si uno cree en siete milagrosos escapes en una semana o en un ángel de la guarda.
>
> ROBERT BRAULT

Ryan estaba en la portería, atajando los tiros de los últimos compañeros de equipo que esperaban a que llegaran por ellos, cuando vi que una ráfaga de viento levantó la parte trasera de la portería, que no tenía bolsas de arena, ni piedras que la sujetaran al suelo.

El marco de madera maciza de la portería se inclinó hacia adelante y el travesaño quedó directamente encima de la cabeza de Ryan.

Ryan y los otros niños ni siquiera se dieron cuenta.

Yo no sabía qué hacer. Si le gritaba a Ryan, tal vez se volvería a mirarme, pero no se movería, o tal vez caminaría hacia mí sin salir de la zona de peligro. Quería correr hacia él a toda velocidad para alejarlo de ahí, pero no creía que pudiera lograrlo antes de que cayera el marco.

Me sentí impotente y no dije nada, pero clamé a Dios desde el fondo del corazón.

De pronto, Ryan, que seguía viendo al frente, ajeno por completo al peligro inminente, dio un paso atrás, dentro de la portería, sólo una fracción de segundo antes de que el pesado marco se desplomara a su alrededor. El travesaño pasó a sólo algunos centímetros de la cabeza de Ryan y cayó donde él había estado parado apenas unos segundos antes.

Corrí hacia él.

—¿Estás bien? ¡Qué gusto me da que hayas dado un paso atrás hacia el fondo de la portería! ¿Por qué lo hiciste? Era lo único que podías hacer para salvarte del peligro —le dije y, en ese momento, cobré conciencia de la verdad de esas palabras mientras lo ayudaba a salir de la red.

—Te oí gritar: "¡Atrás!" y te obedecí —respondió él.

—Pero yo no dije nada —contesté—. Nadie dijo nada. Todo pasó muy rápido. Ni siquiera sabía bien qué decirte.

Nos miramos y pensamos lo mismo.

—¿Crees que haya sido mi ángel de la guarda? —preguntó Ryan.

—Seguro que sí —afirmé y le di gracias a Dios por salvar a mi hijo.

~Barbara Routen

Caldo de Pollo para el Alma

10

CAPÍTULO

Ángeles entre nosotros

Protección angelical

8

92

Advertencia susurrada en la ciudad de Ángeles

—No te detengas —no era una broma; no había forma de que me detuviera en ninguna circunstancia.

Acababa de pasar por Sunset Boulevard después de salir de uno de los numerosos clubes de rock a lo largo de Sunset Strip. Era a finales de la década de los ochenta. El cabello largo y el heavy metal le habían clavado sus uñas pintadas de negro a toda la nación.

> Aguza el oído y escucha con atención a tu alma.
>
> ANNE SEXTON

Como representante de una gran variedad de grupos y actos musicales, la empresa para la que trabajaba funcionaba en ambas costas del país y también en el extranjero, desde su sede en Tokio. Teníamos una oficina en el elegante barrio de SoHo en Nueva York (antes de que las grandes empresas lo invadieran y cambiaran lo único por lo uniforme) y dos oficinas en Los Ángeles: una saliendo de Sunset Boulevard y otra en la zona residencial de Coldwater Canyon, una parte de Beverly Hills (sí, realmente estábamos en el código postal 90210). Todo ello resultaba fascinante para una chica de veintitantos que vivía su sueño de rock-n-roll. Era joven y me sentía en las nubes porque trabajaba en Nueva York y viajaba a Los Ángeles, por no mencionar otras partes del mundo.

Estaba sola en el pequeño y mugroso auto de la compañía. Salir de los clubes antes de la hora de cerrar no ayudó a evitar el tránsito. Incluso a la una y media de la mañana, el Strip estaba atestado de fanáticos con delineador en los ojos y luciendo prendas de Spandex, imitadores baratos que hacían pucheros con labios pintarrajeados y otros roqueros desadaptados que salían de lugares como el Whisky, The Roxy y el Rainbow.

Odiaba tener que irme "temprano", pero en realidad, estaba exhausta. Demasiadas reuniones y demasiada locura de los miembros de los grupos me habían agotado a tal grado que ni siquiera una noche de clubes de heavy metal podía reponer mi energía. Tenía una agenda llena de citas importantes con compañías disqueras y juntas con promotores, una tras otra. Necesitaba estar concentrada. Por más que quería aprovechar hasta el último segundo de mi experiencia en Los Ángeles, debido al cansancio ya no podía ni hilar una oración.

Mi destino era una ruta de doble sentido que serpenteaba entre las colinas: Gloaming Way. Se suponía que quedaba a menos de quince minutos de distancia del Strip, pero en realidad, con el tránsito, podía tardar hasta veinticinco minutos en regresar a la casa, precisamente en Gloaming. Pero para llegar ahí, debía pasar por Coldwater Canyon Drive.

¡Cómo detestaba tener que pasar por ahí! Si durante el día daba miedo, en plena noche era mucho peor.

Coldwater Canyon Drive, temible y traicionero, siempre me asustaba. Al subir por las montañas, se unía con Mulholland, otra avenida sinuosa por la que hay que conducir con cuidado. Gracias al cielo, mi salida era antes de llegar a ese camino de pesadilla.

Pasando Sunset, debía dar dos vueltas a la derecha, una en N. Rexford y otra en N. Beverly, para llegar al largo tramo de Coldwater Canyon Drive por el que tenía que subir.

Aún me dolían los oídos después de una noche de música a todo volumen. Prendí el radio y bajé un poco el cristal de la ventana para sentir el aire fresco. Mi ropa y cabello apestaban a humo de cigarrillos.

Al dar la vuelta en N. Rexford, por el espejo retrovisor vi los faros delanteros de un auto que se acercaba velozmente. Mi primera intención fue acelerar, pero luego pensé: "¿Por qué debería hacerlo? Que ellos disminuyan la velocidad".

Había un semáforo en alto un poco más adelante, por lo que empecé a frenar. El auto de atrás golpeó ligeramente la defensa de mi auto.

—No te detengas.

Iba sola en el auto, pero una voz me acababa de susurrar la orden: "No te detengas".

No era el locutor de radio.

No era la canción.

No era una voz en mi cabeza.

En los últimos meses había oído en las noticias sobre accidentes que ocurrían así. Cuando el conductor se bajaba para revisar el daño, o para intercambiar información del seguro, la persona que iba en el auto de atrás lo asaltaba, o hacía algo peor.

Eran casi las dos de la mañana. Ni loca bajaría del auto. Además, si había daños, serían a mi auto y en ese momento, era lo que menos me importaba. Por lo tanto, obedecí la orden de la voz susurrante en mi oído.

No tenía tiempo para asustarme por la voz, no había tiempo de pensar en qué podría ser.

Continué por N. Rexford y el mismo auto siguió detrás de mí con las luces altas encendidas. Golpeó la defensa de mi auto una y otra vez hasta que entendí que no había sido un accidente.

—No te detengas.

Ahí estaba la voz de nuevo, sólo que más fuerte y más clara. No había nadie más en el camino. No había autos ni peatones. Conduje al límite de velocidad hasta llegar a N. Beverly, donde llegué a otro semáforo. El auto me golpeó de nuevo, sólo que esta vez fue tan fuerte que empujó el mío hasta la intersección.

—NO TE DETENGAS.

Esta vez la voz reverberó por todo mi cuerpo.

En un solo segundo tuve la certeza de cuatro cosas: detenerse en N. Beverly no era opción; el conductor del auto que venía detrás de mí quería hacerme daño; no iba a ir a la casa y aunque estuviera sola en el auto, no estaba sola.

Lo que sucedió después no lo puedo explicar. Ni siquiera después de veinte años.

Se apoderó de mí una gran urgencia por llegar a una estación de policía. La cuestión era que no tenía idea de dónde había una; por lo menos, no tenía ninguna idea consciente al respecto. De pronto sentí una gran calidez y fue como si otro par de manos se posara sobre las mías. Giré el volante a la izquierda para dar vuelta en U en la intersección y regresar por donde venía, por N. Beverly, hacia N. Rexford y continué más allá del lugar de donde había salido hasta llegar a Santa Monica Boulevard.

No podía ver el otro auto por el espejo retrovisor, pero eso no significaba que no estuviera ahí. No estoy segura de la velocidad a la que iba, pero ya no era dentro del límite permitido.

Y ahí estaba. No el automóvil, sino la estación de policía de Beverly Hills. Me metí al estacionamiento. ¿Y el auto que me seguía? Se había ido.

En ese momento, apagué el auto y apoyé la frente en el volante. Entonces comencé a temblar de manera incontrolable. Lo sensato era bajar del auto y denunciar todo lo ocurrido a la policía. No podía hacerlo.

Por increíble que parezca, ya no tenía los oídos tapados por el ruido de una noche entera de música a todo volumen. Podía oír con claridad.

¿Qué canción estaba en la radio?

"Angel" de Aerosmith.

—Escucha la letra.

Así lo hice.

Me quedé sentada en el auto llorando.

Sola, pero no sola.

Cuando cuento la historia de lo ocurrido, muchos tratan de explicar la situación para encontrarle un sentido racional: "Estabas preparada. Habías oído hablar de los asaltos después de los choques y por eso no te detuviste"; "Ah, de seguro fue tu subconsciente el que te habló o el radio".

Sin embargo, no fue así.

Lo que no cuento es que ésa no era la primera vez que me salvaba mi ángel de la guarda.

Y tampoco fue la última.

~Syndee A. Barwick

93

Salvada por la Voz

Después de dar clases en una preparatoria todo el día, pasé la tarde y parte de la noche corrigiendo los trabajos de investigación de los alumnos del último año. Entregar un trabajo bien escrito y formateado, de ocho a diez páginas, con las notas bibliográficas correspondientes de las obras citadas, era un requisito para graduarse.

Había omitido la cena y trabajado mucho más tarde de mi hora habitual, ya debería estar acostada, pero estaba orgullosa de haber terminado de calificar los veinticinco trabajos. Mañana, los estudiantes y yo podríamos hablar sobre los cambios que necesitaban realizar.

> Sal con anticipación,
> conduce despacio,
> vive más tiempo.
>
> ANÓNIMO

La ruta que me llevaba a casa transcurría entre kilómetros de arbustos de arándanos y la neblina iluminada por los faros que danzaba en el pavimento. Ya fuera con las luces altas o bajas, no podía ver mucho más allá del frente de mi auto.

Sólo quería llegar a casa a dormir. Había recorrido este camino todos los días de trabajo por casi treinta años. A pesar de la neblina, iba a buena velocidad, impaciente por llegar a casa a descansar.

—Disminuye la velocidad —imploró una voz adusta.

Sorprendida, quité el pie del acelerador y miré rápidamente por el espejo retrovisor para ver si tal vez un estudiante se había metido a hurtadillas en el asiento trasero del auto.

—¡Para!

La orden fue un grito, claro y estentóreo. Pisé el freno con fuerza, sumamente nerviosa y temblando de pies a cabeza.

Aun así no vi nada en el camino delante de mí, ni razón para alarmarse.

Con el auto completamente detenido, me quedé ahí un momento con el motor encendido, mientras me decía que había actuado como tonta y que estaba demasiado cansada o hambrienta y que mi imaginación me estaba jugando una mala pasada.

Respiré profundamente y comencé a avanzar muy despacio.

Unos segundos después un reno enorme salió de la niebla directamente frente a mí. Pisé el freno de nuevo, me detuve y exhalé un enorme suspiro de alivio.

En treinta años nunca había visto un reno en esta zona. Son animales enormes. Este ejemplar tenía cuernos tan grandes como el ancho del automóvil, y estoy segura de que pesaba más de cuatrocientos cincuenta kilos.

No hay duda de que si no hubiera hecho caso a la misteriosa advertencia, habría chocado con este monstruo del bosque y habría muerto ahí esa noche.

—Tienes un ángel de la guarda —opinó una colega al día siguiente cuando le conté mi historia en la sala de maestros.

—Qué bueno —dijo el director—. Necesitamos tu ayuda para que estos chicos obtengan sus diplomas.

Su comentario no fue muy compasivo, pero tal vez tenía razón. Tal vez me salvé porque tenía trabajo que hacer. Tal vez aún me necesitaban en la Tierra.

Colgué un pequeño ángel de cristal en mi espejo retrovisor para recordar que siempre debo escuchar y responder de inmediato sin hacer preguntas.

~Jan Bono

94

Aprender a escuchar

Siempre supe que había más en este mundo de lo que la gente cree. Me encantaba leer sobre fantasmas y espíritus, ángeles y seres de luz que vienen a ayudarnos y guiarnos. Sin embargo, nunca me habían hecho sentir su presencia hasta que nació nuestra hija.

Jim y yo compramos nuestra primera casa un año antes de que Eryn naciera. Estábamos muy orgullosos de esa casa aunque no tuviéramos agua corriente, colocáramos plástico en las ventanas y usáramos una puerta hecha en casa que atrancábamos con un cuchillo para untar mantequilla. Durante el día se podía ver el exterior a través del espacio entre las paredes y el techo. Sin embargo, teníamos una casa y 48,500 metros cuadrados que podíamos llamar propios. Celebramos grandes fiestas en esa casa y se convirtió en el lugar de reunión de todos nuestros amigos.

> Los ángeles están a nuestro alrededor, todo el tiempo, hasta en el mismo aire que respiramos.
>
> EILEEN ELIAS FREEMAN
> *The Angels' Little Instruction Book*

Pasamos un invierno muy crudo cuando Eryn sólo tenía un año. Nuestra única fuente de calor era una chimenea con puertas de vidrio y un ventilador integrado en la parte superior. Jim trabajaba como soldador en el lugar donde las fabricaban. La chimenea calentaba la estancia, pero el resto de la casa estaba helada debido a los agujeros entre las paredes y el techo. Nunca pudimos encontrar y parchar todos los agujeros.

Un día acosté a Eryn sobre su cobija en el suelo, sólo con el pañal puesto y rodeada de sus juguetes favoritos. Por mi parte, me acurruqué en el sillón, desde donde podía vigilarla, a leer. El fuego ardía y la vida se sentía muy acogedora y completa.

De pronto sentí como si hubiera una presencia junto a Eryn y un pensamiento pasó por mi mente: "Llévala al otro lado de la habitación".

"Qué raro", pensé. "Se ve muy contenta donde está. ¿Por qué habrá ocurrido eso?"

Después de recorrer la habitación con la vista, no descubrí nada que pudiera lastimarla, por lo que continué leyendo.

Unos minutos después volví a sentir la presencia y esta vez parecía más grande, como si quisiera llamar mi atención. Pero de nuevo, lo atribuí a mi imaginación.

Entonces escuché las palabras en mi mente como si no vinieran de mí, sino como si las pronunciara otra persona.

—Llévala al otro lado de la habitación.

De nuevo, miré a mi alrededor y no vi nada.

"Debe de ser mi imaginación", pensé. "No hay razón para moverla."

Cuando me disponía a volver a mi lectura, la piel de los brazos se me erizó. La presencia se volvió innegable.

—¡Vicky! ¡Llévala ahora! —ordenó.

Bueno, me llamó por mi nombre. Antes de que tuviera tiempo de pensarlo, salté del sillón, tomé a la pequeña Eryn en brazos y tiré de la manta para llevarla al otro lado de la habitación. Ni cinco segundos después, estalló el vidrio de la chimenea y los pedazos de vidrio ardiente cayeron en el lugar donde estaba Eryn, derritiendo el suelo de linóleo.

Sostuve a mi bebé y empecé a temblar y a llorar, mirando sin poder creer los fragmentos de vidrio en el suelo, justo donde Eryn estaba unos segundos antes. Sentí una oleada gratitud con ese ser increíble, cuya presencia podía sentir en la habitación, que vino a salvar a nuestra hija del peligro.

Aunque siempre había creído que los ángeles visitan a los mortales, nunca pensé, ni en mis sueños más descabellados, que un ángel me visitaría.

Creo que fue el ángel de la guarda de mi hija, que vino a cuidarla y a protegerla.

A lo largo de la vida de Eryn, le he pedido al ángel que la acompañe. Durante su adolescencia, sé que su ángel la libró de salir herida en un accidente terrible en el cual el conductor de la camioneta donde iba perdió el control en un terraplén empinado. Creo que el mismo ángel cuidó a nuestra otra hija, Amy, y a su amiga y evitó que se subieran a la parte posterior de esa camioneta.

Después de ese accidente, que provocó que un joven quedara paralítico, Amy me contó que se había subido a la parte trasera de la camioneta, pero entonces oyó una voz.

—¡Baja de la camioneta ahora!

Estaba tan sorprendida y asustada que bajó de inmediato y le dijo a su amiga que permaneciera con ella. Amy está convencida que haber obedecido a esa voz le salvó la vida.

A lo largo de los años he aprendido a hacer caso a estas voces de advertencia. Me han ayudado muchas veces a mí, a mis hijos y a mis nietos.

~Vicky Ford

95

Un ángel al volante

En junio de 1997, viajé a Montreal desde mi hogar en Toronto. Unos amigos cercanos me habían pedido que fuera el DJ en su recepción de bodas. Las difíciles circunstancias financieras por las que pasaba en ese momento me obligaron a planear un viaje rápido, además, tenía otros compromisos al día siguiente.

Al planear el viaje me di cuenta que necesitaba llevar mi equipo y viajar siete horas el día de la boda y volver inmediatamente después de la recepción. Serían casi catorce horas al volante; una experiencia vertiginosa en veinticuatro horas. Ya no era un muchacho, pero pensé que podía lograrlo.

Los ángeles brillan en el exterior porque sus espíritus están encendidos desde dentro por la luz de Dios.

EILEEN ELIAS FREEMAN
The Angels' Little Instruction Book

La mañana del sábado metí mi equipaje a la camioneta, me despedí de mi familia, ya que mi hija era demasiado pequeña para este viaje, y partí solo. El viaje a Montreal fue agradable: un día cálido de finales de primavera y un viaje maravilloso por una de las autopistas más bonitas de Canadá. Llegué a Montreal por la tarde, instalé mi equipo y tuve dos horas para relajarme antes de que empezara la recepción. Paseé por el centro de Montreal y disfruté el ser un turista observador. Pensé en dormir un rato en la camioneta, pero hacía mucho calor en el estacionamiento.

La recepción sería en uno de los hoteles más espléndidos de Montreal. Como mis amigos eran de ascendencia griega, su boda se celebró a la usanza griega y sirvieron comida típica de ese país. Tuve cuidado de evitar el alcohol, ya que me esperaba un largo viaje de regreso a casa. La fiesta fue muy divertida y me dio mucho gusto haber participado en esta maravillosa experiencia. A la una de la mañana la música terminó y comencé a empacar y cargar el equipo en la camioneta. Cerca de las dos de la mañana, emprendí el largo viaje de vuelta.

Es extraño viajar de noche por un camino por el que uno pasó apenas unas horas antes con luz de día. Las luces y las sombras crean una imagen etérea que me resulta muy poética. El paisaje, el radio y yo íbamos a estar juntos las siguientes siete horas. Una hora después de partir, la oscuridad total envolvió el paisaje al llegar a la zona rural que atravesaría en aproximadamente cinco horas y media.

La autopista 401 de Canadá es similar a las carreteras interestatales de Estados Unidos: tiene dos carriles en cada dirección, separados por una mediana de césped, y mide aproximadamente treinta metros de lado a lado. Con el paso del tiempo empecé a resentir los efectos del cansancio. Un truco que conocía, de años de viaje como músico, era esperar lo más posible para consumir café. De esa forma, producía plenos efectos. Tenía pensado detenerme un poco más adelante.

Cerca de las cinco de la mañana, cuando empezaba a clarear el día, el cansancio ganó la batalla. Durante la mayor parte del viaje, el mío había sido el único vehículo a la vista. Lo último que recuerdo con claridad es que iba circulando por la autopista. Lo siguiente que recuerdo es que estaba estacionado del lado izquierdo de la mediana que dividía el camino.

Pensé que había estado soñando, pero me sentía confundido acerca del porqué me había detenido. Abrí la puerta para bajar del auto. De pie al lado de la camioneta, miré atrás y observé la mediana. El pasto, que medía entre medio metro y un metro de altura, en ciertas partes mostraba huellas de neumáticos que se extendían casi medio kilómetro. Las marcas mostraban que un vehículo se salió de la autopista y bajó por la pendiente hasta el fondo de la mediana, entre rocas y montículos, luego giró y terminó donde estaba mi camioneta.

Me había salido del camino y de alguna manera había logrado regresar a la autopista y detenerme sin peligro después de haber golpeado únicamente dos marcadores del camino que tenían letreros reflectantes a la orilla de la autopista.

Pensé en el sueño que había tenido hace un momento. Sabía que estaba al volante, pero una luz blanca y brillante me rodeó con calidez, como si me cubriera con mantas abrigadoras desde los hombros hasta las manos. Sentí el volante mientras estaba envuelto en lo que sólo puedo describir como un manto de paz. Todo era muy apacible y, sin embargo, estaba consciente del traqueteo y los giros del vehículo.

De pie detrás de la camioneta, miré horrorizado las huellas de los neumáticos y comencé a darme cuenta de que algo o alguien había intervenido para evitar una completa catástrofe. Dada la pendiente que bajaba al centro de la mediana, me sorprendió mucho no haberme volcado. Traté de imaginarme conduciendo por la mediana, pero no lo habría logrado. Era casi imposible, incluso para el conductor de pruebas más experimentado, por lo que un músico exhausto sería una víctima inmediata.

Las lágrimas me escurrieron por las mejillas. Pensé en la sensación de calidez y la luz brillante. Pensé en mi familia. Caminé alrededor de la camioneta y observé algunas abolladuras provocadas por las señales que derribé. Fui a enderezar los letreros reflectantes, luego encendí la camioneta y regresé a la autopista con cautela. No había pasado ningún vehículo mientras me detuve. Comencé a conducir y sentí la calidez a mi alrededor. Me pregunté una y otra vez: ¿qué había sucedido? ¿Por qué las consecuencias no habían sido catastróficas?

Tuvo que ser un ángel. Una presencia divina me envolvió y me salvó de lastimarme o de morir. La luz, la calidez y la calma que me rodearon me acompañaron el resto del viaje. Nunca vi un ángel en sí. No hubo una figura alada que apareciera majestuosa frente a mí. Definitivamente sentí una presencia, un poder que guió la camioneta de regreso a la seguridad del camino.

El regreso a casa estuvo lleno de asombro, agradecimiento y paz. Recordé historias que mi madre contaba de la Segunda Guerra Mundial, cuando ella era adolescente en Londres, Inglaterra. Ella nos dijo que había relatos de aviones británicos piloteados por ángeles en la desesperada lucha por frenar los ataques de la fuerza aérea alemana. "Figuras de luz", decía ella. Si alguien hubiera observado mi camioneta ese día, ¿habría visto una "figura de luz" al volante? Sigo pensando en ello y nunca dejaré de creer que un ángel condujo mi camioneta.

Dos veces más en mi vida he enfrentado situaciones que pudieron ser desastrosas. Ambas veces fueron en barcos comerciales: una en el Lago Ontario y otra en las aguas costeras del Océano Pacífico en la Columbia Británica. En ambas ocasiones el barco y la gente a bordo estuvimos en peligro. Y en cada una, sentí esa presencia cálida. No vi nada, pero estaba seguro que me protegían. Sentí que la paz estuvo siempre presente.

Le doy gracias al ángel que nunca se ha apartado de mi lado y algunas veces toma el volante. Siempre sé que está ahí.

~Peter J. Green

96

No estoy sola en realidad

El día comenzó como cualquier otro: una ducha rápida, una taza de café a la carrera y una ida al parque con mi perra. Mi vida se había vuelto muy prosaica. Ni siquiera tenía que pensar en lo que hacía. Solamente lo hacía sin sorpresas, emociones o alegrías.

Enviudé hace años; mis padres murieron hace mucho tiempo. Tenía pocos amigos. Me sentía sola y olvidada. Algunos días, parecía que lo único verdaderamente agradable que hacía era sacar a la perra a caminar.

A Salsa, mi perra Heinz 57, que pesaba dieciocho kilos, siempre le había gustado darle vueltas al parque antes de soltarla en el área cercada para perros. Esa mañana, justo después de doblar la segunda curva, vi a dos pit bulls blancos que venían corriendo. No llevaban collar y no parecían tener buenas intenciones.

> Cuando los ángeles llegan, los demonios se van.
>
> PROVERBIO EGIPCIO

Conociendo lo protectora y territorial que es mi perra, tiré de su correa y traté de llevarla al área cercada donde esperaba escapar de los pit bulls. No tuve suerte. Salsa no cedió terreno y se mantuvo firme, con la vista fija en los perros que se aproximaban.

Los pit bulls se centraron en su objetivo y cruzaron corriendo el campo de beisbol hacia nosotros. Las imágenes de una carnicería brutal se me agolpaban en la cabeza. Un perro saltaría sobre mí y el otro sobre mi perra. Ambos atacarían a Salsa y la despedazarían. Salsa trataría de protegerme y provocaría que las dos acabáramos muertas. Sin importar lo que realmente ocurriera, no iba a ser nada agradable.

Traté de conservar la calma y consideré rápidamente mis opciones. El bastón para caminar no serviría de protección contra dos bestias de más de treinta kilos y el aerosol de pimienta que llevaba desde que rescaté a Salsa hace diez años probablemente ya se había secado. Sin saber qué hacer, me lancé sobre mi temeraria perra y traté de cubrir su cabeza con mi cuerpo mientras rezaba desesperada.

De pronto, un adolescente apareció y comenzó a ahuyentar a los pit bulls con una patineta. ¿De dónde salió? No lo había visto cuando entré en el parque y nunca lo había visto por el vecindario. ¿Por qué estaba ahí? Sólo había una acera en el parque y no se veía tan retadora como para atraer a un chico en patineta, vamos, ni siquiera para un principiante. ¿No tenía miedo de que los perros lo mordieran? No parecían estar muy felices de que alguien intentara golpearlos con un pedazo de madera.

El más grande de los dos perros mostró los dientes y lanzó un feroz mordisco a la patineta. Sin miedo, el muchacho sacó de un tirón la patineta de la quijada del perro y la usó para golpearlo. El perro gimió y trató de huir del chico que blandía la patineta. Como es lógico, temiendo un golpe parecido, el segundo perro dio media vuelta y se fue hacia el fondo del parque. Viendo la prudencia del compañero que se había alejado, el primer perro lo siguió, perseguido por el muchacho y su patineta.

Aún en el suelo, miré a mi alrededor. Definitivamente, los perros se habían ido, pero también el muchacho. Quería darle las gracias por salir en mi defensa, pero no sabía quién era, de dónde había venido, o qué le había sucedido. En los meses siguientes, pregunté a todos los que frecuentaban el parque si alguien lo conocía, o lo había visto. Nadie lo conocía. Se materializó misteriosamente y luego, de forma igualmente misteriosa, desapareció. ¿Cómo ocurrió esto?

Entonces comprendí. En realidad no estaba sola ese día. No me habían olvidado. Dios siempre había estado conmigo, cuidándome e iluminándome. Tal vez Dios había enviado al adolescente. Tal vez no. De un modo u otro, me di cuenta de que Dios había acudido en mi auxilio y envió un ángel guardián adolescente para protegerme. Desde entonces supe que nunca más me sentiría sola ni abandonada.

~Margaret Nava

97

El ángel de rojo

Nunca olvidaré el día que mi hija Becky, de un año, se enfermó de lo que creí que era un terrible resfriado. Habíamos visto al doctor unos días antes, pero Becky no mejoraba. Era un día frío en Georgia. Rara vez teníamos hielo o nieve, pero esa mañana despertamos con una capa de nieve sobre los tejados, las calles y las autopistas.

Hacía más de treinta años que no estábamos preparados para un clima extremo en Georgia. Cuando nevaba podíamos contar con que sucedieran dos cosas. Primera, todos nos quedábamos en casa. Segunda, las líneas telefónicas se congestionaban. Yo no era fanática del hielo o la nieve, pero siempre que tuviéramos electricidad y comida en casa, disfrutaba el verla caer.

> La intuición es mejor que la vista cuando se trata de ver un ángel.
>
> EILEEN ELIAS FREEMAN
> *The Angels' Little Instruction Book*

Sin embargo, al avanzar el día, Becky comenzó a tener fiebre muy alta y una tos terrible. Me tomó mucho tiempo comunicarme con el médico por teléfono. Finalmente, pude marcarle y nuestro pediatra contestó la llamada. Por casualidad estaba en su consultorio.

—¿Puedes traerla? —preguntó.

Por fortuna, mi esposo Roy estaba en casa. Cuando le dije que teníamos que llevar a Becky al hospital, salió y comenzó a quitar la nieve de la entrada del auto con una pala. Les puse sus abrigos, gorros y guantes a nuestros hijos gemelos. Tomé la manta más gruesa que encontré y envolví a Becky en ella. Salimos, y entre resbalones y patinazos, llegamos al consultorio del pediatra. Aunque hicimos tres veces más tiempo de lo acostumbrado, llegamos sin problemas.

El doctor pensó que existía la posibilidad de que Becky tuviera neumonía, por lo que nos pidió que la lleváramos al hospital para que le tomaran unas radiografías del tórax. Roy condujo despacio hacia el hospital. Había muy pocas personas en la calle. Se detuvo al inicio de una pendiente que llevaba a la entrada del hospital.

—No creo que el auto pueda subir esta cuesta —explicó Roy, nervioso.

—Me bajo aquí y la llevo en brazos —dije apresuradamente. La entrada estaba cubierta de hielo. Al ver la pendiente frente a mí, ofrecí una plegaria y pensé que no había nadie a la vista.

Roy y los niños se quedaron observando mientras comenzaba a subir por la pendiente. Había dado unos pasos cuando me resbalé, pero por la gracia de Dios, no alcancé a caerme. Comencé a caminar de nuevo cuando el otro pie patinó y me di cuenta de que nos caeríamos. No había nada que pudiera hacer para evitarlo. Parecía que caíamos en cámara lenta. Por supuesto, mi primer pensamiento fue cómo proteger a mi hija enferma.

De pronto sentí un par de manos fuertes que me sujetaron del brazo y tiraron de mí. Un hombre apareció de la nada. Lo único que pude notar de él fue que en un día tan frío no llevaba abrigo, guantes o sombrero. Noté que llevaba puesto un suéter rojo.

—Sosténgase —dijo—. Yo la llevo.

Ya no tuve miedo. De alguna manera, sabía que llegaría bien con su ayuda. Finalmente llegamos a la cima. Abrió la puerta para que pasara y entré. Giré para darle las gracias, pero había desaparecido. El hombre del suéter rojo se había esfumado. Fui a la recepción donde debíamos registrarnos. Poco después, Roy, Brad y Chad llegaron.

—¿Viste que casi nos caemos? —pregunté a Roy.

—Sí —respondió—. No sé cómo pudiste mantenerte en pie.

—Ese hombre me ayudó —expliqué.

—Nancy, tú y Becky eran las únicas personas que subían por la pendiente —aclaró él. Ni él ni los gemelos vieron al hombre que nos sostuvo en el hielo y luego nos abrió la puerta para que entráramos.

Treinta y cuatro años después, aunque remodelaron y ampliaron el hospital, aún pienso en el ángel del suéter rojo que evitó que nos cayéramos ese gélido día.

¿Por qué un suéter rojo?, me pregunté después. Entonces un día me vino la idea: Roy y los niños ciertamente habrían visto a alguien vestido de rojo si fuera un hombre común y corriente, pero él no lo era. Era un ángel que Dios me envió en el momento preciso para salvarnos de un terrible accidente. Y yo era la única persona que debía verlo.

~Nancy B. Gibbs

98

Un ángel salvador

uando mi auto giró sin control en un camino desierto, pensé que todo estaba perdido. Entonces escuché una voz suave y tranquila, y sentí una misteriosa presencia que emanaba bondad. Eran las cinco de una tarde de noviembre y estaba nevando. Iba de camino a casa después del trabajo, esperando pasar una tarde tranquila. Al doblar una curva, un mapache salió corriendo frente a mi auto. Tratando de esquivarlo, viré y reboté en el arcén. Pero justo cuando regresaba al camino, el volante se trabó. Me aterroricé y pisé el freno hasta el fondo, pero el auto no se detuvo y me estrellé contra un árbol. Los vidrios se hicieron añicos y el metal crujió. Me golpeé con fuerza la cabeza. Tenía el torso aplastado. Entonces, todo se volvió negro.

> Debemos rezarles a los ángeles, puesto que nos los enviaron como guardianes.
>
> SAN AMBROSIO

Cuando abrí los ojos, percibí el olor a humo y gasolina. Me esforcé por recobrar la conciencia. Aunque me sentía confundida y mareada, me di cuenta que estaba atrapada. Pero entonces miré por la ventana y vi a un hombre atractivo, de rostro bondadoso, cabello oscuro y ojos castaños. Estaba vestido con una camisa blanca y no llevaba chamarra.

—¿Estoy muerta? —le pregunté. El hombre sonrió y negó con la cabeza.

—No, estás viva —respondió con calma y de un solo tirón abrió la puerta maltrecha del lado del pasajero. Entonces se inclinó sobre el asiento, desabrochó mi cinturón de seguridad y me sacó en brazos. Sentí como si flotara cuando me sacó del auto y me llevó lejos del accidente, depositándome con delicadeza en el suelo. Temblando de miedo y alivio, me toqué la cabeza que me dolía y me di cuenta de que estaba sangrando. Él se arrodilló a mi lado, me confortó y me pasó un paño por la frente. Luego me cubrió con una manta suave.

—Ya viene la ayuda —informó—. Estarás bien —fue tan amable y su voz tan gentil que no pude más que relajarme. Cuando volví en mí, los paramédicos me estaban llevando a una ambulancia, mientras los bomberos apagaban el auto en llamas.

—Esperen —grité—. ¡Tengo que darle las gracias!

—¿Gracias a quién? —me preguntó un paramédico. Pero cuando le conté la historia, negó con la cabeza—. No había nadie cuando llegamos —puntualizó—. Estaba usted sola en el suelo.

—¿Y la manta? —grité—. ¿Dónde está la manta con la que me cubrió?

—No hay ninguna manta —me contestó. Al principio las autoridades sospecharon que estaba alucinando cuando hablé con el socorrista. Pero alguien había llamado al 911, aunque la llamada no fue rastreable. Y todos estuvieron de acuerdo en que no pude haber salido del accidente por mi cuenta.

—Unos minutos más y el auto habría explotado con usted adentro —determinó el mecánico.

A pesar de buscarlo durante varias semanas, nunca encontré al hombre que me sacó del auto. Aún puedo ver su cara cada vez que cierro los ojos.

~Kathryn Radeff

99

Equipo de ángeles

Mi madre siempre ha bromeado con que no tengo un ángel de la guarda, sino todo un equipo.

—Un solo ángel no podría contigo —me dice en son de broma y ríe. Sin duda, eso tenía sentido cuando era niña, y de adulta parece ser igualmente cierto. No soy fácil de cuidar. Imagino que mis ángeles deben trabajar en equipo para protegerme. Tal vez haya uno que se encarga de las cosas que pierdo, otro que vela por mi salud y otro más por mi seguridad.

> Para cada alma, hay un guardián que la cuida.
>
> EL CORÁN

El equipo de ángeles se da a conocer en detalles pequeños, pero significativos, como situaciones imposibles de resolverse por sí solas y ayuda que surge de fuentes insólitas cuando la necesito. Cuando me siento triste, a menudo encuentro referencias fortuitas sobre Miguel, el arcángel que más resuena en mí. Por ejemplo, puedo estar en un museo y de pronto ver una pintura de Miguel, o voy caminando por la calle y veo un cartel con su imagen en una tienda. Pasa muy a menudo para ser mera coincidencia. Sin embargo, de vez en cuando, el equipo de ángeles debe tomar medidas más drásticas para mantenerme a salvo.

Cuando tenía veintitantos años, ir a trabajar era toda una hazaña. No era el trabajo en sí, sino llegar a la oficina, que estaba a la mitad de Times Square, supuestamente uno de los lugares turísticos más populares de Nueva York. Siempre hay mucha gente. Los vendedores ocupan las aceras. Nunca sabía cuándo iba a detenerse de pronto un turista delante de mí, a golpearme con su mochila o a bloquear la banqueta. Caminar por Times Square requiere pies ligeros, buenos reflejos y una gran habilidad para caminar a la defensiva. Cuando cruzaba la calle, debía ser especialmente cuidadosa ya que los taxis y los autobuses suelen ser muy desconsiderados a pesar de la multitud.

Una tarde, me hallaba en la calle 47 y esperaba con impaciencia cruzar la Séptima Avenida. Detrás de mí había una fila para comprar boletos a mitad de precio en una cabina de Broadway, hombres repartiendo menús de los restaurantes cercanos y vendedores que bloqueaban casi todo el espacio para caminar. Como de costumbre, esperaba en el borde de la acera a que cambiara la luz para cruzar.

En cuanto pisé la calle, un taxi pasó junto a mí. Me tomó totalmente desprevenida, ya que el vehículo parecía haber salido de la nada. Siempre miraba a ambos lados de la calle y cruzaba con el semáforo, pero eso no parecía importar, porque el taxi seguía sus propias reglas. Sucedió tan rápido que no tuve tiempo de ver que el taxi me iba a atropellar.

Alguien me sujetó del codo y tiró de mí para alejarme del peligro. Tambaleándome en la acera, alcancé a sentir la estela de aire que dejó el taxi al pasar. Exhalé estremecida al darme cuenta de lo cerca que estuve de una verdadera desgracia, pero me reconfortó pensar que un completo extraño me había salvado la vida al reaccionar tan rápido.

—Gracias —dije y giré para ver a mi salvador. El único problema fue que no había nadie junto a mí. La acera estaba vacía a mi alrededor y los turistas en la cabina de boletos de descuento estaban demasiado lejos como para haberme ayudado. Giré a mi izquierda. El espacio ahí también estaba vacío. Examiné mi codo. Quienquiera que me haya salvado me había dado un tirón brusco, pero de forma extraña, no tenía el brazo adolorido ni amoratado.

¿Quién me dio ese tirón en la calle? Digan lo que quieran, pero creo que ese día el equipo de ángeles estaba en Times Square.

~Denise Reich

100

Salvada por un ángel

Nuestro maravilloso día en el lago se convirtió en una tragedia cuando un auto cruzó la línea divisoria amarilla, invadió nuestro carril a toda velocidad y chocó de frente con nosotros. Después de la colisión sólo recuerdo algunas cosas: el olor rancio del anticongelante y el caucho quemado; el zumbido fuerte de las herramientas hidráulicas de rescate y a mis dos hijas gritando y llorando. Un paramédico le dijo a mi esposo que me quedaban unos tres minutos de vida cuando me rescataron. Iba a morir desangrada.

> Pero ahora sé también que todo lo que pidas a Dios, Dios te lo dará.
>
> JUAN 11:22

Mis heridas eran muy graves. Mi cuerpo quedó aplastado de la cintura para abajo. Pasé de ser una mujer sana de veinticuatro años a una víctima rota y magullada que tenía por delante una vida de movilidad limitada, dolor y múltiples operaciones. Sin embargo, ¡nuestras bendiciones no tuvieron medida! El accidente ocurrió frente a una estación de bomberos voluntarios. Mis dos hijas, Tiffini, de seis años, y Krista, de diez meses, tenían algunos golpes, pero sanaron por completo. Mi esposo salió de una colisión de frente con nada más que un rasguño en el estómago y una mano lastimada por sujetar el volante con demasiada fuerza. Incluso con mis heridas, sobreviví al horrible accidente sin traumatismos graves en la cabeza.

Pasé tres días en la unidad de terapia intensiva y un mes en la sala de traumatología del hospital. Durante mi estancia, me hicieron tres operaciones: una de emergencia que duró diez horas cuando llegué, y luego dos más, de cuatro horas cada una, por el tobillo derecho que tenía destrozado. No hay palabras para describir el dolor atroz que sentí. Cuando por fin salí del hospital, en una camilla y en ambulancia, necesité cuidados las veinticuatro horas, por no mencionar el cuidado que requerían mis dos hijas. Mis padres transformaron su sala en una unidad de rehabilitación improvisada. Pasé inmóvil seis meses en ese cuarto, en una cama de hospital. Mi cuerpo estaba quebrado, pero mi espíritu no.

Poco a poco empecé a sanar y cuando el dolor estuvo bajo control, tuve tiempo para reflexionar en lo ocurrido. Los médicos, enfermeras, familiares y amigos lo llamaban un milagro. Cómo sobreviví a un impacto a ciento setenta kilómetros por hora es algo que no puedo comprender. Esto siempre ha sido tema de conversación con cada persona que me visita. La imagen del automóvil destrozado sólo aumenta su asombro. Siempre he creído en los milagros, pero nunca creí ser objeto de uno.

La fe es lo que me dio fuerza para sobrellevar esta época difícil y sabía que necesitaba compartir esto con mi hija de seis años, que era muy impresionable. Quería que supiera que no culpaba a Dios por lo ocurrido y que Él estaba con nosotros, incluso en los momentos más difíciles. La llamé a mi cama y comencé a hablar con ella. Al tratar de explicarle lo que sentía, ella me interrumpió y dijo:

—Ya lo sé, mami, vi al ángel colocarse delante de ti antes de que el auto nos golpeara.

La miré fijamente.

—¿Viste un ángel?

—Sí, se puso frente a ti para protegerte.

Siempre me había parecido desconcertante que la parte superior de mi cuerpo no hubiera sufrido daños por los vidrios rotos y el metal retorcido. Estaba prensada entre el tablero y el asiento, y el tablero estaba tan comprimido que tardaron treinta minutos en retirarlo. Ahora, sin duda, entendía. Un ángel me salvó.

—¿Tenía alas? —pregunté con curiosidad.

—No —aseguró Tiffini sin dudarlo.

—Entonces, ¿qué aspecto tenía ella? —pregunté.

—No era un ángel mujer, mami, era un hombre y tenía el cabello rubio y una túnica blanca.

Me quedé asombrada. No era que no le creyera, sino que más bien era la forma desenfadada en la que mi hija hablaba y cómo me corrigió cuando me referí al ángel como si fuera mujer. Cuando pienso en ángeles, siempre imagino formas femeninas. Tal vez porque a menudo así los representan en el arte. Ésta fue una conversación que nunca olvidaré.

¡Salvada por un ángel, qué gran deferencia! No sólo me salvó físicamente, sino que me hizo darme cuenta de que importo. Eso era algo con lo que había luchado toda la vida. Han pasado diecisiete años desde el accidente y he aprendido a apreciar cada día y a tomar los tiempos difíciles como lecciones de vida para aprender de ellos. Y he aprendido no sólo a amar a mi familia y amigos, sino a decírselo. Espero que el ángel que me salvó esté satisfecho con la forma en la que aprovecho esta segunda oportunidad.

~Anna M. Jones

101

¿Quién era esa mujer?

En 1991, mi primer esposo y yo vivíamos en un pequeño condominio en los suburbios de Denver. El departamento tenía dos recámaras, un baño, una cocina, una sala y un comedor. La cocina era como un pasillo con puertas en ambos extremos y una barra a manera de desayunador que se abría a la sala. El refrigerador, el fregadero, el horno y la estufa estaban de un lado y el desayunador del otro. En esta barra estaban todos los electrodomésticos, como la licuadora, la cafetera, el horno eléctrico y el tostador, todos los utensilios y el rollo de toallas de cocina.

> El misterio más tangible de todos es el fuego
>
> LEIGH HUNT

Una tarde mi esposo salió con sus amigos. Me dispuse a disfrutar de un momento tranquilo a solas, con el dominio total del control remoto, viendo la televisión. Había preparado una fabulosa cena de frituras de papa y barritas de pescado que estaba en el horno eléctrico. Después de cenar, leí un rato mientras bebía una copa de vino. Luego apagué las luces, excepto una lámpara pequeña sobre la estufa, y me fui a acostar cerca de las diez de la noche. Me dormí profundamente.

Desperté una hora después cuando una mujer entró corriendo en mi habitación gritando: "¡La casa se está quemando!" y en seguida desapareció. Desperté sobresaltada en la habitación a oscuras y me incorporé en la cama sin entender lo que ocurría. Miré rápidamente el lado de mi esposo, que seguía vacío, y supuse que aún no había llegado. Todo el condominio estaba oscuro y muy callado.

Me levanté de la cama despacio, con la adrenalina a tope y el corazón latiendo con fuerza. Me asomé por la puerta de la habitación al pasillo que daba a la sala y la cocina. No vi nada en la oscuridad, excepto el brillo en la sala que proyectaba la luz de la estufa. Caminé con cautela por el pasillo y de inmediato olí el humo. Miré la barra del desayunador y me di cuenta de que el humo salía del horno eléctrico. Sin poder discernir qué era lo que se estaba quemando, corrí a la cocina y prendí la luz.

Descubrí que el rollo de toallas de papel tenía una o dos hojas desenrolladas y que un extremo del rollo se había quedado dentro del horno eléctrico, el cual, al parecer, se me había olvidado apagar. Las llamas salían por los costados de la puerta del horno. Tomé el rollo ardiendo y cuando tiré de él, la parte que estaba dentro del horno abrió la puerta. Salió una nube de humo. Arrojé el rollo de toallas al fregadero y abrí la llave de agua. Tomé la taza más grande que pude encontrar y le eché agua al horno.

Eché taza tras taza con agua sobre el aparato mientras salían chispas, el metal crujía y el humo llenaba la habitación. En un momento pensé que todo el lugar se incendiaría. De pronto recordé que mi madre me decía que los incendios provocados por grasa se apagaban con sal. Fui por el bote de sal y eché puñados de sal sobre el horno. Las llamas disminuyeron de tamaño; entonces tomé una toalla de tela, la humedecí en el fregadero que estaba lleno de toallas de papel y rebosante de agua, y la lancé sobre las llamas. En ese momento el tiempo se detuvo. Después de un minuto de jadeos, resoplidos y llanto, cerré la llave de agua del fregadero. En seguida quité la toalla y me asomé al horno para asegurarme de que nada estuviera ardiendo. Todo estaba lleno de humo, pero no había nada más que pudiera quemarse. Usando la toalla giré el control hacia "OFF", como si en ese momento todavía importara, y traté de sacar el humo con la mano.

Comprendí que al servirme la cena había tomado una toalla de papel en vez de una servilleta y sin querer había dejado el extremo del rollo atrapado dentro del horno, el cual había estado calentándose desde hacía unas dos horas hasta que la grasa y las migajas que tenía dentro se prendieron.

Después de haber entendido cómo había empezado el fuego recordé a la mujer que entró corriendo al dormitorio para avisarme del incendio. Sentí que se me doblaron las rodillas. No estaba segura de lo que había visto, ni de quién era esa mujer. Pasé varios minutos dando vueltas por el departamento, prendí las luces y busqué en cada cuarto, cada mueble y cada clóset. Estaba completamente sola en la casa y todo estaba cerrado y en su lugar; excepto por el horno eléctrico, que estaba en un charco de agua llena de sal en la barra, y el suelo mojado de la cocina por el agua que seguía escurriendo del fregadero desbordado.

No tenía idea de quién era esa mujer o qué hacía en mi casa. ¿Hubiera sufrido quemaduras graves por las llamas aquella noche? Gracias a quien sea que haya sido, nunca lo sabré.

~Sheryl Ricigliano

Caldo de Pollo para el Alma

Nuestros colaboradores

Debbie Acklin es asidua colaboradora de la serie *Caldo de pollo para el alma.* Vive en Alabama con su esposo, dos hijos y Duchess, la gata. Le encanta viajar, la fotografía y, desde luego, escribir. Está escribiendo su primer libro y espera llegar a ser una exitosa autora de ficción. Escríbele por correo electrónico a d_acklin@hotmail.com.

Monica A. Andermann vive y escribe en Long Island, donde comparte su hogar con su esposo Bill y su gato Charley. Además de varios otros créditos en los libros de *Caldo de pollo para el alma,* sus textos han aparecido en publicaciones como *Sasee, The Secret Place* y *Woman's World.*

Beth Arvin está feliz de ser nuevamente colaboradora de la serie *Caldo de pollo para el alma.* Escribe un blog diario, betharvin365.livejournal. com, y un blog titulado "I Think So", para el *Ken Reporter.* Escríbele por correo electrónico a betharvin@gmail.com.

Dana J. Barnett es escritora y maestra de inglés. Lo que más le gusta hacer es escribir, leer, salir de excursión, ver películas, vender cosas usadas y mimar a sus gatos. En la actualidad, entre otros proyectos, Dana trabaja en un libro infantil. Mándale buenos pensamientos. Su dirección de correo electrónico es dbarnett25@gmail.com.

Syndee Barwick cree en lo que no podemos ver. Como ministra ordenada de diferentes creencias, escritora independiente y colaboradora de otras antologías de *Caldo de pollo para el alma,* sabe por experiencia propia que el universo está lleno de milagros todos los días. Escríbele por correo electrónico a thestoryshaman@gmail.com.

Irene Bastian cultiva la tierra con su esposo al pie de las montañas de Alberta, al sur de Calgary. Irene escribe sobre la obra de Dios en la naturaleza, las lecciones que nos enseña y la fe de su familia, que enfrenta un trastorno epiléptico grave que aqueja a su hija y ha transformado por completo el enfoque de la vida familiar. Escríbele por correo electrónico a ibastian@platinum.ca.

Patty Beaumont recibió el título de licenciatura en artes con mención honorífica por la Carlow University en 2000. Es escritora profesional, beneficiaria de una beca, desde hace diez años en Pittsburgh, Pennsylvania. Además de escribir para organizaciones sin fines de lucro, espera dedicar más tiempo a escribir historias edificantes en el futuro.

Glynis Belec celebra la vida después del cáncer con su familia en Ontario, Canadá y da gracias por las bendiciones recibidas todos los días. Es escritora independiente, autora de libros infantiles y maestra de alumnos fabulosos. Visita su página web en www.glynisbelec.com.

Sherry A. Bentley es maestra de cuarto grado en la región central de Ohio. Estudió su maestría en alfabetización en la Ashland University y es consultora y maestra del National Writing Project. Es una ávida lectora que disfruta de inspirar el amor por la lectura y la escritura a sus alumnos.

Susan Boles vive con su esposo, con quien se casó hace treinta y seis años, y sus tres perros mimados en Tyler, Texas. Es originaria de la región del noroeste del Pacífico y ha disfrutado de toda una vida de viajes y escribe artículos sobre los tesoros y las vidas que ha encontrado a lo largo del camino, historias verdaderas de vida y amor.

La maestra jubilada **Jan Bono** ha sido publicada en revistas tan variadas como *Guideposts* y *Woman's World*. Escribió una columna periodística sobre experiencias personales humorísticas durante más de diez años y es autora de cinco colecciones de cuentos humorísticos y una docena de obras de teatro de un solo acto. Conoce su trabajo en www.JanBonoBooks.com.

Jo Brielyn es autora, poeta y escritora de temas de salud. También es cantante y tecladista del grupo 24:Seven, veterana de la fuerza aérea, exlíder juvenil, propietaria de CreativeKidsIdeas.com y una adicta al café confesa. Jo vive en la región central de Florida con su esposo y sus dos hijas. Escríbele por correo electrónico a jo@jobrielyn.com.

En su carrera de treinta y tres años como escritora, **Sylvia Bright-Green** ha publicado ensayos en doce libros, vendido cientos de manuscritos a periódicos y revistas y ha escrito columnas para publicaciones locales y nacionales. Como es metafísica y maestra, también ayuda a otros a amarse y creer en ellos mismos. Escríbele por correo electrónico a bright-green@att.net.

Debra Ayers Brown es escritora independiente, humorista, bloguera, columnista de revistas y profesional galardonada de mercadotecnia. Graduada de la University of Georgia, obtuvo su título de maestría en administración de empresas en The Citadel. A Debbie le fascina pasar tiempo con su familia y amigos en la costa de Georgia. Visita www.DebraAyersBrown.com y comunícate con ella en www.About.Me/DebraAyersBrown.

Minnie Browne trabaja activamente en su iglesia, es intercesora y tutora de menores designada por los tribunales, artista, maestra jubilada y escritora independiente. Sus historias han sido publicadas en la serie *Caldo de pollo para el alma*, *The Ultimate Mom*, la *Granbury Showcase Magazine* y *Langdon Review of the Arts in Texas*.

John P. Buentello escribe ensayos y obras de ficción y no ficción para adultos y niños. Está trabajando en una nueva novela y un libro ilustrado para niños. Escríbele por correo electrónico a jakkhakk@yahoo.com.

Trish Castro está jubilada y se dedica a cuidar a su hermana mayor que tiene enfermedad pulmonar obstructiva crónica. Le gusta la jardinería, las artesanías, cocinar y escribir historias cortas y letras de canciones. Aunque no es famosa, trabaja en su autobiografía simplemente porque su vida ha sido más bien atípica y muy pintoresca.

Cindy Charlton es autora publicada y oradora profesional que usa sus experiencias personales para llevar esperanza e inspiración a todos. Es la orgullosa madre de dos hijos y considera que su perro es un "ángel con patas". Escríbele por correo electrónico a cindycharlsky@gmail.com.

Melissa G. Christensen obtuvo su licenciatura en artes y su certificación de maestra de inglés. Es ama de casa y cuida a sus dos pequeños hijos que desbordan energía. Melissa dedica sus raros momentos de quietud a cocinar, leer y perseguir su sueño de escribir cuentos infantiles.

Roberta Cioppa es artista, escultora y educadora. Terminó su licenciatura y maestría en bellas artes en la University of Bridgeport y obtuvo un certificado en estudios avanzados de la Fairfield University. Las pinturas y esculturas de Roberta figuran en numerosas colecciones públicas y privadas, y pueden verse en internet.

Al Cole, de CBS Radio, es conductor del programa sindicado People of Distinction. También es cantante y conferencista motivacional muy solicitado. Además, Al es director de comunicaciones del World Green Energy Symposium de Nueva York. Nancy es la bella y talentosa prometida de Al. Escríbele por correo electrónico a alcole2817@gmail.com.

Pam Depoyan tiene un título de licenciatura en inglés de la Loyola Marymount University, de Los Ángeles, California; trabaja en comunicación corporativa; también es escritora independiente y su obra ha sido publicada en *Highlights for Children* y *Pray!* Le gusta crear historias con palabras y fotografías que inspiran y alientan. Lee más sobre ella o escríbele por correo electrónico a www.wordglow.wordpress.com.

Deborah Durbin es periodista británica y autora de once libros de no ficción. Su primera novela, *Oh Great, Now I Can Hear Dead People*, ya está a la venta en Amazon. Deborah está casada, tiene tres hijas y vive en el Reino Unido. Escribe a Deborah por correo electrónico a Deborah.durbin@talktalk.net.

Kris Flaa obtuvo su título de maestría en gerontología antes de abandonar la administración empresarial para escribir, ver los parques nacionales y pasar más tiempo con su familia y amigos. Terminó su primera novela y está trabajando en la segunda. Vive con su pareja y su encantador Westie cerca de Minneapolis. Escríbele por correo electrónico a kflaa@msn.com.

Vicky Ford vive en una zona rural de la Columbia Británica y disfruta de la vida con su familia y amigos. Ve la vida como un viaje espiritual y planea impartir talleres espirituales en el futuro. A Vicky le encanta viajar, cocinar, recibir invitados y jugar con sus nietos y planea escribir al respecto. Su dirección de correo electrónico es vickyf333@gmail.com.

Jess Forte es una nueva estudiante universitaria de Florida. En fechas recientes publicó por su cuenta uno de sus relatos y espera tener muchos más publicados. Cuando no escribe, le gusta pasar tiempo con sus amigos y familiares. Su objetivo es dejar su huella en el mundo como autora.

A **Ken Freebairn** le encanta escribir y tiene más de cuarenta años de casado con su novia de la niñez. Tienen dos hijos maravillosos y tres de los nietos más lindos que existen en el mundo.

Nancy B. Gibbs es esposa de un pastor, madre y abuela. Es autora de ocho libros y oradora cristiana. Ha sido publicada en numerosos libros de *Caldo de pollo para el alma*, otras antologías, periódicos, revistas y guías devocionales. Escríbele por correo electrónico a Nancybgibbs@aol.com.

El trabajo de **Carol A. Gibson** ha sido publicado en la serie *Caldo de pollo para el alma, Parables for Today 2012*, la antología devocional *God Still Meets Needs,* y varios libros de lectura de la escuela cristiana Downey. WestBow Press lanzó a la venta su libro devocional, *Walking as Children of Light*, en diciembre de 2012.

Peter J. Green se ha convertido en "narrador profesional" en la industria turística de la región de las Cataratas de Niágara y el sur de Ontario. Proveniente de una carrera en la música y el entretenimiento, Peter vive ahora en el oeste de Nueva York con su esposa Danielle y su hija Maddie (una futura narradora). Visita a la familia en www.encounterniagara.com.

Sheryl Grey vive con su esposo y sus cuatro hijos adoptados en Indiana. Sus textos también han aparecido en la revista *Adoptive Families* y en el sitio web del Midlife College. En la actualidad trabaja en su primera novela.

Judy Gyde es enfermera y escritora independiente de Toledo, Ohio. Ella y su esposo, que tienen cuarenta y dos años de casados, ayudan al pastor de una iglesia y les gusta mucho viajar. Su hija Christine, de la que trata la historia, tiene doce años de casada, es madre de cuatro hijos y maestra de escuela.

Wendy Hobday Haugh es escritora y maestra de piano en Burnt Hills, Nueva York. Sus historias y artículos de no ficción para adultos y niños han aparecido en docenas de revistas nacionales y regionales, entre ellas *Woman's World, Highlights for Children* y *Saratoga Living*. Su dirección de correo electrónico es whhaugh@nycap.rr.com.

Morgan Hill fue ejecutiva de comerciales de televisión y ahora es maestra en una escuela preparatoria de una zona marginal y escritora. Su licenciatura es en televisión, radio y cinematografía, con una maestría en educación especial. Espera que sus historias personales inspiren los esfuerzos que realizan los estudiantes por conseguir su primer empleo y hacer planes positivos para después de la graduación. Escríbele por correo electrónico a mhwriter5@gmail.com

Gary R. Hoffman dio clases en una escuela veinticinco años. Ha publicado o ganado premios por más de 325 historias cortas, poemas y ensayos. Mockingbird Lane Press publicará este otoño su colección de cuentos *I Haven't Lost My Marbles: They Just All Rolled to One Side*. Obtén más información en www.authorgaryrhoffman.com.

Carol Huff, dueña de Sudie Belle Animal Sanctuary en el noreste de Georgia, es colaboradora frecuente de la serie *Caldo de pollo para el alma*, así como escritora independiente para otras revistas conocidas. Aparte de escribir, le gusta montar a caballo y pasar tiempo con los animales. Su dirección de correo electrónico es herbiemakow@gmail.com.

Jennie Ivey vive en Tennessee. Es columnista de periódico y autora de numerosas obras de ficción y no ficción, entre ellas, varias historias publicadas en las antologías de *Caldo de pollo para el alma*. Visita su sitio web en www.jennieivey.com.

JP Jackson observa y registra los absurdos de la vida diaria. Los niños y los perros la enseñan a ser humilde y le honra escribir material conmovedor. Es enfermera de tiempo parcial, empleo que le ayuda a sostener su hábito de escribir. ¡Próximamente publicará una colección de cuentos humorísticos! Escríbele por correo electrónico a jpoi@live.com.

C.D. Jarmola, autora de *Murder Goes to Church*, trabaja como directora de teatro en la Oklahoma Wesleyan University cuando no está ocupada escribiendo libros o cuidando a su familia: el Teólogo, el DJ y la Diva. Lee más sobre su vida y sus próximos libros en su blog devotionsfromtheresidentheretic.blogspot.com.

Anna Jones vive en la región central de Kentucky con su esposo y dos hijas. Le gusta viajar, leer y pasar tiempo con familiares y amigos. Escribir es su pasión y ha publicado relatos en varias antologías. Escríbele por correo electrónico a AJCaywood1@yahoo.com.

Tom Kaden es consejero en Someone To Tell It To, www.someone totellitto.org. Es graduado del Messiah College y el Asbury Theological Seminary. Tom, su esposa Sarah y sus cuatro hijos viven en Carlisle, Pennsylvania.

Pat Kane vive en Joplin, Missouri, con su esposo Walter y sus tres perros, y es autora de cuentos y novelas para niños y relatos inspiradores de hechos reales. Es miembro de la Society of Children's Book Writers and Illustrators y del Missouri Writer's Guild.

L.A. Kennedy es escritora y artista. Empezó a escribir en su diario cuando tenía doce años. Sus experiencias humorísticas, fuera de lo común, son la fuente de muchos de sus relatos breves. Las obras en las que está trabajando incluyen dos novelas. También esculpe y crea arte popular. Escríbele por correo electrónico a elkaynca@aol.com.

Mary Potter Kenyon ha publicado más de trescientos artículos y ensayos en periódicos, revistas y antologías, así como en cuatro libros de *Caldo de pollo para el alma*. Dirige talleres de escritura en universidades locales y escribe una columna semanal para el *Telegraph Herald de Dubuque*. Escribe un blog en marypotterkenyon.com. Obtén más información en: marypotterkenyon.writersresidence.com.

Cathi LaMarche es autora de la novela *While Daffodils Danced* y ha colaborado en más de una docena de antologías. Actualmente da clases de composición y literatura en una escuela católica de St. Louis. Comparte su casa con su esposo, dos hijos y tres perros.

Lisa Leshaw ha creado una nueva "lista de deseos" que incluye escribir para una revista importante. Hasta entonces, le encanta pasar sus días cazando ranas con Mush y Gab y pasear en el parque con Stu (y comer toneladas de chocolate cuando nadie la ve).

Donna Lowich trabaja como especialista en información y la proporciona a personas afectadas por la parálisis. Le gusta escribir sobre sus experiencias personales y familiares. Otros pasatiempos incluyen la lectura y hacer punto de cruz. Vive con su esposo en Nueva Jersey. Escríbele a Donna por correo electrónico a DonnaLowich@aol.com.

Thomas J. Lumbrazo vive en el norte de California desde hace cuarenta y siete años con su esposa Carol. Fue urbanista y ahora es autor, artista y fotógrafo. Si desea ver la nube del Arcángel Miguel de Sedona, visite su sitio web en: www.whenangelstouch.com.

David Magill vive con su esposa Patti en Minnesota. Le gusta escribir, leer y explorar la vida a través de la lente literaria. David escribe actualmente muchos relatos cortos, sobre todo relacionados con hechos de la vida real que le han relatado sus amigos y familiares, o que él recuerda. Escríbele por correo electrónico a dpmagill@yahoo.com.

Laurie Mangru estudió un programa de licenciatura doble en la University of Toronto en literatura inglesa y española. Después se trasladó a Japón donde es maestra de inglés desde hace nueve años. Laurie es viajera del mundo y le gusta escribir cuentos y poemas desde que era una niña. Escríbele por correo electrónico a laurieloveswriting@gmail.com.

Donna L. Martin divide su tiempo entre dirigir una escuela de taekwondo, donde es cinturón negro en cuarto grado, y escribir libros ilustrados para niños y novelas para adolescentes y adultos. Puedes comunicarte con ella por medio de su blog en www.donasdays.blogspot.com, o su sitio web en www.donnalmartin.com.

Tim Martin es autor de numerosas novelas para adultos jóvenes, como *Summer With Dad, Rez Rock* y *Wimps Like Me*. Es autor colaborador de más de una docena de libros de *Caldo de pollo para el alma*. Escríbele a Tim por correo electrónico a tmartin@northcoast.com.

Dennis McCloskey es licenciado en periodismo por la Ryerson University de Toronto. Es escritor independiente de tiempo completo desde 1980 y autor de varios libros, entre ellos *My Favorite American,* que le valió un galardón en 2008. Vive en Richmond Hill, Ontario, con su esposa Kris. Su dirección de correo electrónico es dmcclos@rogers.com.

Rosemary McLaughlin fue maestra de inglés y escritura por treinta y cinco años. Ahora que se jubiló, escribe, viaja y disfruta de su casa y familia. Escríbele por correo electrónico a rosemarymclaugh@gmail.com.

La poesía y cuentos de **Michelle Close Mills** han aparecido en muchas antologías de poesía y relatos cortos, entre ellos varios de la serie *Caldo de pollo para el alma*. Michelle vive en la región central de Florida con su esposo, dos hijos, dos gatos y tres pájaros gorjeadores. Obtén más información en www.authorsden.com/michelleclosemills.

Sandy Moffett es poeta y autora motivacional. Ella y su esposo Greg viven en Bakersfield, California y tienen cuatro hijos y seis nietos. Sandy trabaja en la empresa funeraria de su familia y se esfuerza por ofrecer consuelo a través de sus escritos. Escribe a Sandy por correo electrónico a sm@sandymoffett.com.

Sarah Clark Monagle es educadora, madre, escritora, fotógrafa y sobreviviente de un tumor cerebral. Su trabajo ha sido publicado en revistas de poesía, y es colaboradora habitual de la serie *Caldo de pollo para el alma*. Trabaja actualmente en una colección de poesía y una novela. Síguela en www.sarahmonagle.wordpress.com.

Marya Morin es escritora independiente desde hace muchos años y escribe poesía por encargo. Vive en el campo donde se jubiló y tiene tiempo de sobra para dedicarse a sus pasatiempos favoritos, que son cuidar a su familia, leer y escribir.

Cuando **Gail Molsbee Morris** no está buscando el corazón de Dios, busca aves raras por todo Estados Unidos. Comunícate con ella a través de su blog de naturaleza en godgirlgail.wordpress.com, o síguela en Twitter en @godgirlgail.

Nell Musolf vive en Minnesota con su esposo y dos hijos y siempre anda en búsqueda de más ángeles en su vida. Escribe a Nell por correo electrónico a nellmus@aol.com.

Antes de jubilarse en Nuevo México, **Margaret Nava** pasó veinte años viajando por todo el sudoeste, investigando y escribiendo historias cortas acerca de la naturaleza, la espiritualidad y las tradiciones de los indios norteamericanos. Desde entonces, ha escrito dos guías de viaje de Nuevo México y tres novelas para mujeres. Su dirección de correo electrónico es angeladunn08@aol.com.

Linda Rhinehart Neas es maestra, poeta y escritora. Tiene dos libros, *Winter of the Soul* (2008) y *Gogo's Dream: Swaziland Discovered* (2010). Imparte clases de inglés como segunda lengua, escritura y poesía por toda Nueva Inglaterra. La señora Neas vive en una casita encantadora con su amado esposo, donde sus musas son sus hijas y nietos.

Susana Nevarez-Marquez ha sido observadora toda la vida de sucesos espirituales. El sentido de admiración que provocó el incidente del "vocho azul" despertó en ella el impulso de escribir. En la actualidad escribe ficción romántica y étnica, todo con un elemento sobrenatural inspirado en hechos reales. Escríbele por correo electrónico a NevMarWrite@gmail.com.

Linda Newton es consejera en California y oradora popular en funciones para mujeres. Visítala en línea en www.LindaNewtonSpeaks.com. Es autora de *12 Ways to Turn Your Pain into Praise* y *Better Than Jewels*.

Susan Allen Panzica se graduó de la Montclair State University e interrumpió una carrera en Nueva York para casarse con su marido quiropráctico, administrar su oficina y criar una familia. Susan es oradora, da cursos bíblicos para niños y mujeres y escribe el blog devocional Eternity Café. Obtén más información en www.susanpanzica.com.

Vi Parsons es investigadora de genealogía, maestra y autora. Sus libros, Jacob Dragoo and our Susanna Bright Side y The Dragoo Cemetery: Marion County, West Virginia, documentan su ascendencia. También es coautora de Double Take, que ofrece una visión de sus recuerdos de la infancia con su hermana gemela. Visita su sitio web en www.carrtwins.com.

Andrea Peebles vive con su esposo, con quien se casó hace treinta y cinco años, en Rockmart, Georgia. Es colaboradora asidua de la serie *Caldo de pollo para el alma* y le gusta cocinar, leer, escribir, viajar, la fotografía y pasar tiempo con la familia. Escríbele por correo electrónico a aanddpeebles@aol.com.

Kristine Peebles es licenciada en inglés por la Duquesne University en Pittsburgh, Pennsylvania. Vive con sus dos hijos, dos gatos, dos tortugas y una multitud de ángeles. Escríbele por correo electrónico a rosecourt710@gmail.com.

La doctora **Debra Peppers,** de adolescente problemática a maestra del año, incluida en el National Teachers Hall of Fame cuando se jubiló, es miembro de la National Speakers Association, dramaturga ganadora del premio Emmy, autora, y conductora de programas de radio y televisión. Ha viajado por el mundo ofreciendo conferencias. Contacta a la doctora Peppers en www.pepperseed.org.

Novelista, escritor de blogs y autor de libros de comida premiados, **Perry P. Perkins** es un padre que trabaja en el hogar y propietario de hautemealz.com. Perry ha escrito para cientos de revistas como *Writer's Digest, American Hunter* y *Guideposts*. Sus historias edificantes han sido incluidas en muchas antologías de *Caldo de pollo para el alma*.

Karen (Kandy) Petillo obtuvo la licenciatura en periodismo y la maestría en historia americana y europea de la California State University, Fullerton. Le gusta viajar y adora a sus cinco nietos. Es agente inmobiliario en Newport Beach, California. Su dirección de correo electrónico es kandypetillo@cox.net.

Pamela Millwood Pettyjohn, graduada del Berry College, es maestra, música y escritora en la iglesia. Es parte del North Georgia Group del Chattanooga Writers' Guild. A Pamela y su esposo, Charles, les gusta trabajar como voluntarios en un hogar para ancianos, ser ministros de música, hacer senderismo, la fotografía y estar con Cole, su perro.

Lori Phillips es escritora, autora y editora que reside en Orange, California. Tiene una licenciatura y maestría en educación. Además de ser la editora de la sección Matrimonio y sueños de BellaOnline.com, es dueña de reallifehelpbooks.com y the-dream-collective.com.

Christine Pincombe-DeCaen anteriormente trabajó como chef. Ahora se encarga de su pequeña hija de tiempo completo. A Christine le gusta escribir, pintar, hacer y vender joyas. Actualmente trabaja en su primera novela de ficción. Escríbele por correo electrónico a sarahkayday@hotmail.ca.

Kathryn Y. Pollard creció en Oklahoma, donde pasaba la mayor parte de su tiempo encerrada en su habitación escribiendo cuentos y poemas. Vive en Georgia. Es autora de una novela y varios cuentos publicados. Le encanta dar clases de la Biblia y alentar a la gente a disfrutar de la vida.

El reverendo **Anthony D. Powell** reside en California. Empezó a escribir sobre sus experiencias transformadoras debido a la muerte inesperada de un amigo cercano. Fue en ese momento que Dios le dio una visión que cambiaría su vida para siempre. Que esta historia los bendiga y aliente en sus momentos de necesidad.

Kathryn Radeff es escritora y educadora. Imparte talleres de escritura en el oeste de Nueva York y el suroeste de Florida, y como maestra ofrece la inspiración y enseñanza que los estudiantes necesitan para alcanzar el éxito. Kathryn disfruta de viajar, nadar y pasar tiempo con su

adorable perro, Remington. Escríbele por correo electrónico a kradef1@
msn.com.

Denise Reich practica artes aéreas, baila, toma fotografías y pinta.
Escribe regularmente para la revista canadiense Shameless; otros créditos
recientes incluyen WritersWeekly.com y The Pet Press. Denise se compla-
ce en haber colaborado en numerosos libros de *Caldo de pollo para el alma*.
Visita su sitio web en www.freewebs.com/denisenox.

Sheryl Ricigliano trabaja como contadora fiscal en Wheat Ridge,
Colorado. A ella y a su esposo les gusta caminar, hacer senderismo, jugar
beisbol y pasar tiempo con sus tres hijos.

Cindy Rodberg es originaria de Utah y creció cerca de las montañas
Wasatch. Cindy cree que una mente abierta al mundo invisible mejora el
mundo físico. Es coautora de Medicine Wheel Ceremonies, un libro que
detalla la creación y utilización de los círculos de oración autocreados.

Catherine Rossi agrega talento creativo a todo lo que toca. Le encanta cocinar, hacer arreglos florales y decorar pasteles. Ésta es su primera
aventura de la escritura. También acaba de ilustrar su primer libro para
niños llamado Katie's Smile.

La misión de **Barbara Routen**, escritora independiente, columnista,
corresponsal y compositora, es contar historias de héroes anónimos en
foros como *The Tampa Tribune, Family Digest* y *Pen Woman Magazine*. Además, infunde aliento a través de la actuación en vivo, enseñando música
y hablando ante grupos cívicos y religiosos. Escribe a Barbara por correo
electrónico a Routen@gmail.com.

Ruth Ann Roy es esposa y madre orgullosa de tres hijos: Nathan, No-
lan y Rachel. Es profesora de segundo grado en Midwest City, Oklahoma.
Su hijo Nathan escribió una historia para Chicken Soup for the Christian
Teenage Soul titulado "A Divine Purpose". El objetivo de Ruth es seguir
escribiendo historias y, a la larga, una serie de libros para niños.

Sara Schafer es una mujer común y corriente que ha vivido aconte-cimientos extraordinarios (milagros) a lo largo de su vida. Ha sobrevivido al cáncer en dos ocasiones. Está casada y tiene dos hijos y un nieto. A dia-rio escribe historias inspiradoras de no ficción y devocionales. Escríbele por correo electrónico a sara757s@aol.com.

Diane Marie Shaw fue secretaria ejecutiva de un pastor de Colo-rado Springs por once años; ahora se dedica a escribir. Diane ha sido co-laboradora de otra antología de *Caldo de pollo para el alma* y tiene una pu-blicación eclesiástica. Es miembro activo del gremio de escritores Words for the Journey y puedes visitar su blog en needmorewordscs.blogspot. com.

Las historias de **Shirley Nordeck Short** han sido publicadas en ediciones anteriores de *Caldo de pollo para el alma*, así como en *Guideposts*, Reader's Digest y otras revistas locales. Compagina sus dos grandes amo-res al escribir acerca de los cobayos que rescata y asegura que si éstos pu-dieran hablar nos contarían un montón de historias de ángeles. Escríbele por correo electrónico a shirleynshort@gmail.com.

Penny Smith, graduada de un seminario y superiora de enseñanza en la iglesia a la que asiste, participa también activamente en las misiones. Sus escritos abarcan una variedad de géneros y aparecen en numerosas revistas cristianas. Es autora de *Gateways to Growth and Maturity Through the Life of Esther*. Escríbele a Penny por correo electrónico a psmithgtg@ verizon.net.

Jenny Snow es una mujer felizmente casada y madre de dos niños maravillosos. Es maestra particular de matemáticas elementales en el nor-te de Texas. Jenny ama a Dios y le encanta pasar tiempo con familia y ami-gos, hacer actividades al aire libre y leer (¡y escribir!) una gran historia. Su dirección de correo electrónico es write4you22@yahoo.com.

Diane Stark fue maestra y ahora es ama de casa y escritora indepen-diente. Es colaboradora asidua de la serie *Caldo de pollo para el alma* y autora de Teachers' Devotions to Go. Le encanta escribir sobre las cosas importantes de la vida: su familia y su fe. Escríbele por correo electrónico a DianeStark19@yahoo.com.

Jean Haynie Stewart es escritora y editora, vive en Mission Viejo, California, con su esposo desde hace cincuenta y dos años. Sus historias se han publicado en los libros de *Caldo de pollo para el alma* titulados *True Love, Beach Lover, Twins and More, Father & Daughter, Brothers & Sisters, Horse Lover's II,* y más, así como en artículos periodísticos, revistas y otras antologías.

Kamia Taylor escribe historias desde los seis años y actualmente pasa su tiempo en una pequeña granja orgánica donde rescata perros, se recupera de su discapacidad y ayuda a otros a hacerlo también.

Christine Trollinger es de Kansas City, Missouri. Sus historias han sido publicadas en varios libros de *Caldo de pollo para el alma* a través de los años, así como en muchas otras publicaciones.

Kristen Nicole Velasquez es sobreviviente de cáncer infantil. Obtuvo una licenciatura en educación primaria. Le encanta ayudar a los niños y trabaja activamente en casos de cánceres pediátricos. Sus proyectos actuales incluyen la creación de materiales de prevención y concientización del cáncer. Escríbele a Kristen por correo electrónico a childhood-cancersurvivor@yahoo.com.

John P. Walker es pastor superior de la Fairview Avenue BIC Church de Waynesboro, Pennsylvania. Sus textos han aparecido en libros y otras publicaciones de Estados Unidos y Canadá, incluidas varias historias en la exitosa serie *Caldo de pollo para el alma*. Escríbele por correo electrónico a RevJohnnyWalker@aol.com.

Samantha Ducloux Waltz es escritora galardonada de Portland, Oregon. Sus historias personales aparecen en la serie *Caldo de pollo para el alma*, así como en muchas otras antologías, *The Christian Science Monitor* y *Redbook*. También ha escrito ficción y no ficción bajo el pseudónimo de Samellyn Wood. Obtén más información en www.pathsofthought.com.

Christy Westbrook disfruta de escribir historias edificantes acerca de la vida cotidiana. Le encanta pasar tiempo al aire libre con su familia y amigos. Vive en Lexington, Carolina del Sur, con su esposo Thad y sus cuatro hijos: Abby, Katie, Marc y Matthew.

Elisa Yager es colaboradora habitual de la serie *Caldo de pollo para el alma*. Cuando no escribe, Elisa hace algo relacionado con la historia, los recursos humanos, la música o algo así en su iglesia. ¡A Elisa le encantaría saber de ti! Escríbele por correo electrónico a author_ElisaYager@yahoo. com.

Nancy Zeider, abuela y enfermera jubilada, vive en California con su esposo, hijo y muchas mascotas. Su amiga íntima, Heidi Gaul, escribió este artículo por ella.

Caldo de Pollo para el Alma

Conoce a nuestros autores

Jack Canfield es cocreador de la serie *Caldo de pollo para el alma*, que la revista *Time* llamó "el fenómeno editorial de la década". Es coautor, asimismo, de muchos otros libros que han tenido gran éxito de ventas.

Jack es director general del Canfield Training Group en Santa Barbara, California, y fundador de la Foundation for Self-Esteem en Culver City, California. Ha impartido seminarios intensivos de desarrollo personal y profesional sobre los principios del éxito a más de un millón de personas en veintitrés países, ha pronunciado discursos ante cientos de miles de personas en más de mil empresas, universidades, conferencias profesionales y convenciones, y lo han visto millones de personas más en programas de televisión a escala nacional en Estados Unidos.

Jack ha recibido numerosos premios y reconocimientos, entre ellos tres doctorados honoríficos y un certificado de Guiness World Records por haber conseguido que siete libros de la colección *Caldo de pollo para el alma* aparecieran en la lista de *best sellers* del *New York Times* el 24 de mayo de 1998.

Para comunicarte con Jack, visita la página:
www.jakcanfield.com.

Mark Victor Hansen es cofundador, con Jack Canfield, de *Caldo de pollo para el alma*. Es orador estelar muy solicitado, autor de *best sellers* y experto en mercadotecnia. Los eficaces mensajes de Mark sobre posibilidades, oportunidades y acciones han producido cambios importantes en miles de organizaciones y millones de personas en todo el mundo.

Mark es un escritor prolífico, con numerosos *best sellers* además de la colección de *Caldo de pollo para el alma*. Mark ha ejercido profunda influencia en el campo del potencial humano a través de su biblioteca de audiolibros, videos y artículos en las áreas de pensar en grande, metas de ventas, creación de riqueza, éxito editorial y desarrollo profesional y personal. También es fundador de la serie de seminarios MEGA.

Mark ha recibido numerosos premios que honran su espíritu emprendedor, corazón filantrópico y perspicacia para los negocios. Es miembro vitalicio de la Horatio Alger Association of Distinguished Americans.

Para comunicarte con Mark, visita la página:
www.markvictorhansen.com.

Amy Newmark es la directora comercial y editora en jefe de Chicken Soup for the Soul, después de una carrera de treinta años como escritora, oradora, analista financiera y ejecutiva de negocios en las áreas de finanzas y telecomunicaciones. Amy se graduó con la distinción *magna cum laude* de Harvard College, donde tomó portugués como asignatura principal y francés como asignatura secundaria, y ha viajado mucho. Ella y su esposo tienen cuatro hijos adultos.

Después de una larga carrera como autora de libros sobre telecomunicaciones, informes financieros voluminosos, planes de negocios y comunicados de prensa empresariales, *Chicken Soup for the Soul* es como una bocanada de aire fresco para Amy. Se ha enamorado de estos libros que transforman vidas; disfruta mucho de editarlos para los maravillosos lectores de la serie. Es coautora de más de tres docenas de libros de la serie *Caldo de pollo para el alma* y ha editado otras dos docenas.

Comunícate con Amy a través de:
webmaster@chickensoupforthesoul.com
o síguela en Twitter:
@amynewmark.

¡Gracias!

Manifestamos nuestro más sincero agradecimiento a todos nuestros colaboradores. Sabemos que invirtieron toda su energía y esfuerzo en las miles de historias que compartieron con nosotros. Agradecemos su disposición a abrir sus vidas a otros lectores de *Caldo de pollo para el alma* y a compartir sus experiencias, sin importar cuán personales eran. Al leer y editar estas historias verdaderamente edificantes, me emocionó el potencial que tenía este libro para inspirar a las personas, y me impresionó su generosa disposición a compartir sus historias. Muchos de ustedes nos confesaron que era la primera vez que contaban su historia de ángeles, por lo que les damos las gracias por permitir que nuestros lectores sean sus confidentes. Fue una magnífica lectura para todos nosotros en Chicken Soup for the Soul, y comentamos entre nosotros cuánto habíamos disfrutado de trabajar en este título.

Sólo nos fue posible publicar un pequeño porcentaje de las historias que nos enviaron, pero leímos todas y cada una de ellas, e incluso las que no figuran en el libro influyeron en nosotros y en el manuscrito final. Nuestra editora Kristiana Pastir leyó todas las participaciones y redujo la lista en varios cientos de semifinalistas. Después de que seleccioné las 101 historias, Kristi eligió muchas de las citas maravillosas que se insertaron al principio de cada historia, las cuales consideramos que enriquecen, en gran medida, la lectura. Nuestra asistente editorial, D'ette Corona, trabajó con todos los colaboradores para asegurarse de que aprobaran nuestras revisiones y ella y la editora Barbara LoMonaco realizaron de manera magistral su labor de corrección de pruebas, como suelen hacerlo.

También expresamos nuestro agradecimiento muy especial a nuestro director creativo y productor del libro, Brian Taylor de Pneuma Books, por su brillante visión para las portadas e interiores.

~Amy Newmark

Mejoramos tu vida todos los días

Personas de la vida real que han compartido historias reales desde hace veinte años. *Caldo de pollo para el alma* ha rebasado ya el ámbito de las librerías para convertirse en un líder mundial en mejoramiento de la vida. Por medio de libros, películas, DVD, recursos en internet y otras vías, brindamos esperanza, aliento, inspiración y amor a cientos de millones de personas de todo el mundo. Los autores y lectores de *Caldo de pollo para el alma* pertenecen a una comunidad global única en su género, que comparte consejos, apoyo, orientación, consuelo y conocimientos.

Las historias de *Caldo de pollo para el alma* se han traducido a más de cuarenta idiomas y pueden encontrarse en más de cien países. Todos los días, millones de personas leen una historia de *Caldo de pollo para el alma* en un libro, revista, periódico o en internet. Al compartir nuestras experiencias de vida a través de esas historias, nos ofrecemos mutuamente esperanza, consuelo e inspiración. Las historias viajan de una persona a otra, y de un país a otro, y de esa manera ayudan a mejorar vidas en todas partes.

Comparte con nosotros

Todos hemos tenido momentos de *Caldo de pollo para el alma* en nuestra vida. Si quieres compartir tu historia o poema con millones de personas del mundo entero, visita chickensoup.com y haz clic en "Submit Your Story". Quizá ayudes así a otro lector, y te conviertas en autor publicado al mismo tiempo. Algunos de nuestros colaboradores anteriores han iniciado su carrera como escritores u oradores con la publicación de sus historias en nuestros libros.

El volumen de historias que recibimos aumenta constantemente; la calidad y la cantidad de los envíos son fabulosas. Sólo aceptamos envíos de historias a través de nuestra página en internet. Ya no se aceptan por correo o fax.

Si deseas comunicarte con nosotros para otros asuntos, escríbenos por correo electrónico a webmaster@chickensoupforthesoul.com, o escribe o manda un fax a:

Chicken Soup for the Soul
P.O. Box 700
Cos Cob, CT 06807-0700
Fax: 203-861-7194

www.chickensoup.com

Una última nota de tus amigos de Chicken Soup for the Soul:

De vez en cuando recibimos manuscritos de libros no solicitados de algunos de nuestros lectores y queremos informarles con todo respeto que no aceptamos manuscritos no solicitados y debemos rechazar los que nos llegan.

Esta obra se imprimió y encuadernó
en el mes de marzo de 2022,
en los talleres de Impregráfica Digital, S.A. de C.V.,
Av. Coyoacán 100–D, Col. Del Valle Norte,
C.P. 03103, Benito Juárez, Ciudad de México.